金融法学文库
刘志云 主编

证券市场纠纷解决机制中的先行赔付研究

郭艳芳 著

FINANCIAL LAW

法律出版社 | 北京

图书在版编目(CIP)数据

证券市场纠纷解决机制中的先行赔付研究 / 郭艳芳著. -- 北京 : 法律出版社, 2022
(金融法学文库)
ISBN 978-7-5197-7045-7

Ⅰ. ①证… Ⅱ. ①郭… Ⅲ. ①证券交易-经济纠纷-处理-研究-中国 Ⅳ. ①D922.287.4

中国版本图书馆 CIP 数据核字(2022)第 156053 号

证券市场纠纷解决机制中的先行赔付研究
ZHENGQUAN SHICHANG JIUFEN JIEJUE JIZHI ZHONG DE XIANXING PEIFU YANJIU

郭艳芳 著

责任编辑 屈 瑶 刘梦瑀
装帧设计 臧晓飞

出版发行 法律出版社
编辑统筹 学术·对外出版分社
责任校对 王 丰
责任印制 陶 松
经 销 新华书店

开本 710 毫米×1000 毫米 1/16
印张 17.5 **字数** 303 千
版本 2022 年 10 月第 1 版
印次 2022 年 10 月第 1 次印刷
印刷 三河市龙大印装有限公司

地址:北京市丰台区莲花池西里 7 号(100073)
网址:www.lawpress.com.cn
投稿邮箱:info@lawpress.com.cn
举报盗版邮箱:jbwq@lawpress.com.cn
销售电话:010-83938349
客服电话:010-83938350
咨询电话:010-63939796

书号:ISBN 978-7-5197-7045-7
定价:72.00 元
凡购买本社图书,如有印装错误,我社负责退换。电话:010-83938349

总 序

金融作为现代经济的核心，具有优化资源配置、调节经济运行之功效，其资本运作的良善甚至关乎社会稳定的实现。基于此，金融业的发展成为各国政府关注的重中之重，而通过制度供给促进金融业的良好发展也成为普遍并可行的路径。在此背景下，金融法研究趁势而起，成为“近世之显学”。其兴起虽晚，却生机勃勃，在深入汲取相关部门法的理论积淀的同时，也广泛容纳各种跨学科知识与方法，并探求自身内省之品格，最终成就了如今这个底蕴深厚、逻辑自洽的新兴学科体系。

我国金融法的产生和发展伴随着改革开放的推进，经济体制的转型，以及中国金融法治变迁之现实。虽然西方先验逻辑提供的立法技术素不匮乏，但我们真正要面对的，是如何让成熟的技术契合本国的现实国情，发挥其应有的功效。内生金融交易秩序的制度根基的缺乏，曾使中国金融法治在本土化复归的路途中一再迷失。同时，全球化的推进，又要求我国必须及时完成经济转型，早日实现我国金融市场与国际金融市场的有效对接，这更加剧了国内金融法制的发展困境。对于从事金融法研究的学者而言，任重而道远。当然，恰逢这一转型之历史路口的吾辈，能直面历史之转折，兢兢业业，矢志科研;鉴前世之兴衰,考当今之得失;博观而约取,厚积而薄发。从另一个视角观之,这也是一种幸运。

“千淘万漉虽辛苦,吹尽狂沙始到金。”厦门大学法学院是全国较早开展金融法教学和科研的单位之一。早在2005年,厦门大学法学院便开始挂靠其他专业博士点招收“金融法”方向的博士研究生;2006年,厦门大学在获得法学一级学科硕士、博士学位授予权的基础上,设立经济法博士点,金融法学研究方向成为主要招生方向之一;2010年12月,厦门大学法学院正式成立金融法研究中心。近年来,厦门大学金融法研究中心的学术团队承担了大量国家级与省部级科研项目,并相继出版与发表了大量学术专著与专业论文,在国内开始产生一定的影响力。而今,厦门大学金融法研究中心日益壮大,已经形成一支“老中青结合”的优秀学术团队,并成为我国金融法高层次专门人才的重要培养基地之一。

“非学无以广才,非志无以成学。”为进一步推动厦门大学金融法研究中心的学科建设以及促进国内金融法研究的繁荣发展,2014年,我们决定编辑出版连续性的“厦门大学金融法学文库”,期以“前沿意识、精品理念”为指导,以系列学术专著、译著的形式,集中展现我国金融法领域的专题研究成果,促进学术繁荣和理论争鸣。“盖文章,经国之大业,不朽之盛事。年寿有时而尽,荣乐止乎其身,二者必至之常期,未若文章之无穷。是以古之作者,寄身于翰墨,见意于篇籍,不假良史之名,不托飞驰之势,而声名自传于后。”诚如斯言,我们期以本文库作为思想传播之媒介,学术交流之平台,博学审问,慎思笃行,自由争辩,自察自省,通过严肃认真的学术讨论和学术批评,推动金融法研究的不断创新。

在法律出版社的支持下,2016年伊始,“厦门大学金融法学文库”正式更名为包容性更大的“金融法学文库”。本文库稿件来源不限于厦门大学金融法研究中心的学者、校友,而以最大的诚意广泛征集海内外金融法专著、译著。当然,我们亦知,就整个金融法学研究而言,本文库仅为沧海一粟。庙廊之才,非一木之枝,希望能与学界同人相濡相闻,砥砺共进。

是为序。

刘志云

2016年7月22日

目录

绪　论

一、选题背景和研究价值

我国证券市场在证券的发行及交易活动中，主要存在虚假陈述、内幕交易与操纵市场等违法行为。① 如果这些证券违法行为主体给投资者造成财产损失，视为对投资者财产权益的侵犯。若无特殊情况，证券违法行为主体应对遭受损失的适格投资者承担侵权损害赔偿的责任。截至 2021 年 1 月，最高人民法院只有针对虚假陈述引发的证券民事侵权赔偿出台的司法解释，②并没有针对内幕交易与操纵市场引发的证券民事侵权赔偿出台有关司法解释。然而，不管是否出台因上述证券违法行为引发的证券民事侵权赔偿的司法解释，从证券民事侵权赔偿诉讼的实践来看，如"东方电子""绿大地""8・16 光大证券乌龙指"等案，无论是投资者提出的证

---

① 目前学术界一般把证券市场发生的主要违法行为主要限定在内幕交易、操纵市场、虚假陈述等领域。参见马其家：《证券民事责任法律制度比较研究》，中国法制出版社 2010 年版，第 2～4 页；赵万一主编：《证券市场投资者利益保护法律制度研究》，法律出版社 2013 年版，第 3 页。

② 例如，2022 年 1 月 21 日，我国最高人民法院发布的《关于审理证券市场虚假陈述侵权民事赔偿案件的若干规定》（以下简称《证券市场虚假陈述侵权民事赔偿若干规定》）。

券民事赔偿之诉的立案,还是受损适格投资者最终获得赔偿都要耗时数年。证券民事侵权赔偿诉讼严格的程序约束所存在的缺陷,在一定程度上消减了投资者采取诉讼方式寻求证券民事赔偿的积极性。

欧文勋爵曾指出:“从广泛意义上说,民事和刑事司法改革的动力来自公民对司法正义的需求。”①权利得到有效救济是投资者对司法的最低需求,这意味着受违法行为主体侵犯的受害者都应获得某种程度上的救济。证券损害赔偿责任的追究是对投资者进行保护的“质”之所在。② 从我国1998年颁布《证券法》伊始,至2019年修订的《证券法》颁布,其间不管《证券法》经历了多少次的修订与修正,都没有动摇或者更改民事赔偿责任优先原则。③ 当证券违法行为主体同时承担的不同性质、相互冲突的以财产罚为标的的法律责任难以全部承担时,民事赔偿责任优先于其他法律责任。然而,从中国证券监督管理委员会(以下简称证监会)对证券违法行为主体处罚的天价罚单来看,受损投资者较为重视的、可以从证券违法行为主体处获得的民事赔偿几成空文。④ 这也充分显示了,立法机关在考虑对证券市场法律责任进行配置时,重视证券市场法律责任配置,并不等于可以通过修法来完全落实对证券市场法律责任的合理配置。

随着非诉纠纷解决机制的盛行,以及正在“消失中的审判”,⑤非诉纠纷解决机制也逐渐渗入关于证券民事侵权赔偿的纠纷,并被许多国家视为“通向正义之路”。⑥ 在2019年5月召开的首届金融司法国际研讨会上,学术界及实务界聚焦金融审判与投资者保护两大专题,强调要从诉讼、救济和

---

① See Lord Owen, *The Lord Chancellor Inaugural Lecture to the Faculty of Mediation and ADR*, Justice. Gov(Sept. 26,2019), http://www.dca.gov.uk/speeches/1999/27-1-99.htm.

② 参见赵万一主编:《证券市场投资者利益保护法律制度研究》,法律出版社2013年版,第284页。

③ 我国1998年《证券法》第207条、2014年《证券法》第232条以及我国2019年《证券法》第220条。

④ 参见陈洁:《证券民事赔偿责任优先原则的实现机制》,载《证券市场导报》2017年第6期。

⑤ See Marc S. Galanter, *The Vanishing Trial: An Examination of Trials and Related Matters in Federal and State Court*, Journal of Empirical Legal Studies, Vol. 1:3, p. 459-570(2004).

⑥ [意]莫诺·卡佩莱蒂:《福利国家与接近正义》,刘俊祥、罗国忠译,法律出版社2000年版,第125页。

索赔机制上探索创新，不断创新执法手段，着力解决中小投资者维权时间长、成本高、执行难、效果差等问题。[①] 在 2019 年修订的《证券法》颁布之前，在我国证券市场上投资者"两难"之时，"万福生科"、"海联讯"及"欣泰电气"等先行赔付案例，开启了我国证券法语境下的先行赔付制度解决受损适格投资者及时获得赔偿问题的有益探索。[②] 然而，证券市场先行赔付这一处理证券民事赔偿纠纷的方式并没有上升到法律层面。虽然源自美国的公平基金，以及境内外的投资者保护基金、投资者赔偿基金都是以设立"基金"的形式，对不同情形下的受损适格投资者承担先期执行与赔付，但是该方式又不完全等同于公平基金与投资者保护基金、投资者赔偿基金处理证券民事赔偿纠纷的方式。2019 年 12 月 28 日，第十三届全国人民代表大会常务委员会（以下简称全国人大常委会）第十五次会议通过的《中华人民共和国证券法》（以下简称 2019 年《证券法》），正式确定了证券市场先行赔付制度，并把该制度作为证券市场先行赔付主体与受损适格投资者就赔偿事宜达成协议的法律依据。同时，证监会也把证券市场先行赔付机制作为投资者保护的未来努力方向之一。[③]

2019 年《证券法》的正式实施，为我们全面认识和思考证券市场先行赔付制度的原理与具体规则提供了新契机并提出了新要求。无疑，理顺证券市场先行赔付的主要法律问题，有助于催生更为积极而富有活力的证券民事赔偿纠纷处理方式的竞争态势，坚定投资者投身证券市场的信心，以达到投资者利益保护与证券市场良好运行的统一，此为本书写作的重要旨趣。具体而言，本选题主要蕴含如下学术与应用价值：

第一，学术价值。对国内外既有研究成果的梳理表明，相对消费者权益保护与产品质量等其他法领域的先行赔付而言，我国证券市场先行赔付的研究起步较晚。多数成果发表在 2019 年《证券法》实施之前，相关研究主

---

① 张杨：《如何更好保护投资者？首届金融司法国际研讨会在上海召开》，载上观网 2019 年 5 月 25 日，https://www.jfdaily.com/news/detail?id=153319。

② 参见郭艳芳：《探析证券市场先行赔付主体的确定——以新〈证券法〉第 93 条为切入点》，载岳彩申、盛学军主编：《经济法论坛》（第 24 卷），法律出版社 2020 年版，第 77 页。

③ 《证监会在上海召开投资者座谈会》，载证监会网，http://www.csrc.gov.cn/newsite/zjhxwfb/xwdd/201806/t20180601_339011.html。

要从宏观层面肯定证券市场先行赔付有利于投资者保护的可行性与合理性；在2019年《证券法》实施之后，从微观层面论述正式确认的证券市场先行赔付制度有关的法律问题，不能为本书对证券市场先行赔付制度具体实施的研究提供新的视角。由此，本选题的学术价值凸显。同时，在维护法的稳定性之前提下，从成本与收益的研究视角出发，对博弈的诸价值进行利益衡量和比较取舍，就赔付主体范围的界定、赔付对象范围的界定以及资金来源与赔付程序等诸多问题深入研究并作出回应，有助于弥补以往证券市场先行赔付学术研究的薄弱之处。

第二，应用价值。我国既有研究大多聚焦在2019年《证券法》实施之前，关于确认证券市场先行赔付制度的应然层面。2019年《证券法》实施之后，虽然从法律层面确定了证券市场先行赔付制度，但是立法者从鼓励的角度，并没有就该制度作出强制性的规定。关于先行赔付主体范围的确定问题，从2015年《证券法》（修订草案一审稿）到2019年《证券法》的实施，经历了一波三折的发展。本选题实现了研究内容与实践问题的紧密结合，2019年《证券法》确定的证券市场先行赔付制度的内容较为原则，本书通过对证券市场先行赔付具体实施细节的研究，有助于提升证券市场先行赔付制度的法律预期，这正是本选题的应用价值所在。

二、研究现状述评

各国的证券市场中，侵害投资者合法权益的证券违法行为屡见不鲜，对此各国纷纷建立相关的证券侵权赔偿机制，以期对遭受证券违法行为侵害的投资者以有效地救济。具体而言，证券侵权救济范式主要包括诉讼赔偿模式与非诉讼赔偿模式，在诉讼赔偿模式中，集团诉讼模式比较典型，在与诉讼赔偿模式对应的赔偿模式中，公平基金赔付模式、投资者保护基金模式比较典型。

（一）国外研究现状

迄今为止，国外尚未出现直接以先行赔付的视角对证券市场纠纷解决机制进行研究的文章或著作。毕竟证券市场先行赔付的制度创新源于我国证券市场的实践范例。然而，我国证券市场起步晚，证券法律制度的建设基本借鉴的是英美法系等国家的证券立法。这些证券立法虽然并没有如我国证券市场先行赔付主体主动地以其自有资金,设立“投资者利益补偿专项基金”(以下简称“投资者专项基金”)专门用于对受损适格投资者进行先行赔付的法律制度,但是分别与美国、英国以“一案一设”的“专项基金”用于对受损适格投资者进行先予执行与赔付的公平基金制度、直接勒令赔偿制度功能类似,[①]也与对受损适格投资者的合法权益进行保护之目的类似。上述制度共同之处都是因证券违法行为主体给投资者造成实际损失,需要对受损适格投资者进行及时、有效地救济。

截至2020年10月31日,以“先行赔付”、“公平基金”、“民事损害赔偿”、“投资者赔偿基金”或“投资者保护基金”(“advance compensation” & “fair fund” & “civil damages remedy” & “investor compensation fund” or “investor protection fund”)作为关键词在HeinOnline、Westlaw等网站选择“题名”(title),就涉及证券市场先行赔付内容进行的研究,共检索到相关文献119篇。经过梳理,国外比较典型的既有研究成果主要集中在以下方面。

1. 有关“集团诉讼制度主要优势与劣势”的既有研究梳理

公平基金制度构建前,投资者遭遇证券欺诈案件,一般寻求救济的方式首先是集团诉讼。格雷斯·斯特凡诺(Stefano M. Grace)认为美国的证券集团诉讼是典型的退出制集团诉讼,可以及时有效地保障了遭受损害的适格投资者从被告处获得赔偿估计,不会因为遭受损害的适格投资者没有及时加入集团诉讼而丧失获得赔偿的结果。[②] 虽然集团诉讼在投资者保护方面发挥了重要作用,但是存在诉讼成本高、对投资者进行赔偿的周期长等缺陷。[③] 约翰·C.科菲(John C. Coffee, Jr.)认为企业家式律师(entrepreneurial lawyer)的问题是,集团律师为了自己在案件胜诉后获得的酬金最大化,可

---

① 我国发生的先行赔付案件中的先行赔付主体对受损适格投资者承担赔付而设立的专项基金,其保障范围限定在本案件中的证券违法行为主体给投资者造成的实际损失。美国涉事案件设立的公平基金,其保障范围也限定在本案件中的证券违法行为主体给投资者造成的实际损失。一言以蔽之,先行赔付主体对受损适格投资者承担赔付而设立的专项基金,是以“一案一设”的形式存在。

② See Stefano M. Grace, *Strengthening Investor Confidence in Europe: U. S. -Style Securities Class Actions and the Acquis Communautaire*, Journal of Transnational Law & Policy, Vol. 15:2, p. 281 – 304(2006).

③ See Franklin Allen & Qian Jun & Qian Mei Jun, *Law, Finance, and Economic Growth in China*, Journal of Financial Economics, Vol. 77:1, p. 57 – 116(2005).

能以牺牲集体受损适格投资者的利益为代价作出妥协。集体受损适格投资者在面临需要通过被告支付的赔偿金来承担案件的诉讼成本的同时,也面临集团律师从被告支付的赔偿金中获得巨额酬金的情形,这样势必影响其从被告支付的赔偿金中获得的赔偿。[①] 此外,约翰·C. 科菲(John C. Coffee, Jr.)也认为证券集团诉讼的价值并不倾向于赔偿投资者损失,而是更体现在对未来违法行为的一种规制与制止。[②] 艾丽西亚·戴维斯(Alicia Davis Evans)也提出在证券集团诉讼制度高度发达的美国,证券集团诉讼也只能提供有限的赔偿。[③] 富兰克林·艾伦等(Franklin Allen, etal)认为在民事侵害赔偿诉讼不充分的情况下,替代性纠纷解决机制能否发挥作用对资本市场发展有重要影响。[④]

2. 有关"公平基金制度的基础性问题"的既有研究梳理

(1)公平基金是否能够有效补偿适格投资者损失的既有研究

公平基金制度是美国特有的投资者补偿制度。学术界对公平基金是否能够有效补偿适格投资者损失,持有两种态度:一种是质疑态度。亚瑟·赖瑟(Adam Reiser)认为,如果受欺诈的投资者仍是公司股东,那么公平基金制度存在责任循环或者自我负担等问题。[⑤] 格雷琴·摩根森(Gretchen Morgenson)认为,由于缺乏对美国证券交易委员会(Securities and Exchange Commission, SEC)的有效监督与制约,通过公平基金对受损投资者进行补偿的效率值得怀疑。[⑥] 另一种是支持态度。美国乔治城大学的乌尔斯卡·维利科尼亚(Urska Velikonja)教授认为,虽然在利用公平基金对投资者进

---

① See John C. Coffee Jr., *Rescuing the Private Attorney General: Why the Model of the Lawyer as Bounty Hunter is Not Working*, Maryland Law Review, Vol. 42:2, p. 215 – 288(1983).

② See John C. Coffee Jr., *Reforming the Securities Class Action: An Essay on Deterrence and Its Implementation*, Columbia Law Review, Vol. 106:7, p. 1534 – 1586(2006).

③ See Evans A. Davis, *The Investor Compensation Fund*, Journal of Corporation Law, Vol. 33:1, p. 223 – 296(2007).

④ See Franklin Allen & Qian Jun & Qian Mei Jun, *Law, Finance, and Economic Growth in China*, Journal of Financial Economics, Vol. 77:1, p. 57 – 116(2005).

⑤ See AdamReiser, *Compensating Defrauded Investors While Preserving the SEC's Mission of Deterrence: A Call for Congress to Counteract the Troubling Consequences of Stoneridge*, Utah Law Review, Vol. 2009:1, p. 257 – 274(2009).

⑥ See Gretchen Morgenson, *Fair Game: S. E. C. Inertia on Paybacks Adds to Investor Harm*, The New York Times, January 13, 2017.

行有效补偿时，面临缺乏投资者积极参与的诟病，但是在联邦最高法院继续收紧对虚假陈述关于适用私人集团诉讼空间的趋势下，其作为公权力补偿投资者的一种主要渠道，未来发挥的作用会越来越大。[①] 乌尔斯卡·维利科尼亚（Urska Velikonja）认为，公共执法对受损投资者的补偿是可行且有效的，在传统的私人执法存在一定的不足的情况下，投资者获得的损害赔偿可以考虑通过采取公共执法的手段来弥补私人执法的缺陷。[②] 例如，除了发行人报告与披露违法行为，当其他证券违法行为给投资者造成实际损失时，通过涉事案件设立公平基金对受损适格投资者进行的补偿率并不低，责任循环问题并不突出。此时，SEC 可以作为最适合的补偿执行者，在制定公平基金分配计划时参考并行诉讼的裁判结果，通过与其他机制合作，对受损投资者的补偿作出更优化地分配。亚当·齐默曼（Adam S. Zimmerman）认为，公平基金这种通过行使公权力，将对违法者罚没的钱款直接分配给受损投资者的补偿机制已经有相对成熟的制度实践。[③] 韦瑞蒂·温希普（Verity Winship）认为，在利用公平基金对投资者进行有效补偿的过程中，SEC 充当着"公共律师"的角色，从成本与效率原则出发，其更有利于受损投资者获得补偿。[④]

（2）公平基金的资金来源问题的既有研究

关于扩充用于分配给受损适格投资者的公平基金的资金来源问题的研究学术界有不同观点。韦瑞蒂·温希普（Verity Winship）认为，对证券违法行为主体的追缴款虽然可以分配给受损的适格投资者；但是仍受在证券违法行为主体没有违法所得的基础上，民事罚款单独分配给受损的适格投资者时的一些因素的制约。[⑤] 约翰·马歇尔·库克（John Marshall Cook）认为，追缴制度对证券违法行为主体的吓阻作用有限，是国会赋予 SEC 享有

---

① See Urska Velikonja, *Public Compensation for Private Harm: Evidence from the SEC's Fair Fund Distributions*, *Stanford Law Review*, Vol. 67:2, p. 331 – 395(2015).

② Ibid.

③ See Adam S. Zimmerman, *Distributing Justice*, New York University Law Review, Vol. 86: 2, p. 500 – 572(2011).

④ See Verity Winship, *Fair Funds and the SEC's Compensation of Injured Investors*, Florida Law Review, Vol. 60:5, p. 1103 – 1144(2008).

⑤ Ibid.

对所有证券违法行为主体实施民事罚款权力的主要原因。[①] 世通(World Com)、安然(Enron)欺诈事件爆发后,凯瑟琳·凯尼利(Kathryn Keneally)认为,可将民事罚款添加到追缴款基金中,从而开启 SEC 补偿受损适格投资者的功能。[②] 然而,公平基金的资金来源方式的确定,虽然把证券违法行为主体列为了对受损适格投资者进行赔偿的最终责任主体,但并没有对证券违法行为主体进行类型化区分。[③]

(3)公平基金的分配程序问题的既有研究

为了剥夺证券违法行为主体的违法所得,2006 年,SEC 发布《公平基金与吐赃计划规范和实践规则》(Rule of Practice and Rules on Fair Fund and Disgorgement Plans,以下简称《公平基金规则》),对公平基金的分配、管理及其程序运行进行了细致的规定。在韦瑞蒂·温希普(Verity Winship)在指出哪些情形适用公平基金更为合理的同时,[④]又指出将证券违法行为主体的违法所得分配给受损适格投资者的过程中,并没有特别关注资金分配程序的正当性问题。[⑤] 亚当·齐默曼(Adam S. Zimmerman)也提出,公平基金分配的正当性程序明显不足,[⑥]例如,没有建立受损投资者有效参与机制、法院没有对分配方案进行有效的审查,分配方案不能保证不同投资者的利益都得到及时有效的保护,等等。

3. 有关证券投资者保护基金制度的基础性问题的既有研究

虽然国外证券投资者保护基金制度的发展较为成熟,但是不同国家和地区对证券投资者保护基金制度的定位并不完全相同。有学者认为,对投

---

① See John M. Cook, *The Securities Enforcement and Penny Stock Reform Act of* 1990: *The Cost of Flexibility*, Administrative Law Journal of the American University, Vol. 6:2, p. 359(1992).

② See Keneally Kathryn, *The Sarbanes - Oxley Act: A Primer*, Journal of Tax Practice & Procedure, Vol. 4:6, p. 15 - 18(2002).

③ See Jennifer H. Barrett, *Professional Responsibility Under the Sarbanes-Oxley Act*, Oklahoma Bar Journal, Vol. 77:34, p. 3461(2006).

④ See Verity Winship, *Fair Funds and the SEC's Compensation of Injured Investors*, Florida Law Review, Vol. 60:5, p. 1103 - 1144(2008).

⑤ See Verity Winship, *Fair Funds and the SEC's Compensation of Injured Investors*, Florida Law Review, Vol. 60:5, p. 1108(2008).

⑥ See Adam S. Zimmerman, *Distributing Justice*, New York University Law Review, Vol. 86:2, p. 500 - 572(2011).

资者保护制度和少数股东救济制度较为完善的国家，一般对证券投资者保护基金制度采用“一元定位”，主要是指承担对投资者的赔付功能。① 与“一元定位”相对应的是“多元定位”，是从实质正义理念下导引出的对投资者的保护，②主要是指证券投资者保护基金制度不仅承担着对投资者的赔付功能，还承担着监督证券公司风险和纠纷解决等职能。③

传统的金融监管理论认为，证券公司倒闭不会像银行倒闭一样，可能诱发系统性的金融风险，设置证券保护基金作为金融安全网，④用来克服证券公司倒闭的“外部性”并不必要。⑤ 然而，这种理论假设在 20 世纪 60 年代末，被发生在实践中的大批证券公司倒闭与金融危机引发的金融风险的现实场景推翻。自美国 1970 年通过《证券投资者保护法》以来，证券投资者保护基金制度被许多国家的证券市场纷纷效仿，以维护本国证券市场体系的稳定。⑥ 事实上，证券投资者保护基金制度隐含证券监督管理机构控制证券公司从事重大证券违法行为或者其他冒险行为的要求。⑦ 结合权利与义务相符的原则，证券公司是证券投资者保护基金功能发挥的最大受益者，理应成为证券投资者保护基金的主要资金来源。⑧ 投资者若要成为证券投资者保护基金的保护对象，就要被各国采取审慎的态度确定其赔付对象的身份。如在美国，投资者并非只要符合“客户”的身份，就必然能得到证券

---

① 参见杨光：《我国证券投资者保护基金的界定及立法模式》，载郭锋主编：《证券法律评论》（2018 年卷），中国法制出版社 2018 年版。

② 参见徐孟洲：《耦合经济法论》，中国人民大学出版社 2010 年版，第 37 页。

③ 参见杨光：《我国证券投资者保护基金的界定及立法模式》，载郭锋主编：《证券法律评论》（2018 年卷），中国法制出版社 2018 年版。

④ 参见［德］K. 茨威格特、H. 克茨：《比较法总论》，潘汉典等译，法律出版社 2003 年版，第 47 页。

⑤ Franklin Allen & Richard Herring, *Banking Regulation Versus Securities Market Regulation* (Sept 26, 2019), http://fic.wharton.upenn.edu/fic/papers/01/0129.pdf.

⑥ IOSCO, Client Asset Protection, *Report of the IOSCO Technical Committee* (Sept 21, 2018), http://www.iosco.org/library/pubdocs/pdf/IOSCOPD57.pdf.

⑦ United States General Accounting Office, *Update on Matters Related to the Securities Investor Protection Corporation*: *GAO-03-811*, U.S. Government Accountability Office (July 26, 2020), http://www.gao.gov/htext/d03811.html.

⑧ See Thomas W. Joo, *Who Watches the Watchers? The Securities Investor Protection Act, Investor Confidence, and the Subsidization of Failure*, Southern California law review, Vol. 72:2 (1999).

投资者保护基金的补偿。[1] 各国为了防止证券公司与投资者的道德风险，在设立证券投资者保护基金的同时，一般会限定可以获得补偿的赔付对象的范围，而将处于强势地位的机构投资者排除在通过证券投资者保护基金保护的赔付对象范围之外。[2]

(二)国内研究现状

对“证券市场纠纷解决机制中的先行赔付”进行相关研究的文章，主要为期刊文章或硕士论文，笔者尚未发现博士论文或学术专著。整体而言，既有研究呈现如下特征：第一，与证券市场先行赔付的法律问题相关的研究，大都分散在关于证券民事赔偿等文献中。第二，截至 2020 年 10 月 31 日，在中国知网以“证券市场先行赔付”为“主题”的研究，最早出现在 2015 年，2016 年之后呈现平稳增长的趋势，2015 年、2016 年的文献分别为 3 篇、9 篇。然而，2017 年之后，相关研究呈爆炸式增长态势，2019 年一跃升至 30 篇，其内容大多与“‘万福生科’先行赔付案”“‘海联讯’先行赔付案”“‘欣泰电气’先行赔付案”相关。无疑，上述三起先行赔付案例，引发了我国学术界对证券市场先行赔付问题的密切关注。第三，在研究广度层面，我国学术界从“证券市场先行赔付的引入与适用”等方面逐步扩展至“投资者保护基金参与先行赔付”“先行赔付在不同投资者类型中的认可度”等层面。具体研究状况如下。

1. 有关证券市场先行赔付制度的基础性问题的既有研究

首先，关于保荐机构先行赔付是否可以形成投资者保护的长效机制的研究，我国存在支持和质疑先行赔付制度发展的两种声音：一种是质疑“保荐机构先行赔付”。杨城认为，保荐机构的主动赔偿并非出于主体的道德

---

① See Thomas A. Hargett, Protections Provided (or Not Provided) to American Investors by the Securities Investors Protection Act(SIPA), Corporate Law and Practice Course Handbook Series, PLI Order No. B0 - 0158, August 2001, p. 494.

② 有国家虽然并没有对可以获得补偿的赔付对象进行中小投资者和机构投资者的严格区分，但是通过限定基金补偿最高金额，来体现对处于弱势地位的中小投资者进行保护的价值取向，如日本。参见[日]河本一郎、大武泰南：《证券交易法概论》，侯水平译，法律出版社 2001 年版，第 154 页。

自觉,而是个案中迫于行政监管的压力,其难以形成长效机制。① 同时,曹中铭认为,由保荐机构出资设立先行赔付专项基金值得商榷。② 此外,曹中铭也主张,保荐机构先行赔付是证券市场阶段性发展的一种趋向,如果没有从足额赔偿、主动赔付等方面给予刚性措施保障,那么很难保证保荐机构先行赔付在投资者保护中形成一项长效机制。③ 皮海洲认为,“万福生科”“海联讯”的先行赔付试行,确实有利于保护投资者利益,但“欣泰电气案”的先行赔付明显对投资者保护不力。由于A股市场的高换手率,因欣泰电气欺诈发行而遭受损失的大多数投资者被拒之于先行赔付之外。④ 另一种是支持“保荐机构先行赔付”。肖钢认为,通过建立多元化纠纷解决机制,来完善投资者赔偿制度,无疑是对投资者进行保护的重要手段。⑤ 先行赔付作为一种保护投资者及时、有效地获得证券民事损害赔偿的替代性纠纷解决模式,对投资者保护而言非常重要。黄炜认为,先行赔付是构建我国中小投资者损害赔偿救济制度的有益尝试。⑥

其次,关于先行赔付的法律属性的研究。以郭雳为代表的多个学者认为,如果没有经过合法或者合理的民事责任主体认定程序,就由保荐机构作为对受损适格投资者承担先行赔付的第一责任主体,势必存在违反法定责任承担的可能,且缺乏承担民事责任的主体顺序变动的法律依据。⑦ 巩海滨与王旭认为,先行赔付并不是一种新型的责任形式,其不仅没有改变需要对遭受损失的投资者承担民事责任的违法行为主体的归责原则,也没有因

---

① 参见杨城:《论我国虚假陈述民事责任主体的困境与创新》,载《证券市场导报》2017年第7期。

② 参见曹中铭:《先行赔付不能仅限于适格投资者》,载《上海证券报》2016年9月1日,第8版。

③ 参见曹中铭:《保荐机构先行赔付制度需要更多“刚性”》,载《上海证券报》2016年1月25日,第6版。

④ 参见皮海洲:《欣泰强制退市凸现A股市场四大制度性陷阱》,载《武汉金融》2016年第9期。

⑤ 参见肖钢:《保护中小投资者就是保护证券市场》,载《证券时报》2013年10月16日,第A13版。

⑥ 黄炜:《体系化构建中小投资者损害赔偿救济制度》,载中证网2017年9月2日,http://www.cs.com.cn/xwzx/201709/t20170902_5453900.html。

⑦ 参见郭雳、谭思瑶:《保荐人先行赔付制度与中国探索》,载《投资者》2018年第1期;曹真真、李芊:《论先行赔付制度的构建与完善》,载《金融理论与实践》2017年第11期。

保荐机构承担了对受损适格投资者的先行赔付,就被认定为需要向遭受损失的投资者承担最终证券民事赔偿责任的主体的一种方式;而是暂时搁置不同主体间的责任认定的一种先付责任,是保障中小投资者快速得到赔偿的一种制度性设计。[①] 陈洁认为,应当以保荐人为优先赔付主体,这样做无疑有利于先行赔付的落实,有利于督促保荐人在发行保荐中尽职尽责,即便保荐人最终未必一定会承担连带责任上的赔偿份额。[②] 段丙华认为,市场主体承担先行赔付责任与承担连带赔偿责任最大的不同在于,市场主体承担先行赔付责任是从公共利益的角度进行整体考量,从而给予处于证券市场弱势地位的投资者以某种程度上的倾斜性保护,进而化解证券民事损害赔偿纠纷引发的矛盾。[③]

再次,关于证券市场先行赔付承诺的效力,学者观点不一。杨城认为,只要保荐机构的承诺不符合我国《民法典》关于民事法律行为无效的规定,该承诺就应当归于有效,与合同法的格式条款类似,承诺就构成保荐机构承担先行赔付责任的基础。[④] 赵吟认为,招股说明书属于要约邀请,保荐人在招股说明书中作出先行赔付的承诺,事后仍然可以不履行,且不会因此承担合同责任。[⑤] 相反,如果保荐人在招股说明书中没有作出先行赔付的承诺,而是事后在行动上主动先行赔付,那么也会因此获得良好的信誉。陈洁认为,经证监会审批达成的行政和解具有法律上的确定力和执行力,实践中具有可行性;通过裁判的和解协议具有强大的公法效力,具有与判决同样的既判力、确定力和执行力。协议反悔,对方都可以要求法院予以强制执行,但费时耗力,有违先付赔付制度设计的初衷。[⑥]

最后,关于投资者保护基金参与先行赔付的研究。有学者认为,通过投

---

① 参见巩海滨、王旭:《证券市场先行赔付制度研究》,载《财经法学》2018 年第 6 期。

② 参见陈洁:《科创板注册制的实施机制与风险防范》,载《法学》2019 年第 1 期。

③ 参见段丙华:《先行赔付证券投资者的法律逻辑及其制度实现》,载《证券市场导报》2017 年第 8 期。

④ 参见杨城:《论我国虚假陈述民事责任主体的困境与创新》,载《证券市场导报》2017 年第 7 期。

⑤ 参见赵吟:《证券市场先行赔付的理论疏解与规则进路》,载《中南大学学报(社会科学版)》2018 年第 3 期。

⑥ 参见陈洁:《证券市场先期赔付制度的引入及适用》,载《法律适用》2015 年第 8 期。

资者保护基金参与的先行赔付制度要比单独重塑先行赔付制度需要的成本低,取得的效果好,可以考虑基于投资者保护基金的性质与目的,与承担民事赔偿责任的主体共同构建我国证券市场先行赔付制度。同时,考虑责任主体不确定时,相关主体不能或者不愿对受损适格投资者承担先行赔付的情形,投资者保护基金参与的先行赔付对遭受损失的投资者进行的兜底保护,可以借助代位求偿的方式来避免责任主体逃避其应承担的证券民事损害赔偿责任,以防范可能发生的道德风险。[①] 也有学者认为,可以考虑通过拓宽投资者保护基金的适用范围来构筑适用于受损适格投资者的证券民事损害赔偿制度。[②]

2. 有关证券市场先行赔付的主体范围的既有研究

截至2021年,关于先行赔付主体的相关研究,除了有学者在先行赔付的制度构建中提及之外;[③]关于先行赔付主体范围的确定机制,尚未出现系统化的研究。因此,这为本书进一步研究先行赔付主体范围的法律界定提供了理路导向。

3. 有关证券市场先行赔付的对象范围的既有研究

学术界对证券市场先行赔付的赔付对象范围界定不统一。有学者认为,赔付对象应限定于普通的中小投资者,机构投资者不应包括在内,以防引发机构投资者的道德风险。[④] 有学者认为,在投资者保护基金参与先行赔付的情况下,机构投资者应被排除在先行赔付对象外。[⑤] 有学者认为,按照市场风险自负的要求,先行赔付不应该区分专业、机构或者个人投资者,应该一视同仁地对待所有适格的受损投资者。[⑥] 有学者将先行赔付分为由

---

① 参见张东昌:《证券市场先行赔付制度的法律构造——以投资者保护基金为中心》,载《证券市场导报》2015年第2期。

② 袁康:《瑞幸咖啡案例研究(第十三期)》,载浙江大学金融科技研究院2020年7月15日,http://www.aif.zju.edu.cn/news/detail/1688.html。

③ 参见肖宇、黄辉:《证券市场先行赔付:法理辨析与制度构建》,载《法学》2019年第8期。

④ 参见袁淼英:《证券中小投资者权益保护制度的构建路径》,载《暨南学报(哲学社会科学版)》2018年第11期;徐强胜:《论我国证券投资补偿基金制度的构建》,载《法商研究》2016年第1期。

⑤ 参见段丙华:《先行赔付证券投资者的法律逻辑及其制度实现》,载《证券市场导报》2017年第8期。

⑥ 参见赵吟:《证券市场先行赔付的理论疏解与规则进路》,载《中南大学学报(社会科学版)》2018年第3期。

法定责任主体以其自有资金先行承担的赔付模式与投资者保护基金参与的先行赔付模式，①认为在责任主体对受损适格投资者自愿主动地承担先行赔付的情形下，不需要类型化区分遭受损失的投资者类型，所有投资者都可以对适格投资者遭受的实际损失进行赔付。然而，在投资者保护基金参与先行赔付的模式下，需要类型化区分受损投资者类型，倾向于仅对个人投资者承担先行赔付。但是，目前的研究并没有严格区分受损投资者与受损适格投资者；在受损适格投资者即是赔付对象时，也没有针对赔付对象范围与受偿主体范围的重合与分离展开的讨论。2019 年《证券法》在正式确定证券市场先行赔付制度的同时，并没有针对从先行赔付主体处需要获得赔付的对象范围进行原则性地规定。从立法并未以强制性的规定对先行赔付主体范围进行确定为出发点来看，对与先行赔付主体范围相对的另一方参与主体范围，即赔付对象范围的界定实属必要，而这正是本书重点讨论的议题之一。

4. 有关证券市场先行赔付的资金来源的既有研究

有学者提出可以考虑拓宽投资者保护基金的用途，使其参与到实施先行赔付的过程中，从而承担对投资者的先付责任。② 也有学者提出，从宏观层面倡导投资者保护基金可以实现更广泛意义上的投资者保护，③但是并没有从微观层面对投资者保护基金如何实现更广泛意义上的投资者保护进行系统性研究。这为通过对比投资者保护基金参与的先行赔付模式与公平基金参与的先行赔付模式，进一步系统性地研究先行赔付的资金来源的法律考量提供了思考方向。

5. 有关证券市场先行赔付的赔付程序的既有研究

关于证券市场先行赔付的赔付程序的研究比较零散，虽然有些学者指出，在制定涉及投资者保护的重大事项先行赔付方案时，必须设立投资者参

---

① 参见张东昌：《证券市场先行赔付制度的法律构造——以投资者保护基金为中心》，载《证券市场导报》2015 年第 2 期。

② 参见张东昌：《证券市场没收违法所得与民事赔偿责任制度的衔接》，载桂敏杰总编：《证券法苑》（第 17 卷），法律出版社 2017 年版；张东昌：《证券市场先行赔付制度的法律构造——以投资者保护基金为中心》，载《证券市场导报》2015 年第 2 期。

③ 参见唐士亚：《香港证券投资者保护机制发展动向及其经验启示》，载《亚太经济》2018 年第 1 期。

与的听证程序;[①]但是既有研究并未针对先行赔付的启动、先行赔付分配方案设计的程序分析以及复审检视等问题予以系统性地解答。

(三)国内外研究现状评析

总体来看,证券民事赔偿纠纷的解决是对受损投资者进行民事救济的重点。境外与证券市场先行赔付制度功能类似的公平基金制度以及投资者保护基金制度的研究硕果累累,特别是关于公平基金扩充的资金来源方式,以及投资者保护基金拓宽的适用,这些研究成果可以为本书研究提供有力借鉴。[②] 而国内学术界自 2015 年才开启对证券市场先行赔付的有益探索,相关研究暂时处于起步阶段。无疑,加强证券市场先行赔付的相关法律问题的研究迫在眉睫。具体而言,当下在证券市场关于先行赔付的研究存在以下不足。

第一,相关系统性研究缺失,深度不够。尽管在 2019 年《证券法》出台之前,我国已经存在涉及"万福生科""海联讯""欣泰电气"的先行赔付案例,有关证券市场先行赔付的研究自 2015 年逐渐增加,但大多仅涉及宏观层面,如"证券市场先行赔付的引入与适用"等。国外学术界也是偏于从宏观层面,对公平基金与集团诉讼进行比较研究。相比之下,从微观视角出发,系统反思先行赔付主体范围与赔付对象范围的界定和赔付程序的研究成果尚付阙如。

第二,存在研究盲点。不管是公平基金先予执行赔付适格投资者遭受的损失,还是投资者保护基金先予执行赔付适格投资者遭受的损失,抑或是我国先行赔付主体主动地以其自有资金先予执行赔付适格投资者遭受的损失,学术界与实务界都对此适用于投资者保护的模式具有的可行性与合理性予以了肯定,但是提及先行赔付后的追偿权问题时,学者们要么只是以一

---

① 参见赵吟:《证券市场先行赔付的理论疏解与规则进路》,载《中南大学学报(社会科学版)》2018 年第 3 期;陈洁:《证券市场先期赔付制度的引入及适用》,载《法律适用》2015 年第 8 期。

② 根据我国《出境入境管理法》第 89 条,其中关于"出境"与"入境"用语的含义规定,本书主要将我国香港特别行政区、我国台湾地区关于投资者获得赔偿的方式纳入境外证券立法对受损投资者进行民事救济的先行赔付立法模式中。在比较分析与境外成熟证券市场关于专项基金先予执行与赔付的模式后,探索我国证券市场纠纷解决机制中的先行赔付问题时,实际意在探索我国境内证券市场纠纷解决机制中的先行赔付问题。

句“向其他连带责任主体追偿”蜻蜓点水式的一笔带过，要么是以主体间的责任划分是另外一个问题而回避。若使遭受损失的适格投资者能够及时、有效地获得赔偿，则不能回避先予执行赔付适格投资者遭受损失后，关于追偿权的落实问题。先行赔付主体的担当与先行赔付主体追偿权的落实，是环环相扣的。要想使相关主体先予执行的赔付在投资者保护领域形成一项长效机制，则绕不开先行赔付主体追偿权的实现及其他激励性配套措施的落实问题。

第三，研究新度不够。相关研究停留在2019年《证券法》实施之前，在2019年《证券法》实施之后，法律层面上的规定过于原则性，关于此方面的研究还未深度涉及。特别是鲜有针对投资者保护基金参与先行赔付，以及公平基金参与先行赔付等方面的对比性研究。事实上，从拓宽投资者保护基金的适用，与借鉴公平基金扩充的资金来源方式考虑，应在现有先行赔付主体主动地以其自有资金进行赔付的基础上，完善各模式下旨在平衡利益冲突的配套机制，因此，对其予以深入研究十分必要。

上述既有研究缺憾，更凸显了本选题研究的紧迫性和必要性。鉴于此，本书将从结构上对处于对应关系的先行赔付主体范围与赔付对象范围的角度出发，综合运用规范分析、比较分析、案例分析以及历史分析等多元科学方法，系统研究证券市场先行赔付的相关法律问题，重点探讨具有重大意义的盲点领域，深入挖掘细节问题，此乃本书写作的初衷与旨意。

三、研究思路与方法

本书在总体上遵循“基础性问题——先行赔付主体范围的法律界定——赔付对象范围的法律界定——先行赔付资金来源的法律考量——先行赔付程序的法律考量”的逻辑进路展开研究。具体而言，首先分析证券市场先行赔付制度的基础性问题，通过运用“专项基金”来对遭受损失的适格投资者进行先期执行与赔付的类似方式进行分析，提出三种先行赔付制度的立法模式；其次通过分析先行赔付主体范围的法律界定与赔付对象范围的法律界定，反思我国在上述主体范围方面存在的特殊问题并提出解决路径；继而从投资者保护基金与证券违法行为主体缴纳的罚没款纳入先行赔付资金来源的法律考量，分析我国在先行赔付资金来源方面存在的问题及其立法完善；最后从先行赔付的启动主体、启动时间、赔付分配方案设计的程序、赔付分配方案的复审以及实现追偿权等方面考量先行赔付程序，分析我国在先行赔付程序中存在的问题及其立法完善。

本书主要运用了规范分析、比较分析、案例分析、历史分析等研究方法。

第一，规范分析方法。研究证券市场纠纷解决机制中的先行赔付问题时，需要结合可资借鉴的国外立法经验，对我国的立法规范以及公平基金制度进行规范分析，诠释相关制度的内涵，梳理先行赔付的启动程序、责任主体、受偿主体、赔付的价值确定及其他问题，为我国证券市场先行赔付制度的立法构建及其发展奠定基础。

第二，比较分析方法。需要借助比较分析方法，比较两大法系的代表国家或者地区对于投资者损害赔偿的立法、实践和理论学说。比较我国境内与境外成熟证券市场关于专项基金先予执行与赔付的模式，例如，2002 年美国《萨班斯 - 奥克斯利法案》(Sarbanes-Oxley Act)第 308 条确立的公平基金制度；2006 年 SEC 颁布的《公平基金规则》针对罚没计划的基本规则、启动程序、复审规则、听证程序等多方面作出的规定。通过比较分析，总结各自的利弊，并将这些科学经验引入我国的立法与实践。

第三，案例分析方法。英美法系与大陆法系最显著的区别就是判例即是法律渊源。美国和我国香港特区证券市场的成熟程度较高，成功的经验值得汲取。在研究过程中，不可避免地会涉及对在证券市场上发生的重大证券违法行为案件的分析研究，唯有如此才能了解这些国家或地区证券市场先行赔付制度的全貌，并从中获取关键经验。截至 2021 年，我国证券市场仅发生了“万福生科”“海联讯”“欣泰电气”三个先行赔付案件，这些案件集中反映了我国的证券市场先行赔付行为的特点以及表现形式。

第四，历史分析方法。我国证券市场先行赔付模式从运行伊始，就注重先行赔付主体范围的界定以及先行赔付主体行使追偿权等重要问题，但只是提出问题，并没有提出具体的措施来解决问题。证券市场任何问题的出现都有其历史根源，是与特定历史条件下特定的司法文化、监管政策环境以及投资者法治意识等密不可分的，例如，公平基金制度在美国经历了漫长的发展过程，制度几经变迁，反映着法律价值取向、利益博弈等。因此，唯有从历史角度，研究相关国家和地区投资者损害赔偿的发展脉络及其产生的土壤，并进一步判断相关法律制度是否适合法的移植，对其发展的不同阶段进行联系和比较，从中发现问题，才能更好地认识现状和启示未来。

四、可能实现的创新之处与不足

(一)创新之处

一是在研究内容上，本书首次系统地对证券市场先行赔付的相关法律问题进行了详细又系统的大篇幅阐述。某种程度上，我国在证券市场上的先行赔付实践走在了理论与立法研究的前面，至今尚未有对其进行专门研究的专著出版，甚至连涉及的期刊文章都是自 2015 年才开始出现的且数量不多。本书以 2019 年《证券法》的实施为契机，从立法者对证券市场先行赔付制度在投资者保护方面表露的肯定及鼓励的态度，本着法律层面确认的证券市场先行赔付制度在内容上的原则性，以该制度的功能发挥仍旧处于初级阶段，并且尚未出台相关的具体细则为出发点，从先行赔付主体范围的确定、赔付对象范围的界定以及赔付程序的分析等方面展开严密的法律逻辑推理与详细的制度设计，这正是对证券市场先行赔付进行研究的目的、契机以及创新之所在。

二是在研究架构上，本书构建了证券市场先行赔付涉及的主要问题的完整体系。既对证券市场先行赔付制度遵循的基本原则与适用范围进行了分析，也对设立证券市场先行赔付制度的正当性证成进行了详尽阐述。本书在将证券市场上的先行赔付模式划分为投资者保护基金参与的先行赔付模式、公平基金参与的先行赔付模式、或有责任主体以其自有资金主动参与的先行赔付模式的基础上，对证券市场先行赔付的主体范围、对象范围、资金来源、赔付程序等进行了详细论述。这些内容都是证券市场先行赔付制度的重要组成部分，并且每一项研究的主要内容对于现有国内研究的发展状况而言，都具有新颖性。此外，本书对我国证券市场先行赔付在主体范围的法律界定、赔付对象范围的法律界定以及先行赔付的资金来源的法律考量与赔付程序的法律考量等方面进行了实践分析提出了立法建议，有助于解决实际的问题。

(二)不足

立场不同，认识不同。实践者对某项创新方式的适用，或许重在短期结果。理论者对某项创新方式的探讨,或许重在长期影响。尽管本书在研究过程中一直坚持理论与实际的密切配合,但是因实践与理论的视角差距,很难对证券市场先行赔付法律问题进行十全十美的诠释。

国情不同,证券市场发展程度不同,类似制度的适用也不同。证券市场先行赔付制度虽然属于我国2019年《证券法》中对投资者进行保护的一项重要创新制度,但是鉴于我国证券市场发展程度尚未成熟与证券法律制度的变革,在对证券市场先行赔付法律问题的研究过程中,不可避免地需要结合国外证券市场发展进程中的类似证券法律制度进行分析。既然是在类似法律制度中进行的分析,意味着在处理类似问题时所采用的实际解决方式不可能绝对相同。尽管本书一直努力收集相对较为全面的文献,来对证券市场先行赔付法律问题进行研究,但是受文化与语言的限制,很难对证券市场纠纷解决机制中的先行赔付问题进行全面的分析。

第一章　证券市场先行赔付制度的基础性问题

“先行赔付”已经在不同法域的实践中得到广泛地适用。[①] “证券市场先行赔付”与证券市场的发展存在密切联系。因此,本章从证券市场先行赔付制度的概念诠释、基本原则入手,研究相关基础性问题。

第一节　证券市场先行赔付制度的概念、基本原则及其适用范围界定

一、证券市场先行赔付制度的概念诠释

从某种意义上说,要满足法律科学之一般性和体系性的要求,就要建构出适用于整个法律体系的基本概念。[②] 如果没有专门的基本概念,那么就不能清楚和理

---

① 如在一般消费者保护、医疗纠纷、网上交易平台纠纷、机动车重大利益事故纠纷以及社会保险等领域的立法。

② See Robert Alexy & Ralf Dreier, *The Concept of Jurisprudence*, Ratio Juris, Vol. 3:1, p. 1 - 13(1990).

性地思考法律问题。[①] 正如博登海默所言:“概念乃是解决法律问题所必需的和必不可少的工具。”[②]证券市场先行赔付作为本书解读的重点内容,其“立法”字眼主要见于我国证券立法与学术讨论中。在境外证券立法中,皆未见“先行赔付”等相关证券立法字眼。事实上,虽然域外证券立法中不存在“先行赔付”立法字眼,但是存在描述类似争议解决的客观情形。作为本书研究的逻辑起点,勾勒出证券市场先行赔付制度内涵与外延的清晰面貌尤为重要。

(一)证券市场先行赔付制度的内涵界定

根据《现代汉语词典》,“赔付”是指赔偿支付。[③] 顾名思义,在当前汉语语境下,从语法、语义的角度解释证券市场先行赔付,主要是指发生在证券市场中的先予进行的赔偿支付。结合证券市场中的主要参与主体,可以理解为对证券市场中遭受损失的投资者先予进行的赔偿支付。此时,要注意证券市场先行赔付的“先”,是指赔偿主体进行赔偿支付的先后,还是指发生违法行为主体承担的责任竞合时,遭受损失的投资者获得证券民事赔偿的先后。同时,证券市场中的投资者遭受损失的原因各异,并不能全部归因于证券违法行为主体在证券发行与交易中给投资者造成实际投资损失的违法行为,因此,应将对证券市场中遭受损失的投资者进行的先予赔偿支付,限定在适当的范围分别进行讨论。

从域外证券立法对受损投资者进行民事救济的制度来看,域外关于投资者获得赔偿的诉讼方式主要包括以美国为代表的集团诉讼模式、以我国台湾地区为代表的团体诉讼模式、以德国为代表的示范诉讼模式。域外关于投资者损害补偿的模式主要包括投资者保护(或者赔偿)基金模式、公平基金模式。韦瑞蒂·温希普(Verity Winship)认为,SEC在公平基金中充当“公共律师”的角色。从成本与效率的角度出发,公平基金模式更有利于受

---

① See Max Rheinstein, *Education for Legal Craftsmanship*, Iowa Law Review, Vol. 30:3, p.408 – 421(1945).

② [美]E.博登海默:《法理学:法律哲学与法律方法》,邓正来译,中国政法大学出版社2004年版,第486页。

③ 中国社会科学院语言研究所主编:《现代汉语词典》(第7版),商务印书馆2016年版,第984页。

损投资者的补偿。[①] 亚当·齐默曼(Adam S. Zimmerman)认为,证券法领域确定的美国公平基金制度,通过行使公权力将对违法者收缴的违法所得、民事罚款直接分配给受损投资者的补偿机制已经有相对成熟的实践。[②] 同时,英国金融市场行为监管局(Financial Conduct Authority,FCA)针对特易购(Tesco)财务造假案,向其下发勒令赔偿处理决定书(final notice),将其是否对受损投资者进行积极的赔偿,作为FCA是否给予特易购金钱处罚的考量因素,是FCA首次使用英国2000年《金融服务与市场法》(Financial Services and Markets Act,FSMA)授予其勒令公众公司赔偿投资者损失的权力。[③] 我国证券市场起步较晚,针对在证券市场中,因证券违法行为而遭受损失的投资者获得证券民事赔偿寻求民事救济的方式较少,直到2019年《证券法》才正式确定了证券市场先行赔付制度。[④] 综合上述立法研究,证券市场先行赔付制度的内涵界定需要以该制度的客观要件为主线,[⑤]其中证券市场先行赔付作为该制度的主线至少可被解构为如下三个要件:

第一,先行赔付主体。具体包括两层含义:一是先行向遭受损失的适格投资者进行赔偿支付的主体;二是向遭受损失的适格投资者先行承担证券民事赔偿责任的主体。

第二,赔付对象。具体包括两层含义,一是因先行赔付主体实施的证券市场违法行为而遭受损失的适格投资者;二是成为证券民事赔偿的受偿主体。

第三,先付行为。具体含义主要是指只要其资金来源合法、合理,不管

---

① See Verity Winship, *Fair Funds and the SEC's Compensation of Injured Investors*, Florida Law Review, Vol. 60:5, p. 1103 – 1144(2008).

② See Adam S. Zimmerman, *Distributing Justice*, New York University Law Review, Vol. 86:2, p. 500 – 572(2011).

③ 参见英国2000年《金融服务与市场法》第384条。

④ 参见我国2019年《证券法》第93条。

⑤ 从不同国家或者地区适用的证券民事损害赔偿纠纷解决模式来看,证券市场先行赔付制度作为一种先行对受损适格投资者进行救济的替代性纠纷解决制度,通过赔付主体对受损适格投资者实施的先予执行与赔付的行为,使受损适格投资者可以先行获得救济。至于实施先付行为的主体是出于被动式的赔付,还是主动式的赔付,并不是该制度强调的重点。势必证券市场先行赔付制度是以证券市场先行赔付行为这一客观要件为主线,并未过于强调赔付主体对受损适格投资者实施先予执行与赔付行为的主观要件。故而,在对证券市场先行赔付制度的内涵进行厘定时,必须建立在对该制度的客观要件进行解构的基础之上。

源于何处，当且仅当是对适格投资者实施先予执行与赔付。

通过对证券市场先行赔付制度主线的解构，可以发现该制度主要是为了保障在证券市场中遭受损失的适格投资者先行获得救济，由相关主体实施先予执行与赔付的行为。该制度更多是站在保护投资者的立场，从遭受损失的适格投资者及时、有效地获得赔偿的角度考虑，意在将因证券市场违法行为给投资者造成的损失"先行"纳入其赔偿范围。

另外，部分国家设立的投资者保护基金制度①与证券市场先行赔付制度息息相关，两者都是针对在证券市场遭受损失的适格投资者进行民事救济的重要制度。然而，两者的内涵并非等同。许多国家或地区设立的"投资者保护基金制度"，②并非对证券市场上遭受损失的全部投资者类型进行保护，而是限定了赔付对象的范围，有的并不包含因证券市场波动而遭受损失的投资者，也不包含因证券市场违法行为而在证券发行与交易市场中遭受投资损失的投资者。本书对证券市场先行赔付制度的研究并不排斥将因证券市场违法行为而对处于证券发行与交易市场中的投资者造成的投资损失进行的赔偿纳入其保护范围。

（二）证券市场先行赔付制度的外延厘定

"证券市场先行赔付"作为本书研究的逻辑起点，勾勒出该制度外延的清晰面貌也尤为重要。

"付"在《现代汉语词典》中，本意是指"交给"。③ "赔付"是指赔偿支付，其概念涵盖了"支付"。证券市场违法行为主体给投资者造成经济上的实际损失，需要向受损投资者承担民事责任，对受损投资者进行证券民事赔偿。然而，面对证券市场违法行为的多样性、复杂性，证券市场违法行为主体根据违法行为程度与责任类型的设置，一般都伴随被追究行政责任，甚至

---

① 美国、英国、德国等许多国家或地区都已经设立用于在证券公司中介机构发生停止交易或者破产等情形时，对受损投资者进行救济的投资者保护基金。

② 这里提及许多国家或地区设立的"投资者保护基金"，是因为一些特殊地区设置的"投资者赔偿基金"可以因在证券市场交易中发生的欺诈或者不当行为对遭受损失的投资者进行先期执行与赔付，比如我国香港特区2003年的《证券及期货条例》，其中关于"投资者赔偿基金"适用范围的规定。

③ 中国社会科学院语言研究所主编：《现代汉语词典》（第7版），商务印书馆2006年版，第407页。

刑事责任。当发生证券违法行为主体的责任竞合时,因为投资者保护对于资本市场的健康发展至关重要,①出于私法优先的价值取向,证券市场违法行为主体应先行对受损投资者承担证券民事赔偿。

对遭受损失的投资者进行先行弥补的资金并非一定直接源自证券违法行为主体。如我国香港特别行政区2003年《证券及期货条例》第235~244条就规定了关于设立投资者赔偿基金(Investor Compensation Fund,ICF)的相关内容。投资者赔偿基金在向因持牌中介人或认可的财务机构违责而遭受损失的投资者先行作出赔偿后,②可以依法向违责的经纪商行使代位求偿的权利。此处投资者赔偿基金更多是指先行代违责的经纪商向遭受损失的投资者支付损失的金额。故而,"先付"作为证券市场先行赔付制度主线的重要条件,其中作为对受损投资者实施"先付"行为的主体,不一定必须是对投资者造成损失的证券违法行为主体。正因如此,该制度的实施过程不可避免地需要由证券违法行为主体最终承担对遭受损失的适格投资者进行的证券民事救济。

此外,结合对证券市场先行赔付制度的内涵界定,该制度并没有特别强调由相关主体实施的先予执行与赔付行为是否足以弥补受损适格投资者遭受的全部实际损失;也没有特别强调必须使遭受损失的适格投资者获得全部救济;更没有强调在证券市场先行赔付制度的实施过程中,是否必须有证券监督管理机构的直接参与。这就意味着先行赔付主体只要对受损适格投资者实施了先予执行与赔付的行为,而受损适格投资者也及时、有效地获得了赔偿,那么遭受损失的适格投资者可以获得弥补的程度以及证券监督管理机构在先行赔付过程中的角色定位,就并不是证券市场先行赔付制度关

---

① See Rafael La Porta & Florencio Lopez-De-Silanes & Andre Shleifer & Robert W. Vishny, *Law and Finance*, Journal of Political Economy, Vol. 106:6, p. 1113 – 1155(1998); Rafael La Porta & Florencio Lopez-De-Silanes & Andre Shleifer & Robert W. Vishny, *Investor Protection and Corporate Valuation*, The Journal of Finance, Vol. 57:3, p. 1147 – 1170(2002); Mclean R. David & Zhang TianYu & Zhao MengXin, *Why Does the Law Matter? Investor Protection and Its Effects on Investment, Finance, and Growth*, The Journal of Finance, Vol. 67:1, p. 313 – 350(2012).

② 许多国家或地区设立的证券投资者保护基金的赔付范围,并不包括因欺诈、虚假陈述等证券违法行为而遭受实际损失的投资者,但是香港特区设立的投资者赔偿基金因"违责"含义的广泛性,并没有将因欺诈、不当行为造成的投资者风险排除。

注的重点。这为下文比较与分析不同国家或者地区的先行赔付立法模式在对证券市场上遭受损失的适格投资者进行救济时的进一步研究奠定了基础。

二、证券市场先行赔付制度的基本原则探析

结合相关证券投资者损害赔偿保护机制的立法与实践经验,证券市场先行赔付制度的基本原则,应该贯穿证券市场先行赔付过程始终,作为证券市场先行赔付制度所特有的一般行为法则,至少应该包括以下几方面。

(一)基本原则之一:公开

公开是实现证券行为管理的有效手段。只有公开的法律与政策,才能成为行为法则;否则,可能为执法者、司法者使用非同一标准留下隐患。故而,公开原则包括证券市场管理与司法活动的公开,①这里的"司法"应为行政执法,亦属证券发行、交易的有关主体管理、执法行为的公开。②

公开原则源于英国。英国1844年《公司法》正式开创了强制公开原则的立法先河。美国1933年《证券法》、1934年《证券交易法》将公开原则作为贯穿这两部证券法律的基本原则。1963年,SEC以"为大众所持有的证券发行人的义务"为题,在资本市场的一项特别调查报告中也指出"联邦证券立法的全部构造中枢,在于企业内容的公开"。③ 可以说,现代各国证券立法基本上将公开原则确立为证券法律的基本原则,将其贯穿证券市场管理与行政执法的始终。④

公开原则将防止不法行为和证券市场监管作为其功能之一,⑤诚如美国学者布兰代斯(Brandis Louis D.)所言:"公开原则可矫正社会上及企业

---

① 参见杨志华:《证券法律制度研究》,中国政法大学出版社1995年版,第33页。

② 参见徐明:《证券法律制度研究》,百家出版社2002年版,第3页。

③ See Report of Special Study of Securities Markets Securities and Exchange Commission, 1963. 转引自李世谦:《公开资本市场监管问题研究》,经济管理出版社1997年版,第89页。

④ 参见徐明:《证券法律制度研究》,百家出版社2002年版,第4页。

⑤ 强制公开的另外两种功能是:一是保护投资者合法权益;二是优化公司治理结构。参见徐明:《证券法律制度研究》,百家出版社2002年版,第4页。

上之弊病。”[1]结合各国证券法律对公开原则的规定,公开原则作为证券市场先行赔付制度的基本原则,其内容至少可以从以下两个方面进行分析:

其一,信息公开的主体,主要是指依法负有公开证券民事赔偿有关信息的义务的特定主体,包括发行人、证券监督管理机构等。因为与证券发行有关的信息基本上都源自发行人,如果发行人因其证券违法行为给投资者造成损失,而需要向受损适格投资者进行证券民事赔偿,发行人应该属于最重要的信息公开主体。同时,对受损适格投资者进行救济,发挥先期执行与赔付功能的美国公平基金,其主要资金源于证券违法行为主体缴纳的违法所得、民事罚款等。[2] 故而,在证券监督管理机构对证券违法行为主体的处罚决定公布于众时,证券监督管理机构也属于最重要的信息公开主体。此外,与信息公开主体具有紧密关系的信息公开参与人,[3]如发行人的控股股东、实际控制人、董事、保荐人、承销商、其他从事证券业务的中介机构及其从业人员等,只要其在证券发行、交易中的管理、执法行为与投资者遭受损失之间存在因果关系,那么理应作为证券民事赔偿责任主体,对受损适格投资者承担证券民事赔偿负有信息公开的义务。

其二,信息公开的事项,主要是指依法公开的证券民事赔偿有关信息的类别,以“公告”的形式表现。证券民事赔偿责任主体以公告的形式公开宣布做出欺诈发行、虚假陈述、内幕交易或者其他重大违法行为的关键时间点等事项,表明其把主动赔付的意愿、行动这一信息,公开披露给不特定的受损投资者,使他们能够在获知其证券民事损害赔偿态度后做出选择。这样的行为是为凸显公开原则内容中,增强投资者对证券市场的信心这一效果。SEC v. World Com Inc. 案作为美国首个设立公平基金用于分配给受损适格投资者的案件,[4]以及后续发生的美国证券民事责任第一案 Escott v. Bar Chris 来看,[5]证券违法行为主体在对受损适格投资者进行证券民事赔偿

---

① Louis D. Brandeis, *Other People's Money and How the Banker Use it*, National Home Library Foundation, 1933, p. 17.

② 美国 2002 年《萨班斯 - 奥克斯利法案》第 308 条。

③ 参见郑振龙:《各国股票市场比较研究》,中国发展出版社 1995 年版,第 154 页。

④ See David A. Skeel Jr. , *Welcome Back, SEC*, American Bankruptcy Institute Law Review, Vol. 18:2, p. 573 - 590(2010).

⑤ See Scott v. Bar Chris Constr. Corp. , 283F. Supp. 643, 681, S. D. N. Y. , 1968.

时,至少应该公开以下事项:(1)受损投资者范围,主要指可以获得证券民事赔偿的主体范围;(2)获赔数额的判断标准,主要是指受损适格投资者获得实际赔偿额度的依据;(3)获赔的程序与获赔程序的起始与终止时间。

(二)基本原则之二:公平

证券法领域所有的原则都应当服从或者服务于公平原则的实现。①1929年"大股灾"之后,一份国会的报告指出:"证券市场上之所以存在许多毫无价值的证券,正是源于'看门人'抛弃了公平、诚实和谨慎的职业标准,而这些标准正是投资者在证券市场进行投资的保障。"②可见,证券市场相关主体必须坚守对应标准的重要性。

证券市场先行赔付制度坚持的公平原则至少包括三个层次的内容:第一,主体地位的平等。证券违法行为主体不得利用其在证券市场中所处地位的优势,在没有就赔偿事宜并与受损适格投资者进行充分协商的前提下,就单独决定先行赔付分配方案。当受损适格投资者选择先行赔付这一纠纷解决方式时,需要相关证券立法制定给予受损适格投资者可以在先行赔付分配方案的制定过程中,充分的参与权、提议权等方面的规范。证券立法中如果缺失了这一规范,或者这一规范并没有得到贯彻,就明显违反了依赖法律确定的公平原则对受损适格投资者合法权益进行保护的初衷。第二,受损适格投资者获得赔偿分配的公平。排除确有必要适用弱者倾斜保护理论对证券市场上的中小投资者进行合法的保护,证券市场先行赔付主体应该对获得证券民事赔偿的受损适格投资者一视同仁,平等地分配给受损适格投资者本应获得的证券民事赔偿金额。第三,证券市场先行赔付主体进行责任分担的公平。在需要由先行赔付主体承担对受损适格投资者的先行赔付职能时,如果某个主体不具备偿付能力,则出于公平原则的考量,由存在

---

① 参见赵万一:《中国究竟需要一部什么样的民法典——兼谈民法典中如何处理与商法的关系》,载《现代法学》2015年第6期。

② David Ferber, *The Case Against Insider Trading: A Response to Professor Manne*, Vanderbilt Law Review, Vol. 23:3, p. 621 – 626(1970).

过错的证券民事赔偿主体来承担损失比由无辜的受损投资者承担更为合理。①

（三）基本原则之三：公正

公正被公民认为是最需要重视的价值观念。② 证券市场先行赔付制度遵循的公正原则，至少应从两方面进行分析。

其一，证券市场先行赔付制度遵循的公正原则，重在对证券市场先行赔付主体进行约束，是指受损适格投资者可以得到证券市场先行赔付主体公正的证券民事赔偿。证券市场先行赔付主体明显是强势的一方，而受损的适格投资者是弱势的一方。证券市场先行赔付主体在就赔偿事宜与受损适格投资者进行证券民事赔偿协商的过程中，对先行赔付分配方案中关于赔付金额的计算、赔付对象的确定等问题，也应本着公正的原则去解决，至少不能与受损适格投资者按照诉讼程序请求证券民事赔偿应得的赔偿金额相差悬殊。在"世界通讯（World Com）财务欺诈案"中，受损适格投资者通过公平基金获得的损失补偿额远远小于通过集体诉讼获得的赔偿额。③ 美国乔治城大学的乌尔斯卡·维利科尼亚（Urska Velikonja）教授认为，SEC在制订公平基金分配计划时会参考并行诉讼的裁判结果，通过与其他机制合作，可对受损投资者进行的补偿做更优化的分配，④这彰显了证券市场先行赔付主体在对受损适格投资者进行先行赔付时应遵循的公正原则。

其二，证券市场先行赔付制度遵循的公正原则，重在对证券市场管理主体的约束。根据证券市场先行赔付主体对受损适格投资者进行先行赔付的资金不排除源自证券违法行为主体上缴的罚没款。故而，在证券市场管理主体对证券违法行为主体执行处罚的过程中，始终应遵循公正原则。如果在证券市场管理主体对证券违法行为主体执行处罚的过程中，偏离了公正

---

① See Adam F. Ingber, *10b-5 or Not 10b-5? Are the Current Efforts to Reform Securities Litigation Misguided*, Fordham Law Review, Vol. 61:6, p. 351-380 (1993).

② 参见［美］盖依·彼得斯：《美国的公共政策——承诺与执行》（第6版），顾丽梅、姚建华等译，复旦大学出版社2008年版，第603页。

③ See Gibeaut John, *As World Com Turns, Cases Pile Up*, ABA Journal, Vol. 90:9, p. 40-49 (2004).

④ See Urska Velikonja, *Public Compensation for Private Harm: Evidence from the SEC's Fair Fund Distributions*, *Stanford Law Review*, Vol. 67:2, p. 331-395 (2015).

原则,那么对证券违法行为主体作出的处罚的合理性将受到质疑。这在一定程度上也会直接影响证券违法行为主体上缴的罚没款的规模,从而间接影响遭受损失的投资者获得赔偿的可能性与获得赔偿的范围。毕竟证券违法行为主体上缴罚没款的规模,一定程度上直接影响着受损适格投资者是否可以及时获得证券民事赔偿。①

(四)基本原则之四:效率

现在各国证券立法都将提高效率作为其基本原则。② 效率,意谓以价值最大化的方式利用可以被利用的东西以获得满足。③ 从经济学的意义上来讲,"效率"将分配效率作为其最重要的内容,注重资产是否被用于它能发挥最大价值的地方。④ 如何保护与协调证券市场参与主体之间的关系,是在证券市场先行赔付过程中使效率发挥最大价值的基础问题。证券市场主要的资金来源为投资者。投资者作为证券市场最基本的参与主体,其能否积极参与证券投资,其行动是否理性,直接决定着证券市场的稳定与发育成熟度。⑤ 离开了投资者,证券市场将成为无源之水。故而,证券市场先行赔付制度遵循的效率原则,应以保护投资者的合法权益为中心,使受损适格投资者能够获得证券民事赔偿,实现最低成本化。

及时高效是公平正义的重要内容。⑥ 源于英国的一句著名法律谚语,"迟来的正义是非正义",体现了证券执法中,在坚持公平、正义的前提下,及时高效的重要性。证券市场先行赔付制度遵循效率原则,不仅包括受损

---

① 在美国,如果证券违法行为主体的罚没款数额过小,而受损适格投资者人数众多,SEC 就会考虑将该笔对证券违法行为主体收缴的罚没款资金上缴财政部。此时,证券违法行为主体缴纳的罚没款就没有及时用于分配给遭受损失的适格投资者,即受损适格投资者就不能及时地从证券违法行为主体缴纳的罚没款中获得赔偿。See Morris Mattew Scott, *The Securities Enforcement Remedies and Penny Stock Reform Act of* 1990: *By Keeping up with the Joneses*, *the SEC's Enforcement Arsenal Is Modernized*, Administrative Law Journal of the American University, Vol. 7:1, p. 151 - 212(1993).

② 参见徐明:《证券法律制度研究》,百家出版社 2002 年版,第 27 页。

③ 参见张文显:《二十世纪西方法哲学思潮研究》,法律出版社 2006 年版,第 508 页。

④ 参见[加]布莱恩 R. 柴芬斯:《公司法:理论、结构和运作》,林华伟、魏旻译,法律出版社 2001 年版,第 4 页。

⑤ 参见徐明:《证券法律制度研究》,百家出版社 2002 年版,第 28 页。

⑥ 参见中共中央政法委编:《社会主义法治理念教育读本》,中国长安出版社 2006 年版,第 43 页。

适格投资者获得证券民事赔偿,实现最低成本化,而且还包括受损适格投资者可以及时、有效获得证券民事赔偿。证券市场违法案件涉及面广,不确定的受损投资者人数众多,具有群众性的纠纷特质。目前境外关于投资者获得赔偿的诉讼方式主要包括以美国为代表的集团诉讼模式、以我国台湾地区为代表的团体诉讼模式、以德国为代表的示范诉讼模式。然而,在证券民事侵权纠纷解决方式多元化的背景下,由于证券民事赔偿诉讼需要严格的程序约束,其程序性规则的缺陷会大大消减投资者采取诉讼方式的积极性,①因而其并不完全符合证券市场受损投资者对证券民事赔偿纠纷效率的追求。②

美国为了避免投资者滥诉,③分别颁布了《私人证券诉讼改革法案》(The Private Securities Litigation Reform Act of 1995,以下简称《私人改革法案》)与《证券诉讼统一标准法案》(Securities Litigation Uniform Standards Act of 1998,以下简称《证券诉讼法案》)。这两项法案虽然提高了投资者提起集团诉讼的门槛,但是也加重了原告的证明责任,使受损适格投资者很难通过集团诉讼的方式及时获得证券民事赔偿。④ 2002 年美国《萨班斯 - 奥克斯利法案》(Sarbanes-Oxley Act,以下简称《SOA 法案》)确立的公平基金制度,使受损的适格投资者可以从设立的公平基金中及时获得赔偿,弥补了集团诉讼的缺陷。

证券市场先行赔付这一证券民事赔偿纠纷解决方式遵循的效率原则,是在坚持受损适格投资者获得证券民事赔偿,实现最低成本化的基础上,要求证券市场先行赔付主体最大可能地在最快、最短的时间内,设立用于对受损适格投资者进行赔偿的基金。不仅需要在设立基金的时间上及时高效,

---

① See Armour John & Jack B. Jacobs & Curtis J. Milhaupt, *The Evolution of Hostile Takeover Regimes in Developed and Emerging Markets: An Analytical Framework*, Harvard International Law Journal, Vol. 52:1, p. 221 - 285(2011).

② 参见陈明克:《我国证券纠纷调解机制研究》,载《武汉金融》2018 年第 4 期。

③ 在美国证监会及一些联邦地方法庭的推定下,证券民事赔偿诉讼曾经一度欣欣向荣,1942 年由美国证监会制定的规则 10b - 5,被著名的证券法教授路易斯·罗思(Louis Loss)一度认为该规则掌握了整个宇宙,客观上形成了"滥诉"的风险。See Loss Louis, *The American Law Institute's Federal Securities Code Project*, Business Lawyer, Vol. 25:1, p. 27(1969).

④ 参见杨文尧天、何海峰:《投资者公平基金的制度功能与运作机制》,载郭锋主编:《金融服务法评论》(总第 10 卷),中国法制出版社 2019 年版。

在对受损适格投资者进行赔付的过程中,也要本着及时高效的态度,才能弥补证券民事侵权诉讼救济之不足,发挥证券市场先行赔付制度的真正价值。

(五)基本原则之五:适当

“适当”这一词汇,在法律文本中属于高频词汇。例如,在美国的证券立法中,经由全国证券交易商协会(National Association of Securities Dealers,NASD)最早确立的投资者适当性原则,无疑是最有名的。[①] 由巴塞尔银行监管委员会、国际证券监管委员会组织和国际保险监督联合会联合发布的《金融产品及服务的零售销售中的客户适合性》报告,对遵循的适合性原则进行了比较全面的总结。[②] 在行政正义理念的指导下,“争议解决的适当性原则”已经成为英国司法部实现行政正义的主要策略,[③]其主要内容是在众多的解决争议的方式中,选择公众需要的最有效的方式。美国的公平基金制度发挥了对遭受损失的适格投资者进行先期执行与赔付的功能,有效解决了受损适格投资者极为关注的能否及时获得证券民事赔偿的问题。公平基金的资金来源主要是证券违法行为主体上缴的罚没款。只要设立公平基金,受损的适格投资者就可以从设立的公平基金中获得对应的损害赔偿。对证券违法行为主体追缴违法所得或者进行民事罚款是 SEC 的主要任务。从 SEC 诞生之日起,其在发挥积极进行执法功能的同时,像证券市场的“看门人”一样,[④]通过对其执法的案件及其追诉案件的分析,来形成 SEC 的政策。[⑤]

证券市场先行赔付制度遵循的适当原则,不仅包括受损适格投资者获得证券民事赔偿的方式最为有效,而且还包括通过适当的方式确定的证券民事赔偿主体范围与受损适格投资者范围也最为有效:其一,确定适当的证

---

① See Matthew J. Benson, *Online Investing and the Suitability Obligations of Brokers and Broker-Dealers*, Suffolk University Law Review, Vol. 34:2, p. 395 - 414(2001).

② Basel Committee On Banking Supervision, *Customer Suitability in the Retail Sale of Financial Products and Services*(June 2,2020), https://www.bis.org/publ/joint20.pdf.

③ See Adler Michael, *Tribunal Reform: Proportionate Dispute Resolution and the Pursuit of Administrative Justice*, Modern Law Review, Vol. 69:6, p. 958 - 985(2006).

④ See Freeman Engstrom David, *Agencies as Litigation Gatekeepers*, Yale Law Journal, Vol. 123:3, p. 616 - 712(2013).

⑤ See Croberta S. Karmilnneel, *Creating Law at the Securities and Exchange Commission: The Lawyer as Prosecutor*, Law & Contemporary Problems, Vol. 61:1, p. 33 - 46(1998).

券民事赔偿主体范围。按照证券民事赔偿与主体之间的过错相匹配,美国1995年出台的《私人改革法案》首次确认了按份责任制度。该制度是将证券民事赔偿责任限制在对应主体的过错程度范围之内,其中主体没有赔偿支付能力的,其他证券民事赔偿责任主体不需要代为承担赔偿的责任。相比证券民事赔偿连带责任,按份责任制度在理论上可能是一种更公正且有效率的责任分配规则。[①] 此时,证券民事赔偿主体之间的责任划分会更加合理平衡,能够锁定需要向受损适格投资者承担证券民事赔偿的主体范围。其二,确定适当的受损适格投资者范围。从境外立法与实践情况看,界定受损适格投资者范围需要平衡投资者遭受的损失是出于投资者对决策"买者自负",[②]还是出于因发行人或者其他证券违法行为主体实施的重大证券违法行为结论不一只有与关键的时间点"一一对应",才能更准确地界定投资者的赔偿范围和赔偿金额,才可以尽可能锁定受损适格投资者的范围。为了避免不适格的受损投资者依靠证券市场先行赔付把本属于自担风险的责任归咎于此,而获取非法利益。在凸显证券市场先行赔付制度遵循的其他原则的基础上,作为受损适格投资者的赔付对象的适当性确定非常关键,不可偏离赔付对象确定范围的适当性。

证券市场先行赔付制度所遵循的"公开""公平""公正""效率""适当"原则,是结合境内外的证券投资者损害赔偿保护机制进行的分析归纳。这五项基本原则不仅为受损适格投资者及时获得赔偿提供了一条创新路径,也为适用证券市场先行赔付优先处理的证券民事赔偿案件类型,即证券市场先行赔付的适用范围提供了参考。

三、证券市场先行赔付制度的适用范围剖析

在证券发行及其交易活动中,存在的虚假陈述、内幕交易与操纵市场等违法行为会不同程度地给投资者造成一定的实际损失,属于各国证券监督管理机构重点打击的对象。当这些证券违法行为给投资者造成实际损失

---

① See Mednick Robert & Peck Jeffrey J., *Proportionality: A Much-Needed Solution to the Legal Liability Crisis*, Valparaiso University Law Review, Vol. 28:3, p. 867 - 918(1994).

② 1603年的Chandelor v. Lopus案,正式确定了"买者自负"原则。

时,遭受损失的投资者都享有提起证券民事赔偿诉讼的权利。此处对应前文对证券市场先行赔付制度遵循的基本原则的阐述,对这些违法行为是否都属于证券市场先行赔付制度的适用范围进行分析。

从严格意义上说,大部分证券欺诈行为都与信息披露存在很大的直接关系,[①]而虚假陈述是发生证券欺诈行为的根本源头。[②] 美国证券立法上的虚假陈述行为,一般都是通过“欺诈”(fraud)、“欺骗”(deciet)等比较抽象的概念表示。美国10(b) -5规则作为SEC对“欺诈性或者欺骗性策略或者计谋”打击的法律依据,其中(a)项和(c)项均指向“欺诈”和“欺骗”,(b)项则针对“虚假陈述”及“遗漏”。[③] 可以看出,欺诈发行与虚假陈述分属于两种不同的证券市场违法行为。从目前的统计来看,虚假陈述违法行为中的欺诈发行所占比例较小,[④]结合已经发生的欺诈发行与虚假陈述的案例比较可以看出,欺诈发行因行为后果的严重性更强而被特定化。在证券发行阶段,发行人的虚假陈述违法行为只要满足欺诈发行的认定标准,就一般不会被认定为虚假陈述。[⑤]

1971年,在Superintendent of Ins. v. Bankers Life案中,美国联邦最高法院正式确认了默示责任。[⑥] 美国证券市场上的投资者因证券欺诈发行而遭受损失,采取集体诉讼的形式寻求证券民事赔偿,一般是援引1934年《证券交易法》第10条(b)款以及SEC规则中的10b -5节,作为提起证券欺诈诉讼的依据;援引1934年《证券交易法》第20条,作为向公司高管及董事提起诉讼的依据。[⑦] 同时,实施证券欺诈的一方则通过援引《联邦民事诉讼

---

① See Loss, Louis & Seligman, Joel, *Fundamentals of Securities Regulation* (5), Aspen Publishers, 2003, p. 1058.

② 参见赵万一主编:《证券交易中的民事责任制度研究》,法律出版社2008年版,第105页。

③ See 17 C. F. R. § 240. 10b -5.

④ 参见董登新:《证券投资者保护的突破口》,载《中国金融》2016年第16期。

⑤ 参见谢丽媛:《欺诈发行人的“被退市时代”——欣泰电气欺诈发行案的法律分析》,载顾功耘主编:《公司法律评论》(第17卷),上海人民出版社2017年版。

⑥ See Fleischer Jr., Arthur, *Federal Regulation of Internal Corporate Affairs*, Business Lawyer (ABA), Vol. 29:2, p. 179 -181 (1974).

⑦ 参见[美]托马斯·李·哈森:《证券法》,张学安等译,中国政法大学出版社2003年版,第645页。

程序规则》(Rules of Civil Procedure for the United States District Courts,以下简称《联邦程序规则》)中的第9(b)条以及《私人改革法案》中所规定的必须有充足性和详细性的可以证明证券欺诈行为的事实及其故意的存在,作为其对抗受损投资者提起证券欺诈,寻求证券民事赔偿的有利依据。例如,Goplen v. 51job 证券欺诈案中,①美国纽约州南部法院就认为,作为原告的受损投资者无法达到《联邦程序规则》中的第9(b)条及《私人改革法案》中的充足性和详细性的要求,而驳回了原告提起的诉讼请求。集团诉讼这一处理证券民事纠纷的方式需要的起诉门槛高,因而并不能及时弥补投资者因证券欺诈而遭受的损失。1966年,在 SEC v. Texas Gulf Sulphur Co. 案中,法院以判例的形式创立了内幕交易违法主体需要吐出其违法所得的制度,即"吐脏"制度。② 1988年,在 SEC v. First City Financial Corp. ,Lid. 案中,法院又以判例的形式赋予 SEC 向证券违法行为主体追缴违法所得的权力,即将"吐脏"制度扩展至虚假陈述领域。③ 然而,由 SEC、法院等机构参与运行的"吐脏"制度,存在分配给受损投资者的补偿率低的缺陷,也不能及时弥补投资者因证券欺诈而遭受的损失。要及时弥补投资者因证券欺诈而遭受的损失,需要扩大分配给受损投资者的资金来源,公平基金制度应运而生。公平基金制度源于内幕交易领域,并逐渐扩展至虚假陈述领域。④

英国2000年《金融服务与市场法》虽然统一用"market abuse"(市场滥用)形容操纵市场、内幕交易、传播虚假信息等证券市场违法行为,但是也没有对操纵市场的主体范围作出明确界定。⑤ 证券违法行为一旦构成英国2000年《金融服务与市场法》第八部分规定的市场滥用行为,英国金融服务管理局(Financial Service Authority)就有权对实施这些证券违法行为的主体处以其认为是公正金额的罚款,并要求赔偿,而无须启动法院诉讼程序。⑥

---

① See Goplen v. 51job, Inc. ,453F. Supp. 2d 759, S. D. N. Y. ,2006.

② See SEC v. Texas Gulf Sulphur Co. ,401 F2d 833,2A. L. R. Fed. 1902d Cir. ,1968.

③ See SEC v. First City Financial Co. ,890 F2d 1215, D. C. Cir. ,1989.

④ 参见邢会强:《内幕交易公平基金制度的构建》,载郭锋主编:《证券法律评论》(2016年卷),中国法制出版社2016年版。

⑤ See George, Walker & Michael, Blair, *Financial Market and Exchanges Law*, Oxford University Press,2007,p,231.

⑥ 参见英国2000年《金融服务与市场法》第123条、第384条。

美国证券立法虽然通过列举式的形式,从操纵市场这一证券违法行为的类型角度,对其范围作出了法律界定;①但是并没有对操纵市场的主体范围作出明确界定。虽然法律未对操纵市场主体的身份加以具体诠释,给实践中操纵市场违法行为主体的资格认定带来一定难度;但是有学者指出应结合美国1933年《证券法》以及证券市场监管实践经验,禁止"任何人"操纵市场。② "任何人"主要包括机构投资者、商业银行、证券服务机构、新闻传播媒介及自然人。同时,也有学者认为操纵市场的本质就是欺诈。③ 针对这一论断,又有学者认为操纵市场这一证券违法行为虽然与证券欺诈存在很大的直接关系,但严格意义上说,其本质并非一概为欺诈。④ 故而,从欺诈的法律原理来分析操纵市场的主体范围,需在未来针对违法行为行政处罚的说理中进一步论证。由此可以看出,针对操纵市场这一证券违法行为,排除受损适格投资者的界定、对受损适格投资者进行赔偿额的界定以及损失因果关系的认定等问题,就操纵市场主体的范围而言,争议就已经颇多。⑤ 结合证券市场先行赔付制度遵循的效率、适当原则,操纵市场中的先行赔付主体及时对受损适格投资者进行赔付难免存在困难。

我国2019年《证券法》第93条对后续证券市场先行赔付制度的适用范围提供了指导性的方向,指出证券市场先行赔付的出发点是发行人的重大违法行为。并且,按照2019年《证券法》对适格投资者遭受实际损失需要及时、有效地获得先行受偿方面的法律规定,其适用范围主要局限在证券发行阶段。虽然现行实践中发生的先行赔付案件主要存在于由发行人实施的虚假陈述或者欺诈发行等行为领域,但是2019年《证券法》第93条对发行人违法行为的语用性陈述是"发行人因欺诈发行、虚假陈述或者其他重大

---

① 参见美国1933年《证券法》第7(a)条;美国1934年《证券交易法》第10(b)条、第15(c)条、第15(c)2条。

② 参见罗文燕:《操纵证券交易价格之法律分析》,载《政法论坛》2002年第3期。

③ 参见汤欣、高海涛:《证券市场操纵行为认定研究——行政处罚案例的视角》,载《当代法学》2016年第4期。

④ See Daniel R. Fischel & David J. Ross, *Should the Law Prohibit "Manipulation" in Financial Markets*, Harvard Law Review, Vol. 105:2, p. 503 – 553(1991).

⑤ 参见彭冰:《建立补偿投资者的证券行政责任机制　针对内幕交易和操纵市场行为》,载《中外法学》2004年第5期。

违法行为”。也就是说,除了发行人因欺诈发行或者虚假陈述的情形给投资者造成损失外,随着证券市场处理证券民事侵权纠纷的创新发展,立法者采用兜底性的规定,将未来不确定的发行人的“其他重大违法行为”给投资者造成的损失也同样纳入证券市场先行赔付制度的适用范围,这就为进一步确定证券市场先行赔付制度的适用范围提供了参考。

首先,公平基金制度的确定,促使先行赔付成为常见的和解与赔偿方式。① 从美国确立的公平基金制度来看,涉案成立的公平基金都是以“一案一设”的“专项基金”模式,先将证券违法行为主体上缴的违法所得、民事罚款,分配给遭受损失的适格投资者,而后享有对最终证券民事赔偿责任主体的追偿权。结合前文对公平基金适用领域的介绍,以及证券市场先行赔付制度的内涵与外延的厘定,此时这种公平基金参与的先行赔付模式,并没有排斥将因虚假陈述、内幕交易、操纵市场给投资者造成的损失纳入其适用范围。

其次,单就赔偿方式而言,大多数国家都设立了“资金池”模式作为对受损适格投资者进行救济的纠纷解决方式。此时,因证券公司发生风险而给遭受损失的投资者进行救济,采用的是以投资者保护基金的形式先予执行。这种先予执行的模式,实际上是投资者保护基金享有对最终责任主体的追偿权。当先行利用投资者保护基金对遭受损失的投资者进行赔偿时,虽然单从赔偿方式而言,其也是先期执行与赔付遭受损失的投资者,但是并不主要是先期执行与赔付遭受投资损失的投资者。换言之,结合大多数国家设立的投资者保护基金的适用范围,投资者保护基金参与的先行赔偿模式并不主要是对因证券市场违法行为而遭受投资损失的投资者进行先行赔偿。然而,从境内外的实践看,不排除相关国家和地区扩展证券投资者保护基金适用功能的情形。② 我国香港特区于2003年通过颁布《证券及期货条例》,扩展了投资者赔偿基金的适用范围。我国香港特区设立的投资者赔偿基金作为专门保护散户投资者的一项投资者保护基金,可以适用于获牌

---

① 参见张春丽:《证券欺诈赔偿责任的理论构成与制度完善》,载《经济法研究》2018年第2期。

② 参见钟新慧、张学政:《证券投资者保护基金的发展》,载《中国金融》2015年第5期。

或者注册的中介人或者被认可的财务机构及其关联机构的违责造成的投资者损失的赔偿。[①] 可以看出，投资者保护基金参与的先行赔偿模式，基本上排斥将因证券市场违法行为给投资者造成的实际损失纳入其适用范围的，但是随着实践中对证券投资者保护基金适用功能的扩展，并不是一概否定将因证券市场违法行为给投资者造成的实际损失纳入其适用范围，如我国香港特区设立的投资者赔偿基金。

最后，我国法律层面正式确定的证券市场先行赔付制度，将发行人"其他重大违法行为"造成的投资者损失纳入其适用范围。从证监会近几年公布的证券市场违法行为案例来看，在我国证券市场上，虚假陈述、内幕交易是证监会处罚的主要违法行为类型，操纵市场违法行为案件的处罚数量明显低于其他两项。[②] 从内幕交易与操纵市场主体范围的确定、内幕交易与操纵市场的受害人范围以及从法理上对内幕交易与操纵市场民事赔偿责任的追究方面，[③]证券市场先行赔付制度遵循效率、适当的原则，通过及时确定先行赔付主体范围，主动承担先行赔付来解决内幕交易与操纵市场造成的民事赔偿存在困难。然而，不是说处于证券交易阶段的内幕交易与操纵市场违法行为不属于先行赔付制度的适用范围，毕竟2019年《证券法》首次明确了发行人可以作为内幕交易的知情人。[④] 结合该法第93条发行人因"其他重大违法行为"给投资者造成损失的，也可以针对赔偿问题与投资者达成协议进行先行赔付的规定来看，发行人的内幕交易给投资者造成的损失，有可能利用先行赔付的方式给受损适格投资者进行证券民事赔偿。同时，在现有证券市场法律体系中，鉴于我国证券市场先行赔付这一创新性的替代性纠纷解决方式尚处于初级发展阶段，以及证券市场不同违法行为所受处罚情况的不同，暂时把我国证券市场先行赔付制度的适用范围局限于欺诈发行或者虚假陈述领域，在证券市场法律体系得到完善以及证券市场先行赔付能够作

---

① 我国香港特区《证券及期货条例》的第Ⅻ部与第244条。此处"违责"包括违反信托、亏空、欺诈或犯有不当行为。

② 参见汤欣、高海涛：《证券市场操纵行为认定研究——行政处罚案例的视角》，载《当代法学》2016年第4期。

③ 参见彭冰：《建立补偿投资者的证券行政责任机制　针对内幕交易和操纵市场行为》，载《中外法学》2004年第5期。

④ 参见2019年《证券法》第51条。

为常态化的纠纷解决方式后，再逐渐往其他领域拓展。

第二节 证券市场先行赔付制度的正当性证成

现代金融监管理论中，国际证监会组织（International Organization of Securities Commission，IOSCO）将投资者保护列为其监管目标之首。保护投资者的合法利益是证券市场监管的一个基本出发点，目前已然成为直接制约证券市场发展的突出问题。对于证券市场而言，保护投资者合法权益就是保护证券市场。然而，证券监管机构在以做大证券市场规模的理念下，常常偏离保护投资者这一核心目标，[①]势必会使证券发行的参与主体与投资者之间产生证券民事赔偿等纠纷，那么就需要完善投资者保护的重要手段。我们的法律实践经验使我们认识到，在对受害人进行救济的问题上，解决途径不是一个而可能是多个。[②] 相对受损的适格投资者往往通过诉讼的方式获取证券民事赔偿，而证券市场先行赔付作为一种保护投资者及时、有效地获得证券民事损害赔偿的替代性纠纷解决制度，注定在保护受损适格投资者的合法权益中发挥着不可替代的作用。

一、弥补证券民事赔偿诉讼运行中的缺陷

受损适格投资者通过证券民事诉讼这种私人执法机制获得民事损害赔偿的成本相对较高并且存在一定的局限性。[③] 证券市场先行赔付作为投资者保护的一种替代性纠纷解决创新制度，不失为对证券民事赔偿诉讼机制的有益补充，是丰富和全面践行保护投资者合法权益的一种尝试。

---

① See Elizabeth F. Brown, *The Tyranny of the Multitude is a Multiplied Tyranny: Is the United States Financial Regulatory Structure Undermining U. S. Competitiveness?*, Brooklyn Journal of Corporate, Financial & Commercial Law, Vol. 2:2, p. 369 – 420(2008).

② 参见约翰·G. 弗莱米：《关于侵权行为法发展的思考：侵权行为法有未来吗？》，吕琳、许丽群译，载吴汉东主编：《私法研究》（第3卷），中国政法大学出版社2003年版。

③ 私人执法（private enforcement of law）和公共执法（public enforcement of law）是执法的两种形式，徐昕教授认为"私人执法"的概念对应的英文翻译是"private enforcement of law"，并且已经在西方的文件中得到了全面、确实的研究。

首先,起诉、举证环节并非证券市场先行赔付制度的必备环节。虽然美国在受损投资者请求民事赔偿问题上,不仅对投资者私人诉讼作出了规定,①还通过1990年《证券执法救济和廉价股票改革法》(以下简称《证券股票改革法》),明确授权SEC可以代替投资者向法院提起诉讼。② 不过,在SEC可以代替投资者向法院提起诉讼的同时,也可以通过行政审裁将对证券违法行为主体追缴的违法所得、民事罚款,分配给受损适格投资者。

其次,证券民事赔偿诉讼的成本高昂。由于证券市场违法行为案件的特殊性与复杂性,从便于审理证券市场违法行为案件和保护受损适格投资者利益的目的出发,1938年的美国《联邦民事诉讼规则》(Federal Rules of Civil Procedure)第23条Class actions 4规定了提起集团诉讼的条件。③ 然而,这种降低投资者提起集团诉讼的门槛,从消极方面无形地为原告滥诉埋下了隐患。美国1995年《私人证券诉讼改革法案》与1998年《证券诉讼统一标准法案》的出台,提高了投资者作为原告提起集团诉讼的标准,加重了原告的证明责任,使很多证券民事侵权案件难以通过集团诉讼的方式解决。从积极方面来讲,这减少了投资者滥诉的可能;从消极方面来讲,提高了集团诉讼起诉标准,导致了诉讼成本增加。集团诉讼中的原告对一般存在于欺诈发行、内幕交易、操纵市场等证券市场违法行为主体内部的重要证据的调查取证难上加难,原告证明责任的加重势必也间接地侵犯了受损投资者作为原告的诉权。2002~2012年美国证券市场发生的内幕交易公平基金案件、欺诈发行公平基金案件、操纵市场公平基金案件,在14起内幕交易公平基金案件中,只有2起内幕交易公平基金案件中的受损投资者同时提起集团诉讼,并且还全部被驳回起诉;在20起欺诈发行公平基金案件中,只有

---

① 参见美国1934年《证券交易法》第21条。

② 美国国会通过采用"混合型"执法机制,制定的一系列法律,授权监管机构和普通公民都可以对证券违法行为主体提起诉讼。See Bornstein Stephanie, *Public-Private Co-Enforcement Litigation*, Minnesota Law Review, Vol. 104:2, p. 811-888(2019).

③ Federal Rules of Civil Procedure, Rule 23 Class Action. (a) Prerequisites to a Class Action One or more members of a class may sue or be sued as representative parties on behalf of all only if (1) the class is so numerous that joinder of all members is impracticable, (2) there are questions of law or fact common to the class, (3) the claims or defenses of the representative parties are typical of the claims or defenses of the class, and (4) the representative parties will fairly and adequately protect the interests of the class.

7起欺诈发行公平基金案件中的受损投资者同时提起集团诉讼,并且胜诉的仅为4起;在9起操纵市场公平基金案件中,只有2起操纵市场公平基金案件中的受损投资者同时提起集团诉讼,并且胜诉的仅为1起。① 由此可以看出,在欺诈发行、内幕交易、市场操纵等类型的案件中,一般难以采用集团诉讼的方式解决证券民事赔偿纠纷。

最后,证券市场先行赔付制度使受损适格投资者获赔相对耗时周期短,程序不太复杂。证券市场先行赔付作为一种解决证券民事赔偿纠纷的创新方式,从宏观层面来讲,其中"先行"旨在从遭受损失的适格投资者可以及时、有效地获得赔偿的角度考虑。这有别于以往方式对证券违法行为主体在上缴行政罚款或者刑事罚金之后,面对庞大的受损投资者数量,已经无力承担受损适格投资者的全部实际损失。对于受损的适格投资者来说,证券违法行为被揭露,严密的事前监管和事中监管已无力回天,事后监管也只能对违法行为主体构成一定的威慑,无法有效弥补投资者的现实损失。某种程度上,比起来自证券监督管理机构或者司法机关对证券违法行为主体的行政处罚或者刑事责任的追究,受损适格投资者从证券违法行为主体处,能够获得有效的赔偿更为重要。② 此时,在证券市场上采取"先行"赔付来解决证券民事赔偿纠纷,势必要从受损适格投资者获得赔偿的耗时周期、程序等方面凸显与通过诉讼的方式获得赔偿的耗时长、程序复杂等的不同。

二、提高投资者获得赔偿数额的效率

乌尔斯卡·维利科尼亚(Urska Velikonja)认为,传统的私人执法存在一定局限性,在很多情形下可以采用公共补偿手段弥补私人执法的不足,SEC是最适合的补偿执行者,并认为公共执法对受损投资者的补偿是可行且有效的。③ 据统计,在美国,超过2/3的证券民事赔偿集团诉讼案件,一

---

① See Urska Velikonja, *Public Compensation for Private Harm: Evidence from the SEC's Fair Fund Distributions*, *Stanford LawReview*, Vol. 67:2, p. 331 – 395(2015).

② See Mclean R. David & Zhang TianYu & Zhao MengXin, *Why Does the Law Matter? Investor Protection and Its Effects on Investment, Finance, and Growth*, The Journal of Finance, Vol. 67:1, p. 313 – 350(2012).

③ See Urska Velikonja, *Public Compensation for Private Harm: Evidence from the SEC's Fair Fund Distributions*, *Stanford Law Review*, Vol. 67:2, p. 331 – 395(2015).

般都在 SEC 行政裁审程序终结后才结束。可见,证券民事赔偿集团诉讼对受损投资者进行赔偿的周期,一般要长于通过公平基金对遭受损失的适格投资者进行先期执行与赔付的周期。① 同时,这种诉讼纠纷解决方式耗时较长,无形地为证券市场违法行为主体提供了充足的时间转移、隐匿或者挥霍违法所得。②

此外,英美法系国家加入式、退出式的集团诉讼,③可能会导致一部分投资者在权利登记中要么"搭便车",④要么因为不可抗力或者其他客观因素因在诉讼时效内不能及时进行权利登记而丧失民事侵权赔偿诉权。这样不仅增加了诉讼成本,也在一定程度上造成了资源浪费,并且受损投资者通过美国证券集团诉讼获得赔偿金,也面临受损适格投资者太多而损害赔偿额分配太少的棘手问题。⑤

SEC v. World Com Inc. 案这一首个利用公平基金对受损适格投资者进行赔付的案件中,SEC 将收缴的 7.5 亿美元的民事罚款分配给受损适格投资者,不仅有效提高了受损适格投资者获得的补偿数额,而且还缩短了及时获得补偿数额的时长。⑥ 证券监督管理机构认识到投资者保护对证券执法及其资本市场的健康发展至关重要。2002 年,《SOA 法案》确立的公平基金制度,将 SEC 对证券违法行为主体追缴的违法所得、民事罚款与和解金纳入设立的公平基金,分配给遭受损失的适格投资者,全面提高了受损适格投资者可能获得的补偿数额,如仅在 2009 年度通过设立的公平基金对受损适格投资者的补偿数额就达 20 亿美元。⑦ 自《SOA 法案》施行以来,据已有

---

① See Urska Velikonja, *Public Compensation for Private Harm: Evidence from the SEC's Fair Fund Distributions*, *Stanford Law Review*, Vol. 67:2, p. 331 – 395(2015).

② 参见刘俊海:《股份有限公司股东权的保护》,法律出版社 2004 年版,第 610 页。

③ 集团诉讼可以分为加入式和退出式两种模式,加入式是投资者必须在一定的时间内按照一定的程序明示、肯定地参加集团诉讼,并在投资者共同的问题上受到判决或和解的约束。退出制一般是指投资者必须在一定的时间内按照一定的程序作出明示的不参加集团诉讼的表示,否则直接受集团诉讼的判决或和解的约束。参见章武生:《我国证券集团诉讼的模式选择与制度重构》,载《中国法学》2017 年第 2 期。

④ 投资者作为原告的人数不确定,司法实践中,一般由法院发出案情和诉讼请求的公告,其他权利人在一定期间向法院登记。

⑤ 参见吴泽勇:《集团诉讼在德国:"异类"抑或"蓝本"?》,载《法学家》2009 年第 6 期。

⑥ See SEC v. World Com, Inc., 273 F. Supp. 2d 431, 435, S. D. N. Y., 2003.

⑦ 参见邢会强:《走向规则的经济法原理》,法律出版社 2015 年版,第 267 页。

统计资料显示,2002~2013年,SEC约设立了236个涉案公平基金,向受损适格投资者大约分配了143亿美元。[①] 2008年,SEC收缴的违法所得与民事罚款约为10.3亿美元,分配给受损适格投资者的资金约占10亿美元;[②] 2009年,SEC收缴的违法所得与民事罚款约为24亿美元,分配给受损适格投资者的资金约占21亿美元。[③] 从SEC在2018年的执法工作报告中可以看出,[④]2015年至2018年,SEC通过对证券违法主体追缴违法所得与民事罚款获得的资金分别为41.94亿美元、40.83亿美元、37.89亿美元、39.45亿美元,公平基金中的大部分资金都分配给了遭受损失的适格投资者。[⑤]

上述公平基金参与的先行赔付模式,在一定的情形下提高了投资者获得证券民事赔偿的数额。然而,结合上文提及的我国香港特区设立的投资者赔偿基金,在不排斥对因证券市场违法行为而遭受损失的投资者进行先行赔偿时,受损适格的散户投资者获得赔偿的上限为50万港元。[⑥] 此时,考量投资者赔偿基金参与的先行赔付模式,并不能一概而论认为证券市场先行赔付提高了受损适格投资者获得证券民事赔偿的数额,毕竟受损适格投资者有获得赔偿的上限额度限制。故而,从宏观层面来看,证券市场先行赔付制度提高了受损适格投资者获得证券民事赔偿数额的效率,在促使受损适格投资者及时获得赔偿的同时,并没有绝对地提高受损适格投资者获得证券民事赔偿的数额。

三、强化证券民事赔偿主体的责任追究

违法意味着负价值,不同的违法行为,其负价值的大小不同,损害性程

---

① See Urska Velikonja, *Public Compensation for Private Harm: Evidence from the SEC's Fair Fund Distributions*, *Stanford Law Review*, Vol. 67:2, p. 331-395(2015).

② See SEC, *Performance and Accountability Report*, 2008, p. 12.

③ Ibid.

④ See Division of Enforcement 2018 Annual Report (SEC, December 12, 2019), https://www.sec.gov/files/enforcement-annual-report-2018.pdf.

⑤ See Urska Velikonja, *Public Compensation for Private Harm: Evidence from the SEC's Fair Fund Distributions*, *Stanford Law Review*, Vol. 67:2, p. 331-395(2015).

⑥ 在2020年1月1日或之后发生的违责事件,投资者赔偿基金赔偿上限由150,000港元提高至500,000港元。

度也不相同。[①] 证券市场违法行为的多样性、复杂性,直接决定着证券市场法律责任形式的多样性。基于何种原因给予违法行为主体何种责任配置,需要结合国家现行的行政监管、司法资源的配比及其市场经济发展程度与法治文化背景等多种因素进行探讨。[②] 从实践操作与立法规定来看,民事责任追究以投资者遭受实际损害,需要获得赔偿为前提;行政责任可以贯穿证券市场违法行为的始终,相对人一旦实施违法行为,就面临行政处罚;刑事责任以相对人实施的证券市场违法行为必须构成犯罪行为为基础。

按照这种推理,根据证券市场违法行为程度与责任类型的设置与应用的密切联系,证券市场违法行为的发生不必然造成投资者的实际损失。当需要向证券市场违法行为主体追究行政责任时,不一定需要对其追究民事责任或刑事责任。当证券市场违法行为的危害程度已经符合犯罪构成要件,需要向证券市场违法行为主体追究刑事责任时,一般都伴随对其追究行政责任及其民事责任。民事责任是作为对证券市场违法行为构成威慑这一功能性的辅助措施存在的,当需要向证券市场违法行为主体追究民事责任时,可能同时需要向其追究行政责任和刑事责任,也可能存在只追究行政责任的情形。更确切地说,行政责任的处罚幅度和刑事责任的量刑范围,需要根据违法行为损害程度及其不同时期金融监管、司法对违法行为的打击态度和需要来合理裁量。而不管在任何时期,只要客观存在违法行为给投资者造成了实际损失,违法行为主体就应承担民事赔偿责任,给予投资者实际损失范围内的合理赔偿。

对于受损的适格投资者来说,证券违法行为主体一旦对其造成实际损害,即使再严格的监管措施也无法挽回其已经遭受的实际损失,虽然可以由证券监管机构给予证券违法行为主体一定程度上的惩罚或者威慑,但是并不能使投资者遭受的实际损失恢复原状,也不能给予受损适格投资者最优的救济。某种程度上,比起来自证券监督管理机构或者司法机关对证券违法行为主体的行政处罚或者刑事责任的追究,受损适格投资者认为从证券

---

① 参见白建军:《法律实证研究方法》,北京大学出版社 2014 年版,第 134 页。

② 参见中国社会科学院课题组:《证券法律责任制度完善研究》,载黄红元、徐明主编:《证券法苑》(第 10 卷),法律出版社 2014 年版。

违法行为主体处，能够获得有效的赔偿更为重要。[①] 如何使行政处罚、民事赔偿、刑事处罚有效衔接，使受损适格投资者尤其是中小投资者最大限度地获得赔偿，就成为一个刻不容缓且需要正面回答的问题。

结合上文对证券市场先行赔付制度的内涵与外延的分析，既然是“先行”赔付适格投资者遭受的损害，那么必定有与其对应的“后行”赔付适格投资者遭受的损害的行为。这种“后行”赔付行为在公平基金中的体现，就是公平基金先予执行赔付适格投资者遭受损害之后，享有对最终责任主体的追偿权。在投资者保护基金中的体现，就是投资者保护基金先予执行赔付适格投资者遭受的损害之后，享有对证券公司或者犯有违责行为的中介人的追偿权。换言之，这种“后行”行为，就是在启动先行赔付程序时，对遭受损失的适格投资者进行先行赔偿的主体享有追偿权虽然从公平基金拨款用于赔偿受损投资者时，与其对应的启动主体主要是 SEC，但是美国 SEC 将设立的公平基金分配给受损的适格投资者时，其基金资金来源的主体除了实施欺诈行为的公司外，公司的高级管理人员、投资银行、会计师事务所及其他直接负责人员也是基金资金来源的真正主体。由 SEC 主要负责对上述主体进行举证与追偿，更便于确定对应主体对受损适格投资者承担的证券民事赔偿。同理，在投资者保护基金先予执行后，负责与运行投资者保护基金的机构对证券公司或者犯有违责行为的中介人进行举证与追偿，更便于将对应主体缴纳的资金纳入投资者保护基金。

当行政救济与司法救济对投资者保护的力度不足时，[②]迫切需要在传统的私人执法之外进一步探索，开发一种成本低、获赔快、主动性强的民事损害赔偿纠纷救济模式。此时，证券市场先行赔付作为一种创新模式被提上了保护投资者合法权益的日程。

---

① See Mclean R. David & Zhang TianYu & Zhao MengXin, *Why Does the Law Matter? Investor Protection and Its Effects on Investment, Finance, and Growth*, The Journal of Finance, Vol. 67:1, p. 313 – 350(2012).

② 中国的司法环境中，法院对于证券市场涉及的群体性诉讼案件的处理并不积极。See Huang Tao & Zhao Yuan, *The Closed Doors of Courts: China's Judicial Filtration of Financial Litigations*, Journal of Contemporary China, Vol. 24:93, p. 493 – 510(2015).

第三节　证券市场先行赔付制度的主要立法模式以及比较分析

不同的法律秩序,虽然在实际适用的方式上不尽相同,但是对类似的问题,往往采取同样或者类似的解决办法。[①] 先行赔付在国内外已经呈现出不同模式,如我国对消费者的权益保护方面实行的先行赔付,或者交通事故特殊情形下,实行以道路交通事故社会救助基金对受害人进行的先予执行与赔付。国外投资者在证券市场遭受损失,需要一方针对受损适格投资者进行的先予执行与赔付,一般被包含在投资者保护基金制度或者投资者赔偿基金制度中,[②]以及美国的公平基金制度中。虽然证券市场先行赔付主要依附于证券市场,但是不可否认,证券法领域与其他法领域有维护本市场领域社会功能与市场功能的共同性。[③] 结合证券市场相关的具体制度,证券市场先行赔付制度的立法模式可以分为以下几种。

一、公平基金参与的先行赔付立法模式

(一)公平基金参与的先行赔付立法模式的理论依据

每个投资者都可以均等地获得信息是证券市场处理信息的本质特征。[④] 然而在实践中,证券市场是一个糅合了真假信息的资本市场。投资者掌握的真实信息与接收的虚假信息最终都来自证券市场。虚假信息扭曲了证券市场的本质特征,加剧了信息的不对称。[⑤] 美国经济学家阿克洛夫

---

① 参见[德]K. 茨威格特、H. 克茨:《比较法总论》,潘汉典等译,法律出版社 2003 年版,第 54 页。

② 1970 年美国《证券投资者保护法》和我国台湾地区 2002 年"证券投资人及期货交易人保护法"都以投资者保护基金为主要内容。我国香港特区 2003 年《证券及期货条例》、日本 2006 年《金融商品交易法》分别对各自的"投资者赔偿基金"和"投资者保护基金"作了专章规定。

③ 参见陈岱松:《证券上市监管法律制度国际比较研究》,法律出版社 2009 年版,第 34 页。

④ See Eugene F. Fama, *The Behavior of Stock-Market Prices*, The Journal of Business, Vol. 38:1, p. 34 - 105(1965).

⑤ 参见赵万一主编:《证券市场投资者利益保护法律制度研究》,法律出版社 2013 年版,第 237 页。

(Akerlof)提出的信息不对称理论认为,卖方即使不披露出售产品的优劣信息,也能以同样的价格卖出该产品,阐述了信息不对称理论的内在原理。①该理论认为信息不对称交易在导致交易成本增加的同时,②也破坏了投资者决策的自主性,剥夺了投资者“选择更加自主,交易更加成功”的机会。③可以说,信息不对称交易从根本上是不公平的,严重剥夺了证券市场参与者的公平交易权。④ 只要是一个具有正常风险意识、投资意识的投资者,在证券市场能够及时掌握真实信息,那么遭遇利益损失的可能性就会很小。同时,从“成本收益分析”的角度衡量,⑤证券市场要成为没有噪声,没有虚假信息的市场几乎是不可能的。虽然针对证券市场的主要违法行为,如虚假陈述、内幕交易、操纵市场,各国的证券监督管理机构一直在加大执法惩治力度,但是这些违法行为至少在现阶段不可能在证券市场消失。

任何事物主体都有相对性,信息不对称的相对立主体主要是掌握与分析信息分别处于优势与劣势的主体。根据证券市场上的反应,信息不对称的表现主要包括以下方面:(1)发行人与投资者掌握信息的真实性、信息的控制力悬殊;(2)专业投资者与普通中小投资者掌握信息的真实性、信息的控制力悬殊;(3)发行人的控股股东、实际控制人与普通中小投资者掌握信息的真实性、信息的控制力悬殊;(4)其他证券市场参与主体掌握信息的真实性、信息的控制力悬殊。按照信息偏在(information asymmetries)理论,卖方应当向买方提供真实的信息,防范买方利益受损。⑥ 投资者对证券做出

---

① See George A. Akerlof, *The Market for "Lemons": Quality Uncertainty and the Market Mechanism*, The Quarterly Journal of Economics, Vol. 84:3, p. 488 - 500(1970).

② See Hayne E. *Leland*, *Insider Trading: Should It Be Prohibited?*, Journal of Political Economy, Vol. 100:4, p. 859 - 887(1992).

③ See Lan B. Lee, *Fairness and Insider Trading*, Columbia Business Law Review, Vol. 2002:1, p. 119 - 192(2002).

④ See Joshua Mitts, *A Private Ordering Solution to Blockholder Disclosure*, North Carolina Central Law Review, Vol. 35:2, p. 203 - 257(2013).

⑤ “成本收益分析”,是经济学中的方法论,最早移植到美国的行政法中,其本原的含义是一种通过权衡收益与成本来进行经济决策的分析方法,以便对投入产出有一个尽可能科学的估计。参见郑雅方:《论我国行政法上的成本收益分析原则:理论证成与适用展开》,载《中国法学》2020 年第 2 期。

⑥ See Jeffry Davis & Kenneth Lehn, Information Asymmetries, *Rule* 13*e* - 3, *and Premiums in Going-Private Transactions*, Washington University Law Quarterly, Vol. 70:2, p. 587 - 612(1992).

投资价值判断而进行的购买证券行为，就主要依据发行人提供的信息。[①]如果发行人提供了虚假的信息，给投资者依据此信息作出的投资决策造成实际损失的，按照相关法律规定，都应该向受损适格投资者承担证券民事赔偿责任。可是证券市场的相关主体，不仅包括发行人；在证券发行与证券交易阶段，还包括上市公司、发行人的实际控制人、控股股东、证券中介机构、证券监督管理机构、证券自律性组织等主体。不同的主体根据其所处阶段或者充当的角色都有相应承担的义务与责任，或许不同主体可能分别会承担无过错、过错、过错推定等责任，但在投资者遭受实际损失时，都需要承担相应的民事责任、行政责任，甚至刑事责任。

总之，不管掌握信息优势一方的主体是谁，如何变化，按照信息不对称理论，证券交易信息不对称容易引发逆向选择，久而久之，必然影响投资者对证券市场的信心，导致证券市场资源配置失调。如果不采取行动来实现市场信息平衡，市场就有可能陷入崩溃，[②]从而影响证券市场的发展。因此，为了弥补处于弱势地位的投资者获取信息的不平等，有国家通过扩大证券监督管理机构的证券执法权力，如赋予其调查权、检查权、处罚权以及代替投资者对证券违法行为主体提起诉讼的权利，甚至在某种程度上还赋予其准司法权，来处理在证券市场上发生的投资者损害赔偿纠纷。[③]

（二）公平基金参与的先行赔付立法模式的实践——美国

相对公共执法机构对证券违法行为主体实施的处罚，受损投资者更为关注自身的民事损害赔偿是否可以及时落实的问题。如果证券违法行为主体上缴的罚款或者罚金并没有用于弥补投资者遭受的损失，那么在证券违法行为主体上缴罚款或者罚金之后，面对庞大的受损投资者数量，再承担受损适格投资者的全部实际损失无疑又是一重考验。

---

① 参见刘志云、龙稳全：《论完善投资银行勤勉义务规制的路径选择》，载《南京大学学报（哲学·人文科学·社会科学）》2018 年第 6 期。

② See George A. Akerlof, *The Market for "Lemons": Quality Uncertainty and the Market Mechanism*, The Quarterly Journal of Economics, Vol. 84:3, p. 488 – 500(1970).

③ 美国 SEC 拥有的权力极其充分，除了拥有市场监视、犯罪调查权、检查权、控诉权等外，某种程度上还具有准司法权。例如，美国 1934 年《证券交易法》第 21 条规定："在美国法院许可下，为保全证据可以进行传唤、搜索、扣押，当事人如拒绝传唤，SEC 可以经法院之命令，令其到场或提出证据，否则以藐视法庭罪论处。"

在证券法领域,证券违法行为主体因实施重大证券违法行为而获得的财产甚至可能都来源于证券投资者的损失。① 1966 年,在"SEC v. Texas Gulf Sulphur Co. 案"中,法院以判例的形式判决内幕交易违法主体需要将其违法所得用于弥补投资者的损失。② 1988 年,在"SEC v. First City Financial Corp. ,Lid. 案"中,法院又以判例的形式判决将 SEC 向证券违法行为主体追缴的违法所得用于弥补投资者的损失。③ 这两个案例的启示是,审判人员既然认为证券违法行为主体的违法所得源于受损投资者,那么也应将证券违法行为主体上缴的违法所得用于遭受损失的投资者。值得注意的是,如果这些证券市场违法行为主体并没有从实施的证券违法行为中获取利益,则不能对其追缴违法所得,此时 SEC 向证券违法行为主体追缴的民事罚款需要上缴财政部,而不能将其分配给受损的适格投资者。2002 年,美国《SOA 法案》正式确立了公平基金,其作为证券公共执行的投资者损害补偿手段,④将证券欺诈违法行为主体的违法所得(disgorgement)、民事罚款(civil penalties)、行政和解罚金(settlement)都并入涉案建立的基金,用于分配给遭受损失的适格投资者。⑤ 可以看出,公平基金制度的设立,将对证券违法行为主体收缴的民事罚款与对证券违法行为主体收缴的违法所得一起分配给受损适格投资者。

从美国确立的公平基金在实践中的应用来看,只要案件符合设立公平基金的条件,涉案成立的公平基金都会以"一案一设"的"专项基金"模式对受损适格投资者进行先期执行与赔付,而后享有对最终证券民事赔偿责任主体的追偿权。公平基金参与的先行赔付模式,与 SEC 的证券执法权力存在密切关系。SEC 从设立之日起,主要的功能就是作为积极的执法者对证

---

① 参见陈洁:《证券民事赔偿责任优先原则的实现机制》,载《证券市场导报》2017 年第 6 期。

② See SEC v. Texas Gulf Sulphur Co. ,401 F2d 833 ,2A. L. R. Fed. 1902d Cir. ,1968.

③ See SEC v. First City Financial Co. ,890 F2d 1215 ,D. C. Cir. ,1989.

④ 执法模式可以分为公共执法和私人执法,公共执法主要依靠公权机关查处违法,私人执法主要依靠诉讼、私力救济促进法律的实施。从世界范围看,公共执行和私人执行至少是同等重要的。

⑤ 参见美国 2002 年《萨班斯 - 奥克斯利法案》第 308 条。

券违法行为进行制止和纠正,其明显区别于法院的消极裁判。[①] 在"安然财务造假案"之前,SEC 的证券执法权力只是将联邦法院实施罚款作为对投资者进行救济的手段,以及对被监管对象处以罚金、向(潜在)证券违法行为主体发出停止行为——禁制令等等。[②] 在"安然财务造假案"之后,《SOA法案》进一步拓展了 SEC 的证券执法权力,授权 SEC 建立公平基金,将对纳入公平基金的证券欺诈行为主体缴纳的违法所得与民事罚款分配给遭受损失的适格投资者。[③]

二、投资者保护基金参与的先行赔付立法模式

(一)投资者保护基金参与的先行赔付立法模式的理论依据

有一种弱势群体并不是生活上存在困难,而是受其他因素影响处于相对弱势的地位。[④] 事实证明,证券投资者尤其是中小投资者相对于上市公司、证券公司或者控股股东而言就是弱势群体。[⑤] 根据不同的博弈关系的情境,法律对形成"消费者—生产者"与"小股东—大股东"等强弱二元模式中的消费者、小股东,因其信息、财力或者能力处于弱势地位,往往会对其享有的权利与履行的义务进行倾斜性安排。[⑥] 这种对弱者的倾斜性权利配置只有在市场经济体制的特定情形下才存在。[⑦] 不过,一般情形下,强者可凭借自己强大的力量实现利益,弱者则需要通过法律对其权利的确认或者保护实现利益。法律作为维持秩序的规则范畴,对处于弱势身份的主体给

① See Rroberta S. Karmel, *Creating Law at the Securities and Exchange Commission: The Lawyer as Prosecutor*, Law & Contemporary Problems, Vol. 61:1, p. 33 – 46 (1998).

② See Matthew Scott Morris, *The Securities Enforcement Remedies and Penny Stock Reform Act of 1990: By Keeping Up With the Joneses, the SEC's Enforcement Arsenal is Modernized*, Administrative Law Journal of the American University, Vol. 7:1, p. 151 – 212 (1993).

③ 参见美国 2002 年《萨班斯 – 奥克斯利法案》第 308 条。

④ 参见李昌麒:《弱势群体保护法律问题研究——基于经济法与社会法的考察视角》,载《中国法学》2004 年第 2 期。

⑤ 参见赵万一主编:《证券市场投资者利益保护法律制度研究》,法律出版社 2013 年版。

⑥ 参见吴元元:《法律父爱主义与侵权法之失》,载《华东政法大学学报》2010 年第 3 期。

⑦ 参见应飞虎:《权利倾斜性配置研究》,载《中国社会科学》2006 年第 3 期。

予倾斜保护，是贯彻其始终的价值追求。[①] 为了平衡社会不同主体之间的信息、财力或者能力等方面存在的差异，避免在形式公平的交易规则之下实质不公平的竞争结果，法律给予交易中处于弱势身份的主体一方在权利确认时倾斜性的保护，即所谓的弱者倾斜保护理论或者弱者保护理论。[②]

一部良好的法律必须兼具形式正义与实质正义。[③] 不管是以机构投资者与个人投资者形式对证券投资者进行的分类，还是以普通投资者与专业投资者对证券投资者进行的分类，虽然从法律层面都给予了每个证券投资者平等参与证券投资的机会，但是这种平等仅是形式上的平等。在证券市场，信息完全对称是一种理想的状态，信息不对称才是客观现实。[④] 然而，法律并不是对社会生活领域的任何信息不对称情况都予以规制，基于成本与效益的考虑，需以整体利益为重。在证券法领域中，某一主体是否需要"倾斜性保护"，需要从"实力"与"信息"两个维度去考虑。[⑤] 根据这两个维度是否对称分为以下四种组合（具体见表 1－1）。可以看出，只有在"实力"与"信息"都不对称的情况下，才有给予该类主体倾斜性保护的最大可能。需要注意的是，倾斜性保护是在整体利益兼顾其他特殊主体利益的基础上，进行成本与效益考量的结果。这意味着，在证券法领域植入"弱者保护理论"，对证券投资者的合法权益进行倾斜保护存在一定的限度。这种限度是以不能破坏证券市场秩序和企业融资、投资者投资之间的利益平衡为代价的。

---

① 参见吴飞飞：《从权利倾斜到责任倾斜的弱者保护路径转换——基于法经济学视角的解读》，载《广东商学院学报》2013 年第 6 期；吴宁：《社会弱势群体保护的权利视角及其理论基础——以平等理论透视》，载《法制与社会发展》2004 年第 3 期。

② 参见赵万一主编：《证券市场投资者利益保护法律制度研究》，法律出版社 2013 年版，第 17 页；袁淼英：《证券中小投资者权益保护制度的构建路径》，载《暨南学报（哲学社会科学版）》2018 年第 11 期。

③ 参见甘强：《经济法利益理论研究的思考》，载漆多俊主编：《经济法论丛》（第 16 卷），中国方正出版社 2009 年版。

④ 参见邢会强：《信息不对称的法律规制——民商法与经济法的视角》，载《法制与社会发展》2013 年第 2 期。

⑤ 参见邢会强：《金融消费者的法律定义》，载《北方法学》2014 年第 4 期。

表 1-1　“实力”与“信息”可分得四种组合

情况	“实力”	“信息”
第一种情况	实力对称	信息对称
第二种情况	实力对称	信息不对称
第三种情况	实力不对称	信息对称
第四种情况	实力不对称	信息不对称

在防范发生金融市场风险和构建金融市场信用体制环境下，对处于证券交易信息不对称的证券市场的特殊投资者（弱者）给予其倾向性保护已经成为共识。[①] 可以看出，弱者保护理论已经逐渐深入证券法领域。如前文所述，证券发行或者交易环境下的不同类型投资者掌握的信息悬殊，如果按照抽象人格追求平等保护，可能会使处于信息劣势一方的主体遭遇不公正的对待，这就需要给予其倾斜性保护，尽可能实现实质公平。

（二）投资者保护基金参与的先行赔付立法模式的实践——我国香港特别行政区

证券公司在证券发行或者证券交易的实践中，可通过各种途径使投资者相信其具备处理复杂证券交易的专业技能。投资者也正是因信赖证券公司的专业技能而委托其从事证券交易。[②] 当 20 世纪 60 年代一批证券公司倒闭时，为了避免发生金融系统性风险，维护投资者对证券市场的信心，证券投资者保护基金产生了。1969 年，加拿大率先设立了投资者保护基金。1970 年，美国《证券投资者保护法案》（Securities Investor Protection Act，SIPA）设立了证券投资者保护基金。2003 年，我国香港特区《证券及期货条例》设立了投资者赔偿基金。

与公平基金的适用范围不同的是，多数国家或地区并没有将虚假陈述、内幕交易或者操纵市场等证券违法行为造成的投资者实际损失纳入证券投资者保护基金的赔偿范围。赔偿范围主要限于因证券公司破产、倒闭或者发

① 参见段丙华：《先行赔付证券投资者的法律逻辑及其制度实现》，载《证券市场导报》2017 年第 8 期。

② See Obert H. Mundheim, *Professional Responsiblities of Broker-Dealers: The Suitability Doctrine*, Duke Law Journal, Vol. 1965, p. 445-480 (1965).

生的其他风险而给遭受损失的投资者的补偿。例如,美国证券投资者保护公司(Securities Investor Protection Corporation,SIPC)并不对证券市场上遭受损失的全部投资者进行保护,而是限定了投资者保护基金保护的范围,其中不包含受证券市场波动而遭受损失的投资者。① 即使SIPC启动直接支付程序对受损投资者进行保护,也只是赔偿遭受损失的投资者的部分损失,而非全部损失。② 上述投资者保护基金虽然并不是因证券市场违法行为而对处于证券发行与交易市场中的投资者造成的投资损失进行的赔偿,但是与证券市场先行赔付制度发挥的功能类似,都是为了维护证券市场的稳定发展,为了及时、主动地赔偿在证券市场上遭受损失的适格投资者,即赔偿受损投资者的原因不同但功能类似。

虽然大多数国家或地区设立的投资者保护基金的使用范围,与先行赔付制度的内涵厘定中强调的因证券市场违法行为对处于证券发行与交易市场中的投资者造成的实际损失进行的赔偿范围不尽相同,但是我国香港特别行政区通过《证券及期货条例》设立的投资者赔偿基金,适用于因持牌的中介人或者认可财务机构的违责而导致的投资者在香港证券交易所买卖商品的过程中遭受的损失的赔偿,③即以赔偿各种投资者的损失为目标。④ 可以说,我国香港特别行政区设立的投资者赔偿基金的使用范围,与先行赔付制度强调的赔偿范围存在一定的交叉。我国香港特别行政区设立的投资者赔偿基金,是本书强调的投资者保护基金参与的先行赔付模式的典型。

大多数国家或地区设立的投资者保护基金制度的适用范围,不管是否完全与证券市场先行赔付制度的适用范围重合,但都是以"资金池"的模式设立的。换言之,虽然投资者保护基金先予赔偿的适用范围不尽相

---

① 参见钟伟、须晨:《制度化保障体系——美国证券投资者保护基金及其对中国的启示》,载《国际贸易》2003年第5期。

② 参见王欣新、亢力:《试论证券投资者保护基金有限责任公司在证券公司破产中的作用》,载《法学杂志》2012年第4期。

③ "违责"不仅包括无偿债能力、破产或者清盘、亏空,还包括欺诈或者犯有不当行为、违责经纪的关联公司破产、清盘或者无偿债能力。参见香港2003年《证券及期货条例》第179条、第182条、第214条、第381条。

④ 佚名:《证券投资者保护基金赔偿机制思考》,载金融界2007年8月21日,http://stock.jrj.com.cn/2007-08-21/000002575635.shtml。

同,但是都是基于基金的先予执行对不同情形下遭受损失的适格投资者进行的赔偿。故而,在理解投资者保护基金参与的先行赔付模式时需要注意以下问题:

首先,投资者保护基金参与的先行赔付模式,是以遵循投资者保护基金的性质为基础,从证券市场违法行为对证券市场社会性和公共性的影响程度来判断投资者保护基金参与先行赔付的必要性,避免对受损投资者的过度保护,以及受损投资者保护与投资者遵循的"风险自负"原则之间的失衡。

其次,从其他法领域已经发生的证券市场先行赔付案来看,投资者保护基金参与的先行赔付模式是倾斜性保护弱者,是在受损适格投资者私人救济成本太高时,采用的一种证券侵权民事纠纷解决方式。既然是倾向于对弱势投资者的保护,在启动投资者保护基金参与的先行赔付模式用于先期执行与赔付遭受损失的适格投资者时,会考虑通过遵循"差异化"原则来限定赔付对象。如我国香港特别行政区《证券及期货(投资者赔偿——申索)规则》就规定了不属于投资者赔偿基金赔付对象的受损适格投资者范围。①

最后,赔付数额的确定。在计算赔损额度的过程中,是否将证券市场风险因素排除直接导致了同是因类似的证券市场违法行为而遭受损失的投资者在获得赔付额度的认定上的差异,这也备受理论与实务界质疑。投资者保护基金参与的先行赔付模式,一般是综合证券市场违法行为与受损赔付限额的关联性因素,做出单个投资者非现金或者现金的最高额度与实际损失之间合理性的赔付额度限制。例如,我国香港特别行政区《证券及期货条例》就设置了每名投资者赔偿的额度不能超过50万港元。②

三、或有责任主体以其自有资金主动参与的先行赔付立法模式

(一)先行赔付立法模式的理论依据

协商民主理论是源自西方国家的一种政治理论。③ 虽然起初是以政治

---

① 参见香港《证券及期货(投资者赔偿——申索)规则》第2条。

② IFEC:《赔偿基金》,载IFEC网2020年3月8日,https://www.ifec.org.hk/web/tc/investment/market-intermediaries/financial-market/investor-protection/compensation-fund.page。

③ 协商民主(Deliberative Democ-racy)理论始于20世纪80年代,是在西方国家兴起的一种理论。

理论出现,但是逐渐也被应用到社会生活的其他领域并得到人们的认可。[①]一言以蔽之,协商民主理论为行政和解、行政协商等制度提供了理论支持。该理论为因“公权力不可处分”原则而难以被适用的行政协商提供了适用的空间。奥特加·伊·加塞特(J. Ortega Y. Gasset)曾指出:“秩序是一种从内部建立起来的平衡。”[②]要实现这种内部平衡,就需要不断调整构成秩序的不同要素。至此,应在证券监管主体执法的过程中适当地采取协商制度,便于为其与相对方提供更多的合作或者沟通的机会,从而构建和谐的行政执法秩序。[③] 证券执法和解属于行政和解的一种,只要相对主体所达成的协议不违反法律的强制性规定、不损害公共利益以及第三人的权益,其内容均能被法律认可。从我国2019年《证券法》确定的证券市场先行赔付制度来看,证券违法行为主体可以与遭受损失的适格投资者就证券民事赔偿纠纷问题进行和解,当和解协议达成并实施,势必可以在一定程度上弥补适格投资者遭受的实际损失。结合实践中发生的先行赔付案例,当证券违法行为主体先行赔付了投资者遭受的损失,证监会一般也会从激励性的角度考虑对证券违法行为主体的从轻处罚。[④] 因此,从立法体系与实践上看,2019年《证券法》规定的先行赔付制度可以与证券执法和解衔接,形成行政和解的效果。

(二)先行赔付立法模式的实践——我国

或有责任主体以其自有资金主动参与先行赔付的模式是我国证券市场在实践中针对受损适格投资者进行民事损害赔偿的一种创新性的诉讼外替代性纠纷解决机制。有学者将其定位为自律性措施。[⑤] 我国法律并无明文规定证券市场先行赔付制度中的先行赔付主体对受损的适格投资者进行赔付须以自身存在过错为前提。故而,本书认为可以对先行赔付主体冠以“或

---

① 参见孙兵、黎学基:《理念重述与制度重构:行政执法协商研究》,载《西南民族大学学报(人文社会科学版)》2012年第3期。

② [英]弗里德利希·冯·哈耶克:《自由秩序原理》,邓正来译,三联书店1997年版,第183页。

③ 参见孙兵、黎学基:《理念重述与制度重构:行政执法协商研究》,载《西南民族大学学报(人文社会科学版)》2012年第3期。

④ 参见肖宇、黄辉:《证券市场先行赔付:法理辨析与制度构建》,载《法学》2019年第8期。

⑤ 参见王小伟:《保荐机构先行赔付制度规则将制定》,载财经网2016年1月23日,http://finance.china.com.cn/stock/20160123/3558857.html。

有责任主体”称谓。① 或有责任主体先行赔付模式以保护受损适格投资者优先,在司法裁判尚未对证券违法行为主体作出责任界定与责任划分的情形下,由某一或有责任主体对受损适格投资者先行赔偿。纵观2013年的“湖南‘万福生科’案”与2014年的“深圳‘海联讯’虚假陈述案”、2016年的“丹东‘欣泰电气’欺诈发行案”,在司法裁判尚未对证券违法行为主体作出责任界定与责任划分的情形下,分别由其保荐人或者股东作为对受损适格投资者承担先付责任的主体,设立“投资者专项基金”,委托证券投资者保护基金有限公司作为专项基金管理人,按照先行赔付主体事先起草的先行赔付方案,与受损适格投资者达成协议,对投资者造成的实际损失进行赔偿。

自2013年的“湖南‘万福生科’案”与2014年的“深圳‘海联讯’虚假陈述案”发生以后,证监会2015年发布了《公开发行证券的公司信息披露内容与格式准则第1号——招股说明书》(以下简称《格式准则1号》),规定了符合一定条件时,保荐机构可以对造成损失的适格投资者先行赔付。② 然而,在发行人IPO上市过程中,不仅有保荐机构参与为其上市提供重要文件的制作,其他证券服务机构,如资产评估师、会计师事务所、律师事务所等也都参与为其上市提供相关的专业意见书。从对受损适格投资者的优先保护考虑,其他证券服务机构不能因受限于资金规模而逃脱提供一定的资金划入“投资者专项基金”的责任。虽然其他证券服务机构不可能或者不能完全提供全额的先行赔付资金的情形有可能存在,但是从法律层面给予“直接”鼓励或者以其他适当方式督促其按照比例提供一定资金划入“投资者专项基金”不失为一种解决办法。③ 故而,为了推动证券市场先行赔付制度的有效实施,需

---

① 我国2019年《证券法》确定了证券市场先行赔付制度,立法者从鼓励的角度督促发行人的控股股东、实际控制人、相关的证券公司可以作为先行赔付主体对受损适格投资者先行赔付的同时,并不排斥其他主体(因为先行赔付主体可以对其他证券民事赔偿连带责任主体追偿,所以并没有要求先行赔付主体必须是以后承担证券民事赔偿的连带责任主体,也没有拒绝不需要承担任何证券民事赔偿的主体不可以作为先行赔付主体)作为先行赔付主体对受损适格投资者进行先行赔付。故而,本书认为在此采用“或有责任主体”的称谓更为合适。

② 参见《公开发行证券的公司信息披露内容与格式准则第1号——招股说明书(2015年修订)》第137条。

③ See AdamReiser, *Compensating Defrauded Investors While Preserving the SEC's Mission of Deterrence: A Call for Congress to Counteract the Troubling Consequences of Stoneridge*, Utah Law Review, Vol. 2009:1, p. 257 – 274(2009).

要通过严格的立法程序对证券市场先行赔付相关的内容予以确定。

2019年《证券法》设立“投资者保护”专章，给予证券市场先行赔付制度的实施以法律层面的保障，从法律层面“直接”规定发行人的控股股东、实际控制人、相关证券公司可以作为先行赔付主体。需要注意的是，先行赔付主体以其自有资金主动设立“投资者专项基金”的行为不能被视为民事诉讼法上的自认行为。根据最高人民法院的司法解释，自认是当事人一方对于不利于自己的事实，无需举证并明确作出承认的表示，当事人将受该行为的约束。① 先行赔付或有责任主体因并未经过司法裁判程序确认其为证券民事赔偿连带责任主体，不能认为这些或有责任主体之间存在共同违法行为。或有责任主体并不一定就是证券违法行为主体，如在“万福生科虚假陈述案”中，面对银行、工商、税务等一系列部门联合企业从源头端共同造假的行为，相关的证券公司或者证券服务机构即使履行勤勉义务，也不一定能完全发现问题。② 在“欣泰电气欺诈发行案”中，先行赔付主体兴业证券股份有限公司（以下简称兴业证券）完成第一阶段的“投资者专项基金”赔付受损适格投资者工作后，依法对发行人欣泰电气及其控股股东以及其他证券服务机构向人民法院提起了追偿诉讼。可以看出，这里并不是强调兴业证券、平安证券股份有限公司（以下简称平安证券）分别作为欣泰电气、万福生科的保荐机构没有过错或者不存在证券市场违法行为，毕竟按照2019年《证券法》关于先行赔付的规定与实践中关于先行赔付的处理，先行赔付主体作为或有责任主体，不仅会发生与证券民事赔偿连带责任主体身份的竞合，也会发生与证券民事赔偿连带责任主体身份的分离。此时，只是强调在缺失诚信的证券市场法律环境下，如果将先行赔付主体设立的“投资者专项基金”的行为视为自认，就会促使先行赔付主体消极地对待对受损适格投资者的先行赔偿，长期如此将不利于解决证券市场民事损害赔偿问题。

相反，按照法律逻辑的推理，由或有责任主体对受损适格投资者进行先

---

① 2022年，最高人民法院颁布《关于适用〈中华人民共和国民事诉讼法〉的解释》(2022年修正)，其中第92条规定：“一方当事人在法庭审理中，或者在起诉状、答辩状、代理词等书面材料中，对于己不利的事实明确表示承认的，另一方当事人无需举证证明。”

② 参见刘彩萍：《外资投行质疑IPO先行赔付制度》，载财新网2016年1月28日，http://www.qiuzhi5.com/32/2016/0128/55891.html。

行赔付,对于先行承担民事损害赔偿的连带责任主体而言,可以给予减轻或者从轻处罚。对于先行承担民事损害赔偿的不是连带责任主体的先行赔付主体而言,可以考虑给予证券市场声誉激励,以达到其业务长远发展与证券市场先行赔付有效实施的双赢效果。可以看出,由或有责任主体对受损适格投资者进行先行赔付,可能会对相关主体对受损适格投资者的先行赔偿产生积极的影响,长期如此将有利于解决证券市场民事损害赔偿问题。

四、证券市场先行赔付制度主要立法模式之间的比较评析

证券法领域与其他法领域都有维护本市场领域社会功能与市场功能的特点。参考在证券法领域与其他领域已经存在的先行赔付模式,以及境内外关于证券市场受损投资者获得民事损害赔偿采取的模式,本书认为,证券市场先行赔付可以分为公平基金参与的先行赔付模式、投资者保护基金参与的先行赔付模式、或有责任主体以其自有资金主动参与的先行赔付模式等三种主要模式。

从我国 1998 年颁布《证券法》伊始,至 2019 年《证券法》颁布,其间不管经历多少次的修订与修正,都没有动摇或者更改民事赔偿责任优先原则。然而,按照受损投资者提起虚假陈述之诉的前置程序设置以及我国《行政处罚法》《行政处罚法实施细则》等的规定,人民法院即使受理并作出受损投资者胜诉的判决,证券违法行为主体也已将所受行政罚款、违法所得上缴国库,而面临无力或者不能完全对受损适格投资者进行全部赔偿的尴尬局面。[①] 在具备多重考量因素的特定证券市场法治环境背景下,我国已有发行人的保荐机构或者控股股东先行赔付受损适格投资者的成功案例,不管保荐机构或者控股股东先行赔付后是否追回了超过自身理应承担的民事损害赔偿金,这一由或有责任主体以其自有资金主动参与的先行赔付模式在事实上使受损投资者及时获得了赔偿。

由证券监督管理机构采取行政接管或者托管等强制性监管措施对投资者进行补偿,限制了证券投资者保护基金功能的发挥。然而,我国香港特别

---

① 参见黄辉等:《证券民事赔偿责任优先的法理逻辑与实现路径》,载《投资者》2019 年第 6 期。

行政区《证券及期货条例》中对设立的投资者赔偿基金的规定,打破了这一局面。投资者赔偿基金通过扩宽基金资金来源、基金的用途,以达到既可以对证券市场违法行为主体进行一定程度的惩罚,也可以对受损适格投资者采取及时的保护措施进行一定程度的赔偿的双重效果,达成了证券投资者赔偿基金与证券市场先行赔付的结合。自2010年美国《多德-弗兰克华尔街改革与消费者保护法》(The Dodd-Frank Wall Street Reform and Consumer Protection Act,以下简称《多德-弗兰克法案》)进一步完善了《SOA法案》中关于公平基金的内容,证券违法行为主体的罚没款都可以纳入以证券违法行为主体命名的基金,用来补偿受损适格投资者的实际损失。此举为我国证券市场对违法行为主体的违法所得、行政罚款与民事损害赔偿衔接提供了借鉴,打开了我国证券市场先行赔付制度与公平基金制度协同发展的新局面,推动了对证券违法行为主体收缴的违法所得、行政罚款与民事损害赔偿的衔接。通过对上述三种先行赔付模式的阐述,进行如下比较评析:

首先,在先行赔付的启动条件方面。投资者保护基金参与的先行赔付模式牵涉的机构众多,是最为典型的较难启动的模式。在或有责任主体以其自有资金主动参与的先行赔付模式中,只要先行赔付主体有足够的资金承担对受损适格投资者的赔偿,就没有任何机构或者个人可以阻止其实施先行赔付的行为,因此,其是最为典型的较为容易启动的模式。公平基金参与的先行赔付模式比较折中,毕竟对遭受损失的适格投资者进行分配的资金,源于SEC对证券违法行为主体收缴的违法所得、民事罚款。只要不存在设立公平基金的成本远高于对受损适格投资者的赔偿金额的情形,或者SEC对证券违法行为主体收缴的违法所得、民事罚款足以满足对确定了的受损适格投资者的补偿,就可以设立公平基金用于对受损适格投资者的赔偿。①

---

① 受损投资者并不是在任何情况下都可以获得公平基金对其进行的证券民事损害救济,受损适格投资者的数量和SEC将来设立公平基金的资金总额是影响公平基金是否成立的主要因素。当将证券违法行为主体缴纳的罚没款纳入公平基金时的资金总额不多,对受损适格投资者进行的资金分配具有不可操作性,此时SEC考虑将罚没款上缴财政部。See Morris Mattew Scott, *The Securities Enforcement Remedies and Penny Stock Reform Act of* 1990: *By Keeping up with the Joneses, the SEC's Enforcement Arsenal Is Modernized*, Administrative Law Journal of the American University, Vol. 7:1, p. 151 – 212(1993).

其次,在赔付资金来源方面。或有责任主体以其自有资金主动参与的先行赔付模式,其资金来源比较狭窄,是在没有确定或有责任主体是否属于证券民事赔偿责任主体的情况下,由或有责任主体以其自有资金主动承担对受损适格投资者的先行赔偿,但启动条件受限较少。投资者保护基金参与的先行赔付模式,其资金来源比较广泛,主要来源于基金本身的投资、孳息、会员费、或者紧急情况下向央行的再贷款等,但启动条件受限较多。公平基金参与的先行赔付模式,其资金来源比较折中,是在已经确定了证券违法行为主体的情形下,对证券违法行为主体收缴的罚没款先行用于对受损适格投资者的赔偿。

再次,在先行赔付主体范围的确定方面。公平基金是先行赔付的主要资金来源,是源自证券违法行为主体上缴的违法所得、民事罚款,所以该模式真正确定了由证券违法行为主体最终承担对受损适格投资者的证券民事赔偿,也是真正落实我国倡导的"民事责任优先原则"的举措。或有责任主体以其自有资金主动参与的先行赔付模式,在不以先行赔付主体存在主观过错或者先行赔付主体实施先行赔付的承诺为基础的情况下,并不要求必须由证券违法行为主体先行承担对受损适格投资者的证券民事赔偿。这样鼓励性的先行赔付模式,如果没有鼓励性的制度配套措施,很难有主体能够主动承担对受损适格投资者的证券民事赔偿。此外,只要能够启动投资者保护基金参与的先行赔付模式,那么投资者保护基金就将先行承担对受损适格投资者的证券民事赔偿。可以看出,公平基金参与的先行赔付模式是相对更能具体落实由证券违法行为主体最终承担责任的证券民事赔偿。

最后,在赔付对象范围确定方面。投资者保护基金参与的先行赔付模式是按照投资者保护的差异性原则,而不是对所有符合受损适格投资者条件的个人或者机构都要进行民事损害赔偿,其倾向于对处于弱势地位的属于自然人的普通投资者进行赔付,并不包括对专业投资者的赔付,严禁扩大化赔付对象范围。我国就规定了特殊人员不被列入受损适格投资者范围。① 或有责任主体以其自有资金主动参与的先行赔付模式,按照投资者的平等性原

---

① 参见香港《证券及期货(投资者赔偿——申索)规则》第 2 条;《证券投资者保护基金管理办法》第 4 条。

则,只须符合需要获得赔付的受损投资者条件,并没有严格区分投资者的类型。公平基金参与的先行赔付模式也没有严格区分需要获得赔付的受损适格投资者的类型。

第四节　证券市场先行赔付制度的国内外立法厘定及其存在的问题

由于美国和英国的证券市场相对来说比较发达,对遭受损失的投资者进行的民事救济的相关立法亦较为成熟。因为法系特点差异不大,所以在描述类似争议解决的客观情形以及实际适用的方式上,往往采取类似的解决方式。① 我国确立的证券市场先行赔付制度,在吸收信息不对称理论精髓的同时,亦结合我国证券市场客观形势对移植法律作出了相应调整。此外,我国香港特区投资者赔偿基金对投资者进行保护的范围的扩大,亦值得深入探讨。故而,下面将上述国家或者地区作为典型,阐释证券市场先行赔付制度在立法上的厘定及其存在的问题。

一、证券市场先行赔付制度的国外立法厘定及其存在的问题

(一)证券市场先行赔付制度的国外立法厘定

1. 英国

按照英国2000年颁布的《金融服务与市场法》第八部分关于市场滥用处罚的规定,FCA如果确信行为人实施了市场滥用行为,就有权对行为人处以其认为是公正金额的罚款,并要求赔偿,而无须启动法院诉讼程序。② 在英国2000年《金融服务与市场法》颁布之前,英国法院一般不会要求陈述人对信赖那些陈述并且遭受实际经济损失的投资者负有勤勉义务。如在Caparo Industries Ltd. v. Dickman案中,法院只有在遭受实际经济损失的投资者同

① 参见[德]K. 茨威格特、H. 克茨:《比较法总论》,潘汉典等译,法律出版社2003年版,第54页。

② 参见英国2000年《金融服务与市场法》第123条、第384条。

时证明了特殊的事项后，才认为需要陈述人对投资者承担民事责任。[①]《金融服务与市场法》颁布实施之后，如果招股说明书存在虚假或者误导性陈述，那么就需要招股说明书的负责人进行赔偿。[②] 如果招股说明书的负责人能够使法院确信投资者在购买相关证券时，已经知悉公告书存在虚假或误导性陈述、遗漏的事项，则不承担责任。[③] 同时，如果招股说明书的负责人能够使法院确信，在可能购买证券的投资者购买证券之前，其已经采取足以使可能购买证券的投资者注意到的方式，公布了关于虚假或者误导性、遗漏的信息纠正公告，并且已经采取所有对可能购买证券的投资者而言的合理措施，则不承担相应的责任。[④]

招股说明书存在虚假或者误导性陈述的情形，主要体现在《金融服务与市场法》第 397 条。[⑤] 该条款将行为人"明知或重大过失"作为其制作的招股说明书存在"误导陈述和做法"的构成要件之一，即作为其制作的招股说明书存在误导、虚假或欺骗性的陈述、承诺或预测的构成要件之一。如果行为人主观上明知或存在重大过失，那么按照《金融服务与市场法》第 382 条，FCA 不仅可以代表金融消费者向法院提起诉讼，要求违法违规的行为人对金融消费者进行赔偿，而且法院也可以命令违法行为人向 FCA 支付相应金额，并在相应合资格的人或多个合资格的人中间进行分配。[⑥] 按照《金融服务与市场法》第 384 条，违法行为人是否积极主动补偿投资者，是其授权 FCA 勒令违法行为人主动执行赔偿的强制性权力，也是对违法行为人处以金钱处罚的考量因素。

---

① 特殊的事项包括：(a)可以预见会给原告带来损害；(b)原告与被告之间存在临近的关系；(c)根据具体情形，施加勤勉义务是公平、公正并且是合理的。See Hartshorne John & Smith Nicholas & Everton Rosemarie, "*Caparo under Fire*": *a Study into the Effects upon the Fire Service of Liability in Negligence*, Modern Law Review, Vol. 63:4, p. 502(2000).

② 参见英国 2000 年《金融服务与市场法》第 90 条；中国证券监督管理委员会组织编译：《英国 2000 年金融服务与市场法》，法律出版社 2014 年版，第 142～143 页。

③ 参见中国证券监督管理委员会组织编译：《英国 2000 年金融服务与市场法》，法律出版社 2014 年版，第 142～143 页。

④ 参见英国 2000 年《金融服务与市场法》附录 10《损害赔偿：豁免》。

⑤ 参见英国 2000 年《金融服务与市场法》第 397 条；中国证券监督管理委员会组织编译：《英国 2000 年金融服务与市场法》，法律出版社 2014 年版，第 663～665 页。

⑥ 参见中国证券监督管理委员会组织编译：《英国 2000 年金融服务与市场法》，法律出版社 2014 年版，第 625～627 页。

2. 美国

鉴于传统的私人执法(包括集团诉讼)存在一定的局限性,对原告而言,其诉讼成本高昂;对被告而言,可能因案件经久不决而对其声誉有一定的消极影响。最为重要的是,因案件耗时的周期长,作为原告的受损投资者并不能及时获得赔偿。SEC 的证券执法在公共执行机制中所具有的优势,[①]以及在证券市场的吸引力可以为公司治理水准、信息披露水平和中小投资者保护等提供强有力的监管。[②] 1990 年,美国通过的《证券股票改革法》明确授权 SEC 可以将对证券违法行为主体收缴的违法所得分配给受损的适格投资者。如果证券市场违法行为主体并没有从中获取利益,则不能对其追缴违法所得。即使证券市场违法行为主体从中获取利益,受损投资者从违法所得的"吐脏"基金中获得的补偿额度也相对较低。为了弥补上述保护投资者权益的制度存在的缺陷,2002 年,美国颁布了《SOA 法案》,其中第 308 条正式确定了快速赔付受损投资者的公平基金制度,[③]作为证券公共执行的投资者损害补偿手段。[④]

公平基金制度中,SEC 可以通过自身的行政处理程序或者以原告身份提起诉讼,提交给法院关于设立公平基金及其基金分配方案的申请,经法院审查批准,将纳入基金的证券违法行为主体的违法所得、民事罚款首先分配给在证券欺诈中受损的适格投资者。[⑤] 由此可以看出,不管是通过 SEC 行政处

---

① See Edward L. Glaeser & Andrei Shleifer, *The Rise of the Regulatory State*, Journal of Economic Literature, Vol. 41:2, p. 401 - 425(2003).

② See Coffee Jr., John C., *Racing Towards the Top? the Impact of Cross-Listing and Stock Market Competition on International Corporate Governance*, Columbia Law Review, Vol. 102:7, p. 1757 - 1775(2002).

③ 美国 2002 年《萨班斯 - 奥克斯利法案》第 308 条对"Fair Funds for Investors"进行了规定。"Fair Fund"名称来源并不是公平性,而是 Federal Accont for Investor Restitution("联邦投资者赔偿账户")Fund 的首写字母,我国学术界直译为"公平基金"。同时,美国的公平基金赔付模式虽然从基金资金来源的渠道以及设立基金的程序与我国现行在证券市场上的先行赔付模式不同,但是两者都给予了因证券市场上的重大违法行为而遭受损失的投资者及时的民事救济。

④ 执法模式可以分为公共执法和私人执法,公共执法主要依靠公权机关查处违法,私人执法主要依靠诉讼、私力救济促进法律的实施。从世界范围看,公共执行和私人执行至少是同等重要的。

⑤ 《萨班斯 - 奥克斯利法案》第 308(a)条"添加民事罚款于追缴款基金以救济受害者"中规定:"如果 SEC 依照证券法律采取司法行动或行政执法行动,向任何违反相关法律、规则或规范的违法行为人追缴违法所得,或该违法行为人在证券和解协议中同意交出违法所得,并且 SEC 根据此种法律对该违法行为人进行民事罚款的,应当根据 SEC 的提议或指示,将该民事罚款添加到追缴款基金并成为其一部分,用于补偿违法行为受害者。"

理程序还是政府诉讼设立公平基金，都离不开SEC的参与。特别是经由法院批准才可设立的公平基金，离不开SEC主动提交给法院设立公平基金的申请，以及法院对设立公平基金与公平基金分配方案的审核。①

为了更好落实公平基金制度，SEC于2006年颁布了《公平基金与吐赃计划规范和实施规则》，其中第1100～1106条规定了罚没计划的详细内容，②有效提高了公平基金制度的有效性、适用性。2010年美国《多德－弗兰克法案》扩大了公平基金的资金来源，其中第929B条修改了《SOA法案》关于公平基金的规定，③不再要求证券违法行为主体必须有违法所得时，才可以将民事罚款纳入公平基金；而是在即使仅有对证券违法行为主体作出的民事罚款时，SEC也可以仅把民事罚款并入设立的公平基金。在美国，经过公平基金与行政和解相互的配合与协调，SEC几乎超过50%的案件在正式进入诉讼阶段前或者行政审裁阶段前，以及在诉讼阶段或者行政审裁阶段被和解。④

（二）证券市场先行赔付制度的国外立法存在的问题

综观英国和美国有关证券市场先行赔付的立法文本，通过借助公共证券监管机构的证券执法权力，证券违法行为主体可以及时补偿受损适格投资者的法律立场共性充分彰显。具体而言，在公共证券监管机构的参与或者主导下，证券违法行为主体因实施重大证券违法行为给投资者造成的实际损失，需要向遭受损失的投资者进行补偿。需要注意的是，用于赔付受损投资者的资金来源，美国公平基金制度限定的范围要比英国2000年《金融服务与市场法》限定的范围广；在赔付受损投资者的程序中，SEC的证券执法权力范围要比FCA更大。

鉴于实践中鲜有FCA使用勒令公众公司赔偿适格投资者损失的权力的

---

① 在美国的许多场景中，法院与SEC是伙伴而非排他关系，法院虽然重视SEC的法律解释意见，但是法院享有的最终决定权，是对SEC执法最强有力的制约。参见洪艳蓉：《金融监管治理》，北京大学出版社2017年版，第280页。

② See Rule of Practice and Rules on Fair Fund and Disgorgement Plans.

③ 参见中国证券监督管理委员会组织编译：《美国多德－弗兰克华尔街改革与消费者保护法》（中英文对照本）（下册），法律出版社2014年版，第69页。

④ 参见赵旭东：《内幕交易民事责任的价值平衡与规则互补——以美国为研究范本》，载《比较法研究》2014年第2期。

典型案例,而发展相对成熟的公平基金制度在实践中针对受损适格投资者获得赔偿的耗时周期比受损适格投资者通过集团诉讼获得赔偿的耗时周期短,但是从已有案例对受损适格投资者实际获得赔偿的耗时周期也需要几年的时间来看,公平基金参与的先行赔付模式在提高投资者获得证券民事赔偿数额的同时,并没有真正提高投资者获得证券民事赔偿的效率。例如,在“‘戴尔’公平基金案”中,[①]法院于2012年12月11日批准了“戴尔”公平基金的分配计划,2014年9月29日,赔偿资金划分到受损适格投资者的账户中,整个公平基金赔付过程基本上历经将近2年之久。在“‘北电’公平基金案”中,[②]从法院于2011年10月5日批准“北电”公平基金的分配计划至2015年4月2日最终将赔偿资金划分到受损适格投资者的账户中,整个公平基金赔付过程基本上历经将近4年之久。可以看出,把证券违法行为主体的罚没款纳入先行赔付的资金来源,虽然扩充了先行赔付资金的来源,但是随之也会相应延缓受损适格投资者从先行赔付分配方案中获得赔偿的进程。

二、证券市场先行赔付制度的国内立法厘定

(一)证券市场先行赔付制度的国内立法厘定

为了强化保荐机构“荐而不保”的民事赔偿责任,在股票发行注册制改革背景下,我国证监会2015年发布《格式准则1号》,以“先行赔偿”描述性的规定,强调保荐机构如果有违在招股说明书中作出的承诺,需要对造成的投资者损失进行先行赔付。同时,2015年提交全国人大常委会“一审稿”的《证券法》(修订草案),2017年提交全国人大常委会“二审稿”的《证券法》(修订草案)以及2019年提交全国人大常委会“三审稿”的《证券法》(修订草案),都将证券市场先行赔付纳入保护投资者权益的制度范围,作为投资者保护未来努力的方向之一。[③] 最终,2019年《证券法》第93条从法律层面正式

---

① The Dell SEC Fair Fund, GCG(November 19, 2019), http://www.dellsecsettlement.com/index.php.

② SEC v. Nortel Networks Corporation (November 19, 2019), https://www.sec.gov/divisions/enforce.

③ 《证监会在上海召开投资者座谈会》,载证监会网2019年11月26日,http://www.csrc.gov.cn/newsite/zjhxwfb/xwdd/201806/。

确定了证券市场先行赔付制度。从该制度规定的内容来看,先行赔付主体与受损的适格投资者是主要的参与主体,证券监督管理机构或者其他行政主体并未直接参与证券市场先行赔付。

"干净的市场最终会赢得尊重。"[①]我国香港特区证券市场是全球发达的证券市场之一,以"干净"而著称。香港《证券及期货条例》第Ⅻ部专章规定的对投资者的赔偿,详细介绍了关于设立"投资者赔偿基金"的规定。[②]投资者赔偿基金主要是由香港特区证券交易所发起设立,用于对持牌的中介人或者认可财务机构的违责行为导致的投资者在香港特区证券交易所买卖商品的过程中遭受的损失进行赔偿,主要指对证券交易的散户投资者进行赔偿,并没有规定对证券交易的机构投资者进行赔偿。换句话说,此时的持牌中介人或者认可财务机构属于香港特区证券交易所的会员,投资者是会员的散户投资者,只有满足上述条件的受损投资者才有向投资者赔偿基金申请索赔的资格。

同时,按照《证券及期货(投资者赔偿—申索)规则》第2条,对"合资格客户"的界定方式是通过合理运用"排除性条款",把这些主体排除在可以向投资者赔偿基金提出申请索赔的受损适格投资者之外。[③] 同时,把与上述持牌中介人或者认可财务机构的主要利益主体也排除在可以向投资者赔偿基金提出申请索赔的受损适格投资者之外。[④] 此外,《证券及期货条例》第243条规定了投资者赔偿基金拨款支付给受害投资者后,香港证券及期货事务监察委员会(Securities and Futures Commission,SFC)在申索人权利等方面享有的代位权等事项。换言之,SFC用投资者赔偿基金赔付受害投资者的实际损

---

① 蒋大兴、沈晖:《从私人选择走向公共选择——摧毁"保荐合谋"的利益墙》,载《证券法苑》2019年第3期。

② 香港特区2003年《证券及期货条例》第Ⅻ部第236条规定:"为按照在第244条下订立的规则以对因任何指明人士或任何该人士的相联者在与指明证券或期货合约有关联的情况下所犯的违责而蒙受损失的该人士的客户提供赔偿措施,证监会须设立及维持一个赔偿基金,其中文名称为'投资者赔偿基金',而英文名称则为'Investor Compensation Fund'。"

③ 参见香港特区《证券及期货(投资者赔偿——申索)规则》第2条。

④ 就主要的利益主体而言,大体包括:证券公司之大股东或实际控制股东或关联企业;证券公司之合伙人、董事、监事或高级管理人员,及其配偶或其他近亲属;非为投资者提供投资服务,而只出于自身经营需要之经纪人。参见黎四奇:《对我国证券投资者保护基金制度之检讨与反思》,载《现代法学》2008年第1期。

失后，受害投资者就该项实际损失而享有的一切权利及补救，须在投资者赔偿基金的赔偿范围内由 SFC 代位受害投资者享有，SFC 依据代位求偿权所得的一切资产，须纳入投资者赔偿基金。

（二）证券市场先行赔付制度的国内立法存在的问题

上述国内对受损适格投资者的合法权益进行保护的立法文本，在充分彰显受损适格投资者获得救济的法律立场共性时，公共证券监管机构分别以间接参与或者直接主导的形式在证券市场先行赔付的过程中发挥作用。具体而言，证券违法行为主体因重大违法行为，使投资者遭受实际损失，在公共证券监管机构的参与或者主导下，对遭受损失的适格投资者先期执行与赔偿。需要注意的是，赔偿主体并没有限于证券违法行为主体，赔付对象也并没有将所有因欺诈发行、虚假陈述或者其他重大违法行为而遭受损失的投资者列为受偿主体。此外，用于赔付受损投资者的资金来源比较单一，要么基于投资者赔偿基金，要么基于或有责任主体的自有资金。在赔付受损投资者的程序中，赔付主体与赔付对象作为证券市场先行赔付的主要参与主体，两者并没有同等的法律地位，势必会对受损投资者获得公平、合理的赔偿产生一定的消极影响，毕竟程序上的正义在一定程度上影响着投资者获得赔偿结果上的正义。

本章小结

本章通过厘定证券市场先行赔付制度的内涵与外延，结合境外的证券投资者损害赔偿保护机制的立法与实践经验，将“公开”“公平”“公正”“效率”“适当”作为贯穿证券市场先行赔付过程始终的基本原则。在现有证券市场法律体系上，证券市场先行赔付制度旨在保障在证券市场中遭受损失的适格投资者先行获得救济，由相关主体实施先予执行与赔付的行为。

就证券市场先行赔付制度的正当性而言，弥补证券民事赔偿诉讼运行中的缺陷，提高投资者获得赔偿数额的效率以及强化证券民事赔偿主体的责任追究是证券市场先行赔付制度的正当性根基。相对受损的适格投资者完全可以通过诉讼的方式获取证券民事赔偿，证券市场先行赔付作为投资者保护的一种替代性纠纷解决创新制度，注定在保护受损适格投资者的合法权益中发挥着不可替代的作用。

不同的法律秩序，虽然在实际适用的方式上不尽相同，但是对类似的问题，往往采取同样或者类似的解决办法。[①] 公平基金以"一案一设"的"专项基金"模式对受损适格投资者进行先期执行与赔付，而后享有对最终证券民事赔偿责任主体的追偿权。投资者保护基金以"资金池"的模式用于对受损适格投资者的先期执行与赔付，而后享有对作为最终承担赔偿责任主体的证券公司或者犯有违责行为的中介人的追偿权。我国作为或有责任主体以其自有资金主动参与的先行赔付模式的典型代表国家，是以"一案一设"的"投资者专项基金"模式对受损适格投资者进行先行赔付，而后享有对发行人或者其他证券民事赔偿连带责任主体的追偿权。鉴于此，参考在证券法领域与其他领域关于已经存在的先行赔付模式，本书将证券市场先行赔付分为公平基金参与的先行赔付模式、投资者保护基金参与的先行赔付模式、或有责任主体以其自有资金主动参与的先行赔付模式等主要模式。从先行赔付启动的条件、赔付资金的来源、先行赔付主体范围以及赔付对象范围的确定等方面进行比较，或有责任主体以其自有资金主动参与的先行赔付模式因其启动条件受限制因素少，赔付的资金来源单一，具有效率性、灵活性，但是同其他两种模式比较，又因缺乏强制力而难以真正落实先行赔付主体主动承担对受损适格投资者的先行赔付功能。投资者保护基金参与的先行赔付模式因其启动条件受限制因素多，赔付的资金来源多元化，具有一定的权威性，但与或有责任主体以其自有资金主动参与的先行赔付模式相比，其灵活性偏低，赔付对象范围的确定与获得的赔偿金额存在一定的局限。公平基金参与的先行赔付模式虽然结合了前两者优点，但是也不可避免兼具前两者的局限性。故而，不能绝对地对上述三种先行赔付模式作出好坏与否的评判，而是需要在尊重各国证券市场客观规律的基础上，做出"扬利抑弊"的正确价值选择，来平衡证券市场先行赔付制度中各方参与主体的利益冲突。

通过对英国、美国、我国内地和香港特区等国家和地区关于证券市场先

---

① 参见［德］K. 茨威格特、H. 克茨：《比较法总论》，潘汉典等译，法律出版社 2003 年版，第 54 页。

行赔付制度的立法厘定,发现上述国家或者地区虽然都充分彰显了对受损适格投资者给予救济的法律立场共性,证券监管机构分别以间接参与或者直接主导的形式在证券市场先行赔付的过程中发挥作用,但是仍旧存在一些问题。这些为下文分别从先行赔付主体范围与赔付对象范围的确定,到先行赔付的资金来源与主体参与证券市场先行赔付程序的考量,提供了结构导向。

第二章　证券市场先行赔付的赔付主体范围的法律界定

证券市场先行赔付是证券市场中的主体在平衡各自利益冲突的基础上,探索出来的一种解决受损投资者民事损害赔偿的纠纷解决方式。从美国首个利用公平基金补偿受损投资者的 SEC v. World Com Inc. 案,①以及后续发生的美国证券民事责任第一案,即 Escott v. Bar Chris Constr. Corp 欺诈发行案来看,②美国不只把发行人、上市公司或者公司内部管理主体以及相关的证券公司、证券服务机构作为证券民事赔偿责任主体进行对受损适格投资者的赔偿,也把证券服务机构的直接或者相关责任人列入对受损适格投资者进行证券民事赔偿的主体范围。可以说,证券市场先行赔付主体范围的法律界定是决定受损适格投资者是否能够及时获得赔偿的关键,也直接关系着证券市场先行赔付制度是否能够有效实施。

---

① See David A. Skeel Jr. , *Welcome Back*, *SEC*, American Bankruptcy Institute Law Review, Vol. 18:2, p. 573 – 590(2010).

② See Scott v. Bar Chris Constr. Corp. , 283F. Supp. 643, 681, S. D. N. Y. , 1968.

第一节 立法与实践对先行赔付主体范围的界定

根据上文对证券市场先行赔付制度的内涵与外延的厘定，排除我国2019年《证券法》从法律层面正式确定的证券市场先行赔付制度，先行赔付在国内外呈现出的类似模式主要体现在：美国的公平基金制度、英国的直接勒令赔偿制度、我国香港特区的投资者赔偿基金制度。本节主要结合上述制度展开立法与实践中对证券市场先行赔付主体范围的法律界定。

一、立法对先行赔付主体范围的界定

（一）公平基金制度中对先行赔付主体范围的界定

《SOA法案》正式确定的公平基金制度，作为一项证券执法中的公共补偿制度，离不开SEC在该制度中发挥的重要作用。SEC通过制定的基金分配计划，最终将对证券欺诈行为主体追缴的违法所得、民事罚款、和解金以组成“基金”的形式，分配给遭受损失的适格投资者。可以说，该制度中的先行赔付主体，与证券欺诈行为主体紧密相关。那么，1933年《证券法》与1934年《证券交易法》作为美国整个证券法律体系的支柱，在厘清公平基金制度对先行赔付主体范围的界定中发挥着重要作用。

1. 1933年《证券法》对证券欺诈行为主体范围的主要规定

针对一级市场发行人欺诈的法律文本主要体现在：1933年《证券法》第11条关于“因虚假说明书引起的民事责任”的规定、第12条(a)款关于“与招股书和通讯有关的民事责任”的一般规定、第17条(a)款关于“为欺诈或欺骗而使用州际商业”的规定。通过这些条款对证券欺诈行为主体承担民事责任的概括性规定可以看出，上述条款并没有严格限制证券欺诈行为主体范围，只要主体实施的违法行为符合了上述法律规定，就可以成为证券欺诈行为主体。

2. 1934年《证券交易法》对证券欺诈行为主体范围的主要规定

根据美国证券执法过程中的“私人执行”与“公共执行”两种执法手段，虽然SEC既可以选择行政审裁程序，也可以选择向法院起诉，来追究违法

行为主体的责任,但是投资者直接发起的"私人执行"更受重视和为人称道。[①] 针对二级市场上发生的欺诈性手段,美国证券法律体系中的核心应对就是1934年《证券交易法》第10条(b)款。通过该款对证券欺诈行为主体的概括性规定可以看出,该款也没有严格限制证券欺诈行为主体范围。只要主体实施的违法行为符合1934年《证券交易法》第10条(b)款的规定,该主体就可以成为证券欺诈行为主体。

3. 1942年10(b)-5规则对证券欺诈行为主体范围的主要规定

1942年,SEC结合1933年《证券法》第11条与1934年《证券交易法》第10条(b)款,制定了10(b)-5规则(rule)。该规则本来是为了便于SEC按照行政审裁程序或者选择向法院起诉,追究违法行为主体的责任,但是随着"私人执行"的活跃,也成为其他主体提起民事诉讼的主要依据。10(b)-5规则与1934年《证券交易法》第10条(b)款是美国证券领域中反欺诈立法的核心,[②]涵盖了欺诈客户、虚假陈述、内幕交易、操纵市场等证券欺骗违法行为,[③]是SEC证券执法中对抗欺诈的头号利器。[④]

通过10(b)-5规则对证券欺诈行为主体的概括性规定可以看出,该规则也没有严格限制证券欺诈行为主体范围。只要符合了规则的条件,除了实施欺骗性手段的公司外,证券欺诈行为主体还包括公司的实际控制人、高管、董事以及公司之外的证券公司、律师事务所、会计师事务所等。

4.《SOA法案》对证券欺诈行为主体范围的主要规定

《SOA法案》第807(a)节并没有指定具体的证券违法行为,而是概括性地为证券市场上几乎所有的欺诈行为主体规定了严厉的法律责任。[⑤] 由此可以看出,《SOA法案》第807(a)(1)节强调的违法行为只需要"与证券

---

① See James D. Cox & Robert W. Hillman & Donald C. Langevoort, *Securities regulation, cases and materials*(3), Aspend Publishers, 2001, p. 799.

② 参见刘仁山、李婷:《美国"F立方"证券欺诈诉讼管辖权规则及其晚近发展》,载《法学家》2012年第3期。

③ See Larry D. Soderquist & Theresa A. Gabaldon, *Securities Law*, Foundation Press, 1998, p. 135.

④ See Marc I. Stenberg, *Securities regulation*(3), Matthew Bender, 1998, p. 509-511.

⑤ 该条款规定:"任何人如果有意实施或者意图实施一项骗术,以欺诈任何其他人并与任何证券相关,或者通过虚伪或者欺诈性的伪装、陈述或者承诺,取得任何金钱或财产并与任何证券的买卖相关,均应依照本节规定处以罚款。"

相关”,主体就可承担责任,这在一定程度上扩大了 10(b) -5 规则中“与证券买卖相关”的违法行为主体责任构成的解释。① 通过《SOA 法案》第 807(a)节对证券欺诈行为主体的概括性规定可以看出,该规定也没有严格限制证券欺诈行为主体范围。

综上,美国证券立法中对证券欺诈行为主体的范围并没有严格限制,只要符合前置性的条件,条款与规则的蕴义就将证券欺诈违法行为主体指向符合条件限制的主体。同时,公平基金作为证券执法中的公共补偿手段,民事损害赔偿诉讼作为证券执法中的私人执行手段,是美国针对受损投资者获得救济采用的两种并行不悖的证券执法机制。② 通过分析美国主要的证券立法对证券欺诈行为主体范围的规定,厘清了公平基金制度中对先行赔付主体的界定也没有严格限制。只要符合非法活动采用的欺骗性手段等前置性的条件,则并不严格限制可以成为公平基金制度中的需要缴纳违法所得、民事罚款的证券欺诈行为主体,即需要向遭受损失的适格投资者进行民事救济的先行赔付主体。

(二)直接勒令赔偿制度中对先行赔付主体范围的界定

证券欺诈的概念起源于英国的证券立法,③在上文已经结合美国证券立法阐述了对证券欺诈行为主体范围的界定之后,需要结合英国的相关立法来阐述对证券欺诈行为主体范围的界定。根据前文所述,《金融服务与市场法》正式确定了直接勒令赔偿制度。该制度能成为一项强制性的证券执法手段,离不开 FCA 在该制度中发挥的重要作用。证券违法行为主体需要遵照 FCA 认为的正当金额或者经 FCA 向法院提起申请,由法院命令证券违法行为主体向 FCA 支付法院认为正当的金额,对遭受损失的投资者进行赔偿。可以说,该制度中对受损投资者进行赔偿的先行赔付主体,与证券违法行为主体紧密相关。那么,需要结合英国 2000 年《金融服务与市场法》对证券违法行为主体的规定,来厘清直接勒令赔偿制度对先行赔付主

---

① See Carol B. Swanson, *Insider Trading Madness: Rule 10b5 -1 and the Death of Scienter*, University of Kansas Law Review, Vol. 52:1, p. 147 -210(2003).

② See Urska Velikonja, *Public Compensation for Private Harm: Evidence from the SEC's Fair Fund Distributions*, *Stanford Law Review*, Vol. 67:2, p. 331 -395(2015).

③ 1939 年,英国通过的《防止欺诈(投资)法》首先对证券欺诈进行了界定。

体范围的界定。

根据英国2000年《金融服务与市场法》第382条,FCA在行为人因违反相关规定而取得利润,或者因违反相关规定导致一人或多人遭受损失或其他不利影响,可以向法院提出申请,要求违法行为主体赔偿。法院可以命令行为人向FCA支付法院认为公正的金额用于法院认可的受损适格主体。[①] 由此可以看出,FCA向法院提出申请,要求违法行为人赔偿的行为与公平基金中SEC代表遭到损失的投资者提起民事侵权赔偿诉讼的行为十分相似,而且市场监管机构都参与其中。此处,虽然也是法院命令行为人将其认为的公正金额先行支付给FCA,但是最终对遭受损失的投资者进行赔偿的主体,是因违反相关规定而取得利润,或者因违反相关规定导致一人或多人遭受损失或其他不利影响的"行为人"。根据该款对"行为人"范围的概括性规定可以看出,此处并没有对"行为人"范围给予严格的限定。只要符合了"因违反相关规定而取得利润,或者因违反相关规定导致一人或多人遭受损失或其他不利影响"等前置性规定的主体,都可以成为需要向遭受损失的合资格人进行赔偿的"行为人"。

同时,根据英国2000年《金融服务与市场法》第384条,FCA在行为人因违反相关规定而取得利润,或者违反相关规定导致一人或多人遭受损失或其他不利影响,可以直接命令行为人向其支付自认为公正的金额以受损的适格人。由此可以看出,FCA直接要求违法行为主体赔偿的行为与公平基金中SEC直接向证券欺诈行为主体实施的行政审裁程序十分相似。此处,违法行为人需要遵循FCA认为的适当安排,将FCA认为的公正金额支付给遭受损失的合资格人。该款对"行为人"范围的概括性规定,并没有对"行为人"范围给予严格的限定。只要主体的行为符合"因违反相关规定而取得利润,或者因违反相关规定导致一人或多人遭受损失或其他不利影响"等前置性条件,该主体都可以被纳入需要向遭受损失的合资格人进行赔偿的"行为人"范围。

(三)投资者赔偿基金制度中对先行赔付主体范围的界定

我国香港特区的《证券及期货条例》为保护投资者与稳定证券市场,提

---

① 参见中国证券监督管理委员会组织编译:《英国2000年金融服务与市场法》,法律出版社2014年版,第625页。

供了清晰的证券监管框架,其中第Ⅻ部确定了投资者赔偿基金制度。投资者赔偿基金的保护范围,不仅局限于当证券公司发生风险时给受损投资者进行的赔偿,还包括对持牌的中介机构或者财务公司违责造成的投资者损失进行的赔偿。① 可以说,条例对"违责"含义的模糊性规定,无形中扩大了投资者赔偿基金保护的范围。②

投资者赔偿基金保护的范围与投资者赔偿基金的资金来源存在密切联系,可以说是正相关。从《证券及期货条例》第 247 条规定的组成赔偿基金的款项来看,不仅是中介人交付的供款,投资者赔偿基金的投资收益也被纳入投资者赔偿基金的资金来源。可以说,相对在 1974 年实施的《证券条例》对投资者赔偿基金保护涵盖范围与投资者赔偿基金资金来源的规定,《证券及期货条例》扩大了投资者赔偿基金的涵盖范围与资金来源。③

根据《证券及期货条例》第 243 条规定的关于从投资者赔偿基金拨款支付给受害投资者后,SFC 在申索人权利等方面享有的代位权等事项,SFC 用投资者赔偿基金赔付受害投资者申索实际损失后,受害投资者就该项实际损失而享有的一切权利及补救,须在投资者赔偿基金赔偿范围内由 SFC 代位受害投资者享有。SFC 依据代位求偿权所得的一切资产,须纳入投资者赔偿基金。另言之,投资者赔偿基金先行用于对受损适格投资者的赔偿之后,SFC 享有以不能超出受损适格投资者就该项实际损失享有的一切权利及补救的范围为基础的追偿权。与此类似,《证券及期货条例》第 87 条规定了认可的投资者赔偿公司也可以享有申索人权利等方面的代位权。此处用于先行弥补遭受损失的投资者的资金来源,不同于公平基金制度与直接勒令赔偿制度中由符合前置性条件的证券违法行为主体承担,毕竟投资者赔偿基金的资金来源并非仅限于违责的中介人或者认可的财务公司,不能仅因为投资者赔偿基金用于先行对受损投资者的赔偿,就把投资者赔偿

① 参见王坤、王泽森:《香港证券投资者赔偿基金制度改革评析》,载《证券市场导报》2005 年第 9 期。

② "违责"行为,包括"破产、清盘、或无偿债能力,或违反信托、亏空、欺诈或犯有不当行为",违责的中介人可以是机构或个人,如银行、证券行等。参见香港 2003 年《证券及期货条例》第 179 条、第 182 条、第 214 条、第 381 条。

③ 参见王坤、王泽森:《香港证券投资者赔偿基金制度改革评析》,载《证券市场导报》2005 年第 9 期。

基金的资金来源中的支付主体都视为先行赔付主体或者证券违法行为主体。

故而,结合文中关于证券市场先行赔付制度的内涵与外延的厘定,笔者认为,不能以投资者赔偿公司负责运行投资者赔偿基金,利用投资者赔偿基金先予支付给遭受损失的适格投资者,就将其视为先行赔付主体;如果将其视为先行支付主体,则更为合适。

二、实践中对先行赔付主体范围的界定

SEC 制定的 10(b) -5 规则,虽然对 1934 年《证券交易法》第 10 条(b)款作了一定补充,促使《SOA 法案》第 807(a)节成为 1934 年《证券交易法》第 10 条(b)款与 10(b) -5 规则在证券执法中的"升级款",但是这些法条中的细节需要经过相关判例才能勾勒清晰。在具体案件的司法实践中,法院以禁止一切证券欺诈手段与保护投资者利益为出发点,对于上述法条的适用与解释进行了大量地扩张。可以说,法条的适用权与解释权基本上随着判例的积累交由法院。① 可见,尽管美国证券立法针对证券市场欺诈行为的规范已臻于完善,②但是在 Westlaw 的美国证券法案例数据库中进行的搜索数据表明,③具体案件的司法实践对证券立法关于证券市场欺诈行为条款的适用仍然起着不可或缺的作用。

(一)公平基金在实践中对先行赔付主体范围的界定

美国在涉事案件设立的公平基金的资金除了源自 SEC 对发行人、上市公司进行的直接处罚,还有对发行人、上市公司的高管、投资银行、会计师事务所等进行的直接行政罚没款处罚。例如,2013 年,大约有 62.6% 的涉事公平基金案件,都将公司高管人员或者投资银行、律师事务所、会计师事

---

① See Jennifer O'hare, *Director Communications and the Uneasy Relationship between the Fiduciary Duty of Disclosure and the Anti-Fraud Provisions of the Federal Securities Laws*, University of Cincinnati Law Review, Vol. 70:2, p. 475 -526(2002).

② 参见万国华、杨海静:《论反欺诈原则在证券法中的确立——对诚实信用作为证券法基本原则的反思》,载《南开学报(哲学社会科学版)》2015 年第 1 期。

③ 在 Westlaw 的美国证券法案例数据库中利用钥匙码检索,截至 2013 年 8 月 31 日,与 10(b) -5 规则有关的案件就已经达 6053 件。

务所等主体列入给予处罚的证券违法行为主体。① 由这些主体上缴的违法所得和民事罚款总额约占公平基金总额的13.5%。②

几乎任何违反美国证券立法的主体都可能是成立公平基金时的资金来源主体,其上缴的罚没款,都可以纳入利用公平基金进行分配的资金来源。③ 在美国首个设立的公平基金用于分配给受损适格投资者的案件SEC v. World Com Inc.一案中,SEC便是根据1933年《证券法》第20(d)条和1934年《证券交易法》第21(d)条,对涉案的违法责任主体施加民事罚款。SEC除向世通(World Com)及其高级管理人员追缴证券违法所得和处以民事罚款外,还对世通4名前雇员——主计长戴维·迈尔斯、总会计师布福德、总会计部前会计师贝蒂·文森和特洛伊·诺曼德提起诉讼。④

SEC针对美国国际集团(American International Group,AIG)基金公司从2001~2003年,未及时向投资者披露特定利益冲突,对某些交易未能准确披露交易目的的真实性以及AIG独立审计师的虚假陈述等情形,提起诉讼。最终,AIG基金公司将支付超过16亿美元的和解金,以解决公司与会计师事务所合谋的虚假陈述,投标操纵和涉及受损投资者补偿金有关的索赔。SEC对AIG基金公司处以的民事罚款,也分配给了遭受损失的投资者。⑤ 美国Stoneridge Investment Partners v. Scientific-Atlanta Inc.证券欺诈案中,律师与审计师作为证券违法行为责任主体对受损投资者进行赔偿。⑥ 此外,戴尔公司(Dell Inc.)及其现任和前任高管违反美国证券立法,其中包括未能向投资者披露重大信息,并使用欺诈性会计手段错误地表明戴尔公

---

① See Urska Velikonja, *Public Compensation for Private Harm: Evidence from the SEC's Fair Fund Distributions*, *Stanford Law Review*, Vol. 67:2, p. 331 - 395(2015).

② Ibid.

③ See Verity Winship, *Fair Funds and the SEC's Compensation of Injured Investors*, Florida Law Review, Vol. 60:5, p. 1103 - 1144(2008).

④ See SEC, SEC v. World Com Inc. (November 29, 2019), https://www.sec.gov/litigation/litreleases/lr18219.htm.

⑤ See SEC, SEC v. American International Group Inc. (November 25, 2019), https://www.sec.gov/litigation/ litreleases/lr19560.htm.

⑥ See William A. Gregory, *Stoneridge Investment Partners, LLC v. Scientific-Atlanta, Inc.: The Evisceration of Investor Protection*, Southern Illinois University Law Journal, Vol. 34:2, p. 251 - 274(2010).

司达到的盈利目标。[①] 根据 SEC 提出的基金分配计划,同样需要将上述主体缴纳的罚没款,依据 Dell SEC Fair Fund 条款分配给遭受损失的适格投资者。

上述案例中,受损的投资者在提起证券集团诉讼获得赔偿的同时并不影响其从公平基金中获得补偿的权利。行为主体只要违反美国 1933 年《证券法》或者 1934 年《证券交易法》,构成证券市场违法责任主体,就需要按照自身的过错缴纳民事罚款、返还违法所得。在涉事案件设立公平基金时,可以将收缴的证券市场违法主体的罚没款作为公平基金主要的资金来源,分配给遭受损失的适格投资者。

综上,虽然在公平基金拨款用于赔偿受损投资者时,与其对应的启动主体主要是 SEC,但是美国 SEC 将设立的公平基金用于分配给受损的适格投资者,对其基金资金的罚没款除了是来自欺诈行为的公司外,公司的高级管理人员、投资银行、会计师事务所、律师事务所及其他直接负责人员也都可以成为基金资金的主体。

(二)直接勒令赔偿在实践中对先行赔付主体范围的界定

2017 年,FCA 基于特易购财务造假事件首次适用英国 2000 年《金融服务与市场法》,其可以直接命令对因违反相关规定而取得利润,或者因违反相关规定导致一人或多人遭受损失或其他不利影响的证券违法行为人,向遭受损失的投资者进行先行赔偿。虽然 2000 年《金融服务与市场法》有直接勒令赔偿制度的概括性规定,但是直接勒令赔偿制度在实践中的适用寥寥,最为典型的就是特易购财务造假事件。结合该事件,来展开对直接勒令赔偿制度关于先行赔付主体范围在实践中的探讨。同时,由于该制度尚未在实践中展开常态化的适用,在此进行的分析也主要局限在该制度在已有事件中的适用范围。

特易购实施市场滥用行为,构成财务造假,因此其收到 FCA 对其直接勒令赔偿通知,要求其向受损适格投资者赔偿。特易购承认 FCA 的指控,并且同意支付约 8500 万英镑罚金用于赔偿在 2014 年 8 月 29 日至 9 月 19

① See GCG, The Dell SEC Fair Fund (November 19, 2019), http://www.dellsecsettlement.com/.

日购买其股票或者债券的受损适格投资者。[①] 根据《决定程序与处罚手册》(Decision Procedures and Penaltiesmanual, DEPP),如果违法行为主体已经承认其违法行为并向 FCA 提供了充分、及时的合作,并且已经采取一定的措施保证因其违法行为而遭受损失的适格投资者获得充分的赔偿,那么可只对违法行为主体实施的违法行为进行公开谴责而不对违法行为主体施加金钱处罚。FCA 也同意,如果特易购严格执行 FCA 对其作出的赔偿决定,那么将不会对其实施金钱处罚。此外,特易购的前高管人员也参与了欺诈行为,也构成对遭受损失的投资者的证券违法行为的主体。

"特易购财务造假案"中,参与的证券违法行为主体不仅涉及公司,公司的高管人员也涉嫌欺诈行为,但特易购的市场滥用行为导致适格投资者遭受损失,FCA 直接勒令其对受损适格投资者进行赔偿。可以说,特易购是该事件中对受损适格投资者进行赔偿的先行赔付主体。

(三)投资者赔偿基金在实践中对先行赔付主体范围的界定

投资者保护基金主要用于对因证券公司发生风险而遭受损失的投资者进行的赔偿,但是不排除也以赔付各种投资者损失为目标,比如我国香港特区投资者赔偿基金。[②] 1998 年,正达投资集团暴发财务危机而倒闭,其严重性超过了投资者赔偿基金之前处理的所有中介人或者认可的财务公司的违责事件。投资者赔偿基金无法承受因正达违责而需要向作为申索人的受损适格投资者的赔偿金额。[③] 虽然该事件因投资者赔偿基金可用资金有限,由 SFC 注资处理了对作为申索人的受损适格投资者的赔偿安排,但是也使 SFC 加强了对证券公司的监管,并重新安排对投资者赔偿基金内容的设计。

实践中,由 SFC 监管的投资者赔偿基金有限公司(Investor Compensation Company Limited, ICC)负责管理赔偿基金的运作与受理投资者的申索。当发

---

① 史黛拉:《英国乐购 1.29 亿英镑和解财务造假》,载中国会计视野 2017 年 3 月 29 日,http://news.esnai.com/2017/0329/154192.shtml。

② 《证券投资者保护基金赔偿机制思考》,载金融界 2007 年 8 月 21 日,http://stock.jrj.com.cn/2007-08-21/000002575635.shtml。

③ 参见李克穆:《经济全球化进程中的东亚金融风潮》,载《管理世界》1998 年第 3 期;戴玉林:《东亚金融危机对大连市外经贸的影响与对策》,载《财经问题研究》1998 年第 6 期。

生持牌的中介机构或者认可的财务公司的违责事件时,由负责管理赔偿基金的 ICC 刊发受损投资者申索公告,积极鼓励符合条件的投资者在规定的时间内按照程序提出申索。由 SFC 决定是否可以启动投资者赔偿基金用于支付作为申索人的受损投资者的赔偿金。当 ICC 从投资者赔偿基金拨款,用于支付作为申索人的受损投资者的赔偿金后,作为申索人的受损投资者就该项实际损失而享有的一切权利及补救,须在投资者赔偿基金赔偿范围内由 SFC 与 ICC 代位享有。①

综上,ICC 首先从投资者赔偿基金拨款,用于支付作为申索人的受损投资者的赔偿金。如果确实发生赔偿基金可用资金有限的情形,不排除后备资金来源,如借入款项,用于对作为申索人的受损投资者的巨额索赔。当从投资者赔偿基金拨款,用于赔偿作为申索人的受损投资者时,与其对应的支付主体是 ICC 与 SFC。

第二节　证券市场先行赔付主体的情形认定与评析

一、发行人、上市公司作为先行赔付主体的情形认定与评析

英国 2000 年《金融服务与市场法》中的直接勒令赔偿制度规定,行为人只要符合“因违反相关规定而取得利润,或者因违反相关规定导致一人或多人遭受损失或其他不利影响”等前置性的条件,就有可能成为直接勒令赔偿制度中主张的对受损投资者进行赔偿的先行赔付主体。然而,鉴于实践中采用直接勒令赔偿制度处理对受损投资者的先期执行与赔付的案例寥寥,并且与公平基金一样,都是通过借助公共证券监管机构的证券执法权力,充分彰显了证券违法行为主体可以及时补偿受损适格投资者的法律立场共性,以及与公平基金存在可以由证券监管机构直接向证券欺诈行为主体实施行政审裁程序或者代表遭到损失的投资者提起民事侵权赔偿诉讼的行为是相似的。故而,不再对直接勒令赔偿制度下的发行人、上市公司作为先行赔付主体的认定与评析进行阐述,而是主要结合公平基金参与的先行

① 参见香港 2003 年《证券及期货条例》第 87 条、第 243 条。

赔付模式与投资者保护基金参与的先行赔付模式下的发行人、上市公司作为先行赔付主体的认定进行评析。

（一）公平基金参与先行赔付模式下的认定与评析

1. 公平基金参与先行赔付模式下的发行人、上市公司作为先行赔付主体的认定

2002 年，美国颁布的《SOA 法案》，确定了可以先期执行与赔付受损适格投资者的公平基金制度。该制度与我国证券市场先行赔付制度共有的一个特征，就是建立了专门运用于弥补因重大证券违法行为而遭受损失的投资者保护专项基金。我国证券市场先行赔付制度建立在证监会的推动下而非直接参与的基础上的。美国公平基金是在 SEC 的直接参与下，由 SEC 提起设立公平基金，将对证券违法行为主体收缴的违法所得、民事罚款纳入公平基金，用来分配给遭受损失的适格投资者，发挥了将罚没款专门用于对受损的适格投资者进行先期执行与赔付的功能。

综观美国在证券领域发生的比较著名的案例，如“戴尔（Dell）虚假陈述案”“世界通讯（World Com）财务欺诈案”“安然（Enron）财务造假案”“施乐公司（Xerox Corp）财务造假案”“国际集团（AIG）虚假陈述案”，发行人或者上市公司都作为了法定责任主体被处以巨额罚款，并缴纳证券违法行为违法所得。在 SEC v. Xerox Corp. 中，施乐公司最终与 SEC 达成和解，发行人施乐公司向 SEC 支付 1000 万美元的罚款，堪称 2002 年度 SEC 向发行人收缴的最大额度罚款。[①] 几乎任何违反美国证券立法的主体都可能是成立公平基金时的资金来源主体。[②] 故而，在公平基金参与的先行赔付模式下，发行人、上市公司一旦构成证券市场欺诈行为法定责任主体，就会在很大程度上将其违法所得、民事罚款归入涉事案件成立的公平基金，成为公平基金资金来源的证券损害赔偿责任主体。公平基金参与先行赔付模式下，发行人、上市公司可以作为对受损适格投资者进行先期执行与赔付的证券市场

---

① See Jayne W. Barnard, *SEC Debarment of Officers and Directors after Sarbanes-Oxley*, Business Lawyer (ABA), Vol. 59:2, p. 391 – 419 (2004).

② See Verity Winship, *Fair Funds and the SEC's Compensation of Injured Investors*, Florida Law Review, Vol. 60:5, p. 1103 – 1144 (2008); Jayne W. Barnard, *SEC Debarment of Officers and Directors after Sarbanes-Oxley*, Business Lawyer (ABA), Vol. 59:2, p. 391 – 419 (2004).

先行赔付主体。

2. 公平基金参与先行赔付模式下的发行人、上市公司作为先行赔付主体的评析

由于各国资本市场的发展进程及其证券市场具有的特征受各国的法治、文化、经济等影响，证券监督管理机构针对证券违法行为主体行使的权力范围与其机构的性质与地位紧密相关。例如，美国 SEC 所具有的特殊地位决定了其直接向证券市场违法行为主体提起的民事赔偿诉讼更能对证券市场违法行为主体产生一定的威慑或者打击，更便于受损的适格投资者获得民事赔偿。正是由于 SEC 在证券执法过程中拥有多项执法权力，以及不断地加强对投资者合法利益的保护，从而为美国公平基金的确定奠定了基础。①

根据 2003 年至 2013 年 SEC 成立公平基金的违法案件统计，约 1/3 的公平基金资金来源为上市公司。② 除了发行人报告与披露的违法案件，受损投资者从集团诉讼和解中获得的赔偿金额高于从公平基金中获得的补偿金额之外，在内幕交易、操纵市场等领域，受损投资者从集团诉讼和解中获得的赔偿金额并没有高于从公平基金中获得的赔偿金额。③ 结合在传统的集团诉讼的投资者保护机制中，一般都把发行人或者上市公司作为法定民事赔偿主体，美国在确定公平基金制度之后，自然并没有排除将对发行人或者上市公司进行的罚没款处罚纳入公平基金的资金来源。虽然有学者质疑将发行人、上市公司列为对受损适格投资者进行先期执行与赔付的证券市场违法责任主体，可能存在责任循环，④使发行人、上市公司最终将责任承担分摊到遭受损害的股东身上，⑤但是根据对实践的调查，SEC 一般也不会

---

① 在美国 2002 年颁布《萨班斯 – 奥克斯利法案》前后，SEC 涉足公司治理的主动性大大增加，一定程度上导致了公司治理的适当变革。

② See Urska Velikonja, *Public Compensation for Private Harm: Evidence from the SEC's Fair Fund Distributions*, Stanford Law Review, Vol. 67:2, p. 331 – 395(2015).

③ Ibid.

④ See John C. Coffee Jr., *Reforming the Securities Class Action: An Essay on Deterrence and Its Implementation*, Columbia Law Review, Vol. 106:7, p. 1534 – 1586(2006).

⑤ See AdamReiser, *Compensating Defrauded Investors While Preserving the SEC's Mission of Deterrence: A Call for Congress to Counteract the Troubling Consequences of Stoneridge*, Utah Law Review, Vol. 2009:1, p. 257 – 274(2009).

设置这种“替罪羊”形式的制裁措施。① 至此，在消除发行人、上市公司对受损适格投资者进行先期执行与赔付可能发生责任循环疑问的前提下，由其作为证券市场违法责任主体，在公平基金参与先行赔付模式下，对受损适格投资者进行先期执行与赔付的证券市场先行赔付，不仅是对过错与责任相匹配原则的贯彻落实，也有助于平衡其他相关主体作为证券市场先行赔付主体时的消极心理，及时确定涉事案件设立公平基金时的资金来源。

（二）投资者保护基金参与先行赔付模式下的认定与评析

1. 投资者保护基金参与先行赔付模式下的发行人、上市公司作为先行赔付主体的认定

鉴于大多数国家设立的投资者保护基金主要是为了当作为会员的证券公司发生风险时，对遭受损失的投资者进行有限的赔偿，与上文涉及的因证券市场违法行为给处于证券发行与交易市场中的投资者造成的实际损失进行的赔偿不同。然而，从境内外的实践看，不排除相关国家或者地区扩展证券投资者保护基金适用功能的情形。② 如我国香港特区设立的投资者赔偿基金，其涵盖了各种投资者损失。

投资者赔偿基金与公平基金虽然都是以“基金”的形式，对遭受损失的投资者进行救济，但是两者适用的保护范围不一样，资金来源也不一样。公平基金的资金来源主要是对证券欺诈行为主体收缴的罚没款。当发生证券欺诈行为，需要由成立的公平基金先行对遭受损失的投资者进行赔偿时，虽然是由 SEC 制订基金分配计划，但是用于对遭受损失的投资者进行赔偿的资金主要来自证券违法行为主体。发行人、上市公司需要承担严格的责任，不排除其作为证券违法行为主体的可能。投资者赔偿基金的资金来源主要是征收的中介人的供款与投资者赔偿基金的投资收益。当发生中介人或者认可的财务公司的违责事件时，需要由投资者赔偿基金先行对遭受损失的投资者进行有限范围的赔偿。虽然是由基金管理人支付用于对受损投资者

---

① 参见郭雳：《证券执法中的公共补偿——美国公平基金制度的探析与借鉴》，载《清华法学》2018 年第 6 期。

② 参见钟新慧、张学政：《证券投资者保护基金的发展》，载《中国金融》2015 年第 5 期。

的赔偿金，但是用于对遭受损失的投资者进行赔偿的资金并非直接源自证券违法行为主体，至多是按照"责任自负"的原则，不排除违责的中介人或者认可的财务公司交付的供款。

根据目前投资者赔偿基金的适用以及基金的资金来源，由负责基金管理的ICC从投资者赔偿基金拨款，用于支付作为申索人的受损投资者的赔偿金时，只是涉及获SFC发牌或注册进行证券交易或提供证券保证金融资的中介人，并没有涉及发行人、上市公司作为证券违法行为主体的可能。故而，投资者保护基金参与的先行赔付模式下的发行人、上市公司并没有作为先行赔付主体的认定。

2. 投资者保护基金参与先行赔付模式下的发行人、上市公司作为先行赔付主体的评析

处于发达证券市场的美国，其证券公司退市事件时常发生。美国之所以设立投资者保护基金，就是为了专门用于先行偿付权益遭受损失的投资者，[①]但是不保障因证券市场波动而遭受投资损失的投资者，[②]因为SIPC没有被国会授予反对证券欺诈的权利，不能充当反欺诈的"工具"。[③] SIPC自设立至2000年12月，共预付了约3.91亿美元，赔偿的受损适格投资者约为4.4万人，赔偿资金总额约为3.8亿美元。[④] 至2001年12月，共预付了约512亿美元用以补偿约43万适格投资者。[⑤] 仅2001年，SIPC就受理了12项案件，其中包括著名的MJK Clearing破产案。[⑥] 同样，自1986年至2004年，香港特区投资者赔偿基金就22起中介人违责事件，对获投资者赔

---

① See 15 USCS § 78fff－3，78fff－4.

② 参见沈朝晖、缪因知：《SIPF对证券公司风险监控与处置的机制设计》，载《金融法苑》2010年第1期。

③ See Michael E. Don & Wang Josephine, *Stockbroker Liquidations under the Securities Investor Protection Act and Their Impact on Securities Transfers*, Cardozo Law Review, Vol. 12：2, p. 509－556（1990）.

④ 证监会：《美国投资者保护情况介绍》，载证监会2019年9月26日，http：//www. csrc. gov. cn/pub/newsite/tzzbh/tbqy/gjjl/201204/t20120419_208940. html。

⑤ 参见钟伟、须晨：《制度化保障体系——美国证券投资者保护基金及其对中国的启示》，载《国际贸易》2003年第5期。

⑥ See Henry F. Minnerop, *Clearing Arrangements*, Business Lawyer（ABA）, Vol. 58：3, p. 917－943（2003）.

偿基金赔偿的作为申索人的受损投资者的累计率就达 76%。[①] 由此可以看出，虽然美国或者香港证券市场的证券公司的退市或者违责事件常有发生，但是这并没有使美国设立的投资者保护基金或者香港设立的投资者赔偿基金处于闲置的尴尬境地。根据其资金来源与最初设立的目的，美国设立的投资者保护基金或者香港设立的投资者赔偿基金的管理与运作，在证券投资者权益保护方面得到了功能的最大发挥。

在投资者保护基金的适用得到最大发挥的基础上，才会存在投资者保护基金参与的先行赔付模式下的发行人、上市公司并没有作为先行赔付主体的认定，即如果没有扩大投资者保护基金的资金来源渠道，将证券违法行为主体上缴的罚没款纳入投资者保护基金的资金来源，那么投资者保护基金参与的先行赔付模式下的发行人、上市公司并没有作为先行赔付主体的可能。然而，相对于我国香港特区设立的投资者赔偿基金与美国 SIPC 设立的投资者保护基金专门用于对遭受损失的适格投资者进行的救济而言，不是所有国家设立的投资者保护基金的功能都得到了最大发挥，有些国家设立的投资者保护基金基本上被闲置。[②] 针对这种情形，结合我国香港特区设立的投资者赔偿基金，先行对遭受损失的投资者进行有限范围的赔偿，有学者提出投资者保护基金参与的先行赔付模式。[③] 该模式是结合证券投资者保护基金与证券市场先行赔付都具有保护投资者权益，及时弥补受损投资者损失的制度理念，以扩张其资金来源及拓展适用范围的方式，[④]将“损害赔偿”植入投资者保护基金的功能中进行制度构建的，具有可行性。[⑤]

---

① 参见王坤、王泽森：《香港证券投资者赔偿基金制度改革评析》，载《证券市场导报》2005 年第 9 期。

② 《基金资金监控》，载中国证券投资者保护基金有限责任公司 2020 年 8 月 10 日，http://www.sipf.com.cn/zjjk/tjsj/index.shtml。

③ 参见张东昌：《证券市场没收违法所得与民事赔偿责任制度的衔接》，载桂敏杰总编：《证券法苑》（第 17 卷），法律出版社 2016 年版；张东昌：《证券市场先行赔付制度的法律构造——以投资者保护基金为中心》，载《证券市场导报》2015 年第 2 期。

④ 参见段丙华：《先行赔付证券投资者的法律逻辑及其制度实现》，载《证券市场导报》2017 年第 8 期；张东昌：《证券市场先行赔付制度的法律构造——以投资者保护基金为中心》，载《证券市场导报》2015 年第 2 期。

⑤ 参见张春丽：《证券欺诈赔偿责任的理论构成与制度完善》，载《经济法研究》2018 年第 2 期。

既然有学者提倡可以将证券违法行为主体上缴的罚没款作为投资者保护基金参与的先行赔付模式下的资金来源,那么一旦发生发行人、上市公司实施的重大证券欺诈性的违法行为给投资者造成实际损失,对其进行的罚没款就可以用于因虚假陈述或者其他欺诈性的证券违法行为而遭受实际损失的适格投资者,发挥证券市场先行赔付及时赔偿适格投资者损失的功能。此时发行人、上市公司作为投资者保护基金参与先行赔付模式下的赔付主体,对受损适格投资者进行的及时赔付才会实际发挥作用。

二、证券市场中介机构作为先行赔付主体的情形认定与评析

证券市场中介机构已经成为国际上成熟证券监管体系中不可或缺的重要组成部分。[①] 美国法官威廉·汉堡(Willian Burger)曾在 U. S. v. Arthur Young & Co. ,etal. 案中指出:"作为'看门人'的会计师在任何时候都应保持与发行人之间的完全独立。"[②]言外之意,为了避免发生利益冲突,作为"看门人"的证券市场中介机构必须与发行人之间保持完全的独立。在对发行人、上市公司作为先行赔付主体的情形认定与评析之后,接下来展开对证券市场中介机构作为先行赔付主体的情形认定与评析。

(一)公平基金参与先行赔付模式下的认定与评析

1. 公平基金参与先行赔付模式下的证券市场中介机构作为先行赔付主体的认定

公平基金参与的先行赔付模式,作为一种因证券市场欺诈行为而遭受损失的投资者需要获得救济的纠纷解决方式,其资金来源于对证券违法行为主体收缴的罚没款。只要构成违反美国 1933 年《证券法》、1934 年《证券交易法》或者 1942 年 10(b) -5 规则的证券市场违法责任主体,都需要按照自身的过错返还违法所得与缴纳民事罚款。当证券市场中介机构实施或者参与了证券欺诈行为,构成证券市场违法责任主体,就需要基于自身过错将缴纳的违法所得、民事罚款纳入涉案的公平基金,用于对受损适格投资者

① See Bernard S. Black, *The Legal and Institutional Preconditions for Strong Securities Markets*, UCLA Law Review, Vol. 48:4, p. 781 -856(2001).

② See U. S. v. Arthur Young & Co. et al. ,465U. S. 805,817 -818,1984.

的赔偿。

综观美国在证券立法领域发生的比较著名的欺诈案例，如“世通（World Com）财务欺诈案”中，[①]SEC 对前世通总会计师布福德与总会计部前会计师贝蒂·文森追缴证券违法所得和处以民事罚款；“国际集团（AIG）虚假陈述案”中，[②]国际集团基金公司将支付超过 16 亿美元的和解金，以解决公司与会计事务所合谋的虚假陈述。此外，还有戴尔（Dell）虚假陈述案、[③]安然（Enron）财务造假案，[④]上述每个案中的律师事务所或者会计师事务所作为隐蔽的欺诈责任主体，设计和提供了大量的内部法律文件或者审计文件，都没有逃脱因欺诈事件而应承担的部分民事赔偿责任。[⑤] 美国成立公平基金的违法案件中，除了对发行人、上市公司进行直接处罚，几乎都会对投资银行、会计师事务所等证券市场中介机构进行直接的罚没款处罚。[⑥] 至此，立法与实践中并没有排斥证券市场中介机构实施证券欺诈行为，作为对受损适格投资者进行赔偿的先行赔付主体的认定。

2. 公平基金参与先行赔付模式下的证券市场中介机构作为先行赔付主体的评析

行为主体因实施证券欺诈行为的违法所得，最初直接源于投资者因证券违法主体实施的违法行为而遭受损失的财产，这些财产理应返还给遭受损失的投资者。[⑦] 公平基金制度的正式确定，将对证券违法行为主体收缴的违法所得、民事罚款用于对遭受损失的适格投资者的先行赔偿，对证券违法行为主体本应承担的民事责任、行政责任与刑事责任形成了良好的衔接，

---

① See SEC v. World Com, Inc. ,346 F. Supp. 2d, S. D. N. Y. ,2004.

② See SEC, SEC v. American International Group Inc. (November 25,2019), https://www.sec.gov/litigation/litreleases/lr19560.htm.

③ See GCG, The Dell SEC Fair Fund (November 19,2019), http://www.dellsecsettlement.com/.

④ See John R. Kroger, *Enron, Fraud, and Securities Reform: An Enron Prosecutor's Perspective*, University of Colorado Law Review, Vol. 76:1, p. 57 - 138(2005).

⑤ See SusanP. Koniak, *The Lawyers and Truth-Tell*, Harvard Journal of Law & Public Policy, Vol. 26:1, p. 189 - 195(2003).

⑥ See Urska Velikonja, *Public Compensation for Private Harm: Evidence from the SEC's Fair Fund Distributions*, Stanford Law Review, Vol. 67:2, p. 331 - 395(2015).

⑦ 参见陈洁：《证券民事赔偿责任优先原则的实现机制》，载《证券市场导报》2017 年第 6 期。

是对保护投资者获得证券民事赔偿和私权保障的根本落实。[①] 实践中的案例没有排除证券市场中介机构可以作为证券违法行为主体理应缴纳罚没款,当要形成对证券市场中介机构作为公平基金参与的先行赔付模式下的先行赔付主体的责任约束时,能够对其理应承担的民事责任、行政责任与刑事责任达成良好的衔接,也是一种对受损适格投资者进行救济的责任和担当。

在推行股票发行注册制的大背景下,中介机构作为证券市场中的重要参与主体,其充当的角色与职责发挥着重要的作用。最早提出中介机构作为证券市场的"看门人",担负着维持证券市场秩序使命的美国学者雷尼尔·H.克雷克曼(Reinier H. Kreakman),就认为证券市场中介机构担负着在证券交易中阻止不法行为的职责。[②] 例如,作为保荐人的证券公司,通过发挥专业优势对发行人的招股说明书、募债说明书以及上市保荐书或者其他应该在证券发行阶段或者交易阶段依法应该被披露的报告等文件,核查、验证是否具有真实性、合法性、完整性、及时性。此举不仅对发行人是否能够顺利上市起着关键性的作用,而且对于投资者而言,也期望发行人选择与声誉较高的保荐机构进行合作,毕竟良好的声誉传递的是一种"信号"。[③] 然而,在股票发行注册制的大背景下,并不需要证券监督管理机构对发行人披露的信息必须进行实质性的审查,[④]而是由证券中介机构作为信息披露的实际把关主体,[⑤]这暗示着股票发行与上市的过程相对以往的实践来讲不太复杂。[⑥] 如此,发行人将认为聘任证券中介机构或许是股票发行与上

---

① 参见张东昌:《证券市场没收违法所得与民事赔偿责任制度的衔接》,载桂敏杰总编:《证券法苑》(第17卷),法律出版社2016年版;甘培忠、孔令君:《论IPO注册制改革背景下中介机构作用之强化》,载《法律适用》2015年第8期。

② See Reinier H. Kreakman, *Gatekeepers: The Anatomy of a Third-Party Enforcement Strategy*, Journal of Law, Econo-mics & Organization, Vol. 2:1, p. 53 – 104(1986).

③ See Craig G. Dunbar, *Factors Affecting Investment Bank Initial Public Offering Market Share*, Journal of Financial Economics, Vol. 55:1, p. 3 – 41(2000).

④ 参见刘志云、史欣媛:《论证券市场中介机构"看门人"角色的理性归位》,载《现代法学》2017年第4期。

⑤ 参见陈洁:《科创板注册制的实施机制与风险防范》,载《法学》2019年第1期。

⑥ See Kenneth A. Froot& Obstfeld Maurise, *Intrinsic Bubbles: The Case of Stock Prices*, The American Economic Review, Vol. 81:5, p. 1189 – 1214(1991).

市过程中的一种额外负担，会倾向性地选择一些小型中介机构。[①] 而有些具有保荐资格的证券公司为了生存与发展，为了能够成为一家发行公司的保荐人，将会不经过严格的核查、验证，不注重披露信息的真实性、合法性、完整性、及时性或者联合发行人作出虚假记载、误导性陈述或者重大遗漏的信息，[②]成为不符合法定发行上市标准的发行人“帮凶”。

市场化的证券发行体制离不开经营承销业务证券公司的配合。在证券发行阶段，发行人面对不特定的投资者，不会与众多的投资者商定证券发行价格。具有承销资格的证券公司作为专门的证券经营实体机构，发现证券价格、准确定价是其开展承销业务的核心职责。鉴于具有承销资格的证券公司比发行人更为了解对证券的投资价值定位以及投资对象的确定，故而，具有承销资格的证券公司在帮助发行人制作证券发行方案时，能够快速确定证券发行价格，使发行人的证券能够被证券市场投资者接受，作出投资决策。对发行人应该披露的信息进行核查、验证是从事承销业务证券公司的法定义务。从事承销业务的证券公司只有对发行人应该披露的信息核查、验证之后，认为不存在虚假记载、误导性陈述或者重大遗漏等情形，才可以做出对发行人证券的定价。投资者也正是依据对承销的证券公司的信任，而作出投资决策。然而，与保荐人的规模差异一样，经营承销业务的证券公司也有大有小。规模相对小的证券公司也有为了自身利益发展，而选择背叛投资者，与发行人合谋进行证券违法行为的可能。[③] 无疑，从事保荐或者承销业务的证券公司作为信息披露的核查、验证第一责任主体，将很难提供因发行人的重大证券违法行为给投资者造成实际损失没有主观过错的证据证明，将承担对遭受损失的投资者的赔偿责任。

堪萨斯州最高法院曾在“Brown v. Keill 案”中强调，不应让本来承担

---

① 参见[美]本杰明·格雷厄姆、戴维·多德：《证券分析》，巴曙松、陈剑等译，中国人民大学出版社2013年版，第52页。

② 参见刘志云、龙稳全：《论完善投资银行勤勉义务规制的路径选择》，载《南京大学学报(哲学·人文科学·社会科学)》2018年第6期。

③ 声誉是中介机构提供服务的卖点，证券市场上的中介机构并不是都享有足够高或者等价的声誉。声誉不够高的中介机构不会令投资者完全信服，此时发行人不愿意为中介机构支付更高的“声誉”溢价，声誉约束机制有其局限性。参见耿利航：《中国证券市场中介机构的作用与约束机制》，法律出版社2011年版，第42页。

百分之十责任的被告承担百分之百的责任。[①] 在资本市场领域，除了从事保荐或者承销业务的证券公司之外，证券市场中介机构主要还包括从事其他证券业务的证券公司、会计师事务所、律师事务所、资产评估等机构。这些机构是否在发行人、上市公司的证券欺诈行为中存在过错，是决定其是否承担责任的关键。这些主体如果做出了虚假的财务报告、法律意见书或者资产评估误导了市场价格，而使投资者因信赖价格而遭受损失时，均要对遭受损失的投资者承担赔偿责任。[②] 如从境外的实践来看，承担民事责任的主体一般是会计师事务所，而非会计师本人。[③] 结合公平基金制度在立法与实践中对先行赔付主体范围的界定，证券市场中介机构只要符合从事的非法活动采用的欺骗性手段给投资者造成实际损失的前置性的条件，就可以成为公平基金制度中主张的对受损投资者进行赔偿的先行赔付主体。更为重要的是，在公平基金参与的先行赔付模式下，由证券市场中介机构作为先行赔付主体，不仅可以时刻提醒自己以保护投资者合法利益为其理性思维，警惕为了迎合发行人而成为侵害投资者合法权益的"帮凶"，而且也促使其理性回归作为证券市场"看门人"的角色与职责，维持良好的证券市场秩序。

(二)投资者保护基金参与先行赔付模式下的认定与评析

1. 投资者保护基金参与先行赔付模式下的证券市场中介机构作为先行赔付主体的认定

从境内外的实践看，虽然大多数国家设立的投资者保护基金主要是为了当作为会员的证券公司发生风险时，对遭受损失的投资者进行有限范围的赔偿，但是不排除相关国家或地区扩展证券投资者保护基金适用功能的情形。[④] 如我国香港特区设立的投资者赔偿基金，其涵盖的保护范围包括了各种投资者损失。

---

① See Pressler Larry & Kevin v. Schieffer, *Joint and Several Liability: A Case for Reform*, Denver University Law Review, Vol. 64:4, p. 651 – 684(1988).

② See Robert A. Prentice, *Scheme Liability: Does it have a Future After Stoneridge*, Wisconsin Law Review, Vol. 2009:2, p. 351 – 420(2009).

③ 参见刘燕:《会计师民事责任研究:公众利益与职业利益的平衡》,北京大学出版社 2004 年版,第 80 页。

④ 参见钟新慧、张学政:《证券投资者保护基金的发展》,载《中国金融》2015 年第 5 期。

投资者赔偿基金的资金来源中,有获 SFC 发牌或注册进行证券交易或提供证券保证金或融资的中介人交付的供款。① 结合对投资者保护基金参与的先行赔付模式下的发行人、上市公司并没有作为先行赔付主体的认定进行的推理,当该类中介人因违责而导致投资者遭受损失,需要投资者赔偿基金对作为申索人的受损投资者进行赔偿时,对证券市场中介机构可否被认定为投资者保护基金参与的先行赔付模式下的先行赔付主体需要从以下两个方面考量:其一,违责中介人已经交付一定的金额纳入投资者赔偿基金。换言之,此举只是构成投资者赔偿基金的一部分,与投资者赔偿基金虽然存在直接联系,但是鉴于投资者赔偿基金仍有其他资金来源,所以此供款并不是需要向受损适格投资者进行先行赔付的资金总量。其二,投资者赔偿基金的资金也不可能只源于违责中介人缴纳的会费或者其他供款。虽然 SFC 与 ICC 在使用投资者赔偿基金赔偿作为申索人的受损投资者的赔偿金后,在赔偿范围内仍旧享有对该类违责中介主体的代位求偿权,但是正因为遭受损失的适格投资者并不总是从违责的中介主体处获得最终救济,所以该类违责的中介主体并非绝对属于证券市场先行赔付的主体。

2. 投资者保护基金参与先行赔付模式下的证券市场中介机构作为先行赔付主体的评析

如果没有扩大投资者保护基金的资金来源,将对证券违法行为主体追缴的罚没款纳入投资者保护基金的资金来源,那么投资者保护基金参与的先行赔付模式下的证券市场中介机构并没有绝对的作为先行赔付主体的可能。然而,结合在上文中提倡的以扩张其资金来源及拓展适用范围构建证券投资者保护基金参与的先行赔付模式,证券市场中介机构作为先行赔付主体的认定又另当别论。

公平基金参与的先行赔付模式,建立在 SEC 证券执法权力扩张的基础之上。然而,各个国家因受经济、政治、文化等多元因素的影响,证券监督管理机构在证券执法方面的权力并不如 SEC 享有的证券执法权力,而且也并不如美国或者我国香港特区把投资者保护基金适用于遭受损失的投资者那

① 参见香港 2003 年《证券及期货条例》第Ⅲ部第 1 部分第 18 条。

样充分,仍然存在一些国家设立的投资者保护基金被闲置,没有发挥其专门用于弥补投资者损失的功能。此时,在不具备建立公平基金参与的先行赔付模式的条件下,通过以扩张投资者保护基金的资金来源与拓展适用范围构建证券投资者保护基金参与的先行赔付模式,不失为一种解决受损投资者证券民事赔偿纠纷的创新思考。

在投资者保护基金参与的先行赔付模式下,如果不具备建立公平基金参与的先行赔付模式的条件,可以考虑将证券违法行为主体缴纳的罚没款纳入投资者保护基金的资金来源。当发生证券违法行为主体因违责而投资者遭受损失,需要负责管理与运营投资者保护基金的机构从投资者保护基金拨款,用于支付作为申索人的受损投资者的赔偿金时,正好符合了行为主体因实施证券违法行为而获得的违法所得,最初直接源于投资者因上述证券违法主体实施的违法行为而遭受损失的财产,这些财产理应返还给遭受损失的投资者的逻辑推理。① 此时,证券市场中介机构作为投资者保护基金参与先行赔付模式下的先行赔付主体,对受损适格投资者进行的及时赔付,不仅落实了保护投资者合法权益的目的,而且也使设立的基金发挥了其实际效用。

三、控股股东、实际控制人及其他人员作为先行赔付主体的情形认定与评析

公司管理人员不仅对公司负有管理与监督的责任,对其公司内的一般从业人员也负有管理与监督的责任。当公司或者公司内的一般从业人员实施证券欺诈行为,给适格投资者造成实际损失时,为了防止公司管理人没有尽到相关的注意义务,公司管理人承担着保证公司对外信息披露质量的“基本”和“首要”的责任。② 一些国家和地区的立法对此进行了规定,如美国 1934 年《证券交易法》第 20 条(a)款、我国香港特区《证券及期货条例》

① 参见陈洁:《证券民事赔偿责任优先原则的实现机制》,载《证券市场导报》2017 年第 6 期。

② See Loss, Louis & Seligman, Joel, *Fundamentals of Securities Regulation* (4), Aspen Publishers, 2000, p. 1154 – 1156.

第193条等。[①] 公司的控股股东、实际控制人及其他人员,如公司董事,并不是同一概念,也不是一直保持上述身份的重合。在证券市场中,发行人、上市公司、证券市场中介机构作为法人或者其他组织,其实施的证券市场违法行为终究是由具体个人或者专业团队来完成的,发行人、上市公司具有实际影响力关系的控股股东、实际控制人及其他人员,如公司董事,势必避免不了需要参与到证券民事赔偿纠纷的事件中,作为是否需要向受损适格投资者承担证券民事赔偿的主体对其进行认定。

(一)公平基金参与先行赔付模式下的认定与评析

1. 公平基金参与先行赔付模式下的控股股东、实际控制人及其他人员作为先行赔付主体的认定

根据"Jone v. H. F. Ahmanson & Co. 案"中确立的,控股股东、实际控制人不能以其权力通过控制公司而独自成为受益者或者损害公司少数股东利益,以及"Weinberger v. UOP 案"中,再次强调控股股东、实际控制人不能以其权力通过控制公司而独自成为受益者,必须使全体股东成为受益者。[②] 由此可以看出,控股股东、实际控制人必须以公司与股东获最佳利益为目标行事。然而,鉴于控股股东、实际控制人追求自身利益的本能,发行人、上市公司实施重大证券违法行为导致投资者遭受实际损失的情形,一般都置于其实际控制人或者控股股东的操纵之下。出于"有损害必有救济"的基本理念,不允许立法者和法律执行者置受害投资者的实际损失于不顾。[③] 此时,控股股东、实际控制人需要向受损投资者承担责任范围内的证券民事赔偿。

根据实践调查,在设立公平基金的欺诈发行、虚假陈述、内幕交易案中,

---

① 美国1934年《证券交易法》第20条(a)款规定:"直接或间接控制本法制定的任何规则或条例项下之责任人的每一个人,除非其善意行事且未直接或间接诱致构成违法的行为或构成违法行为的原因,否则也应与该受控制的责任人一起享受控制责任人的责任对方承担相同程度的连带责任";我国香港特区《证券及期货条例》第193条规定:"身份行事是在另一人的同意或纵容下发生,或是可归因于该另一人的怠忽的,则该行为亦视为该另一人的失当行为。"

② See Michael T. Stewart, Weinberger v. UOP, Inc.: Fairness Renewed in Delaware, Journal of Law and Commerce, Vol. 4:1, p. 169 - 190(1984).

③ 参见白慧林:《控股股东间接侵权行为对少数股东的损害赔偿》,载《前沿》2009年第7期。

几乎 1/3 的公平基金的资金来源于上市公司。[①] 当上市公司为了与 SEC 达成和解，缴付的罚款在满足对受损适格投资者的补偿金额时，即涉案成立的公平基金主要是由上市公司支付时，控股股东、实际控制人及其他人员并没有作为公平基金参与先行赔付模式，不是对受损适格投资者进行先期执行与赔付的证券市场先行赔付主体。然而，2/3 的公平基金的资金并非源自上市公司，结合前文对公平基金制度在立法与实践中对先行赔付主体范围的界定，并不排斥控股股东、实际控制人作为证券欺诈行为主体。

公平基金最早源于内幕交易领域，后逐渐扩张到操纵市场、虚假陈述等证券欺诈领域。虽然成立公平基金的证券欺诈行为案件，不排除在虚假陈述领域主要由发行人、上市公司作为法定责任主体，但是在内幕交易、操纵市场等证券欺诈领域，SEC 成立公平基金的违法案件的法定责任主体一般是个人，而非公司。[②] 虽然公司的控股股东、实际控制人不只限于自然人，法人或者其他组织也可以成为公司的控股股东、实际控制人，但是其他人员主要限定在自然人的范围内。如果作为自然人的公平基金参与先行赔付模式下的其他人员，构成内幕交易、操纵市场等证券欺诈领域的法定责任主体，那么就要将需要缴付给 SEC 的罚没款最终纳入涉案成立的公平基金。

美国证券立法中对实施证券欺诈行为的主体给投资者造成实际损失时，没有严格限制违法行为主体范围。只要符合限制条件的主体，都可以成为证券违法行为主体。在此基础上，结合美国重新确立的违法行为主体以承担按份责任为主，连带责任为辅的归责类型，以及公平基金的资金来源主要是对证券违法行为主体的罚没款，只要作为发行人、上市公司中重要的参与主体，即控股股东、实际控制人及其他人员的行为符合了上述构成违法行为主体的要件，其应当可以作为公平基金参与先行赔付模式下，对受损适格投资者进行先期执行与赔付的证券市场先行赔付主体。

---

① See Urska Velikonja, *Public Compensation for Private Harm: Evidence from the SEC's Fair Fund Distributions*, Stanford Law Review, Vol. 67:2, p. 331 – 395(2015).

② Ibid.

2. 公平基金参与先行赔付模式下的控股股东、实际控制人及其他人员作为先行赔付主体的评析

公平和正义一直是法律追求的终极目标。美国在考虑承担连带责任的主体是否向按份责任转变时,曾有学者指出,如果给投资者造成投资损失的不止一个违法行为主体,而只要求其中一个违法行为主体承担全部的民事赔偿责任,那么没有人足以证明该赔偿行为存在的公平和正义。① 从证券违法行为领域,私人执行的一项实证研究表明,由相关主体承担连带责任造成滥诉的消极影响,成为律师寻求和解的策略,遭受损失的投资者实际获得其在法律上可获得补偿的14%。② 鉴于此,美国重新确立了违法行为主体以承担按份责任为主、连带责任为辅的责任规则。

控股股东、实际控制人在公司中的角色,决定着控股股东、实际控制人与其他大股东控制着公司的一切重大事项。按照美国重新确立的违法行为主体以承担按份责任为主、连带责任为辅的责任规则,当发行人、上市公司因证券欺诈行为给投资者造成损失,作为在发行人、上市公司有重要地位的控股股东、实际控制人很难证明自己没有过错。不管发行人、上市公司或者证券公司中介机构需要如何向遭受损失的投资者承担民事责任,控股股东、实际控制人都需要向受损投资者承担自身过错范围内的民事责任。同时,结合公平基金在立法与实践中对先行赔付主体范围的界定,控股股东、实际控制人如果有意实施与证券相关的欺诈行为;或者通过虚伪、欺诈性的伪装、陈述或承诺,取得任何金钱或财产并与任何证券的买卖相关,均应受到SEC处以的罚款。

被告的行为距离欺诈“越近”,其承担赔偿义务就距离欺诈“越远”,其承担巨额的赔偿责任就越无效率和越不公平。③ 发行人、上市公司内部的

---

① See Jordan H. Leibman & Anne S. Kelly, *Accountants' Liability to Third Parties for Negligent Misrepresentation*: *The Search for a New Limiting Principle*, American Business Law Journal, Vol. 30:3, p. 347 – 439(1992).

② See United States Congress: Private Litigation under the Federal Securities Laws: Hearings Before the Subcommittee on Securities of the Committee on Banking, Housing, and Urban ... First Session. 转引自龙稳全:《投资银行勤勉义务研究》,法律出版社2019年版,第265页。

③ See Donald C. Langevoort, *Reading Stoneridge Carefully*: *A Duty-Based Approach to Reliance and Third-Party Liability under Rule 10B – 5*, University of Pennsylvania Law Review, Vol. 158:7, p. 2125 – 2171(2010).

其他人员，虽然通常不像控股股东、实际控制人利用其权力通过控制公司的手段，损害投资者的合法权益，但是可以对发行人、上市公司实施的证券违法行为起到推波助澜的作用。当不能提供其参与发行人、上市公司因证券违法行为给投资者造成损失的免责事由时，同控股股东、实际控制人需要向受损投资者承担自身过错范围内的民事责任，与所受 SEC 处罚的归责推理一样，也应承担一定程度的民事责任并受到 SEC 的处罚。故而，只有控股股东、实际控制人及其他人员没有被排除在可以作为公平基金参与先行赔付模式下的先行赔付主体范围时，才可彰显对受损适格投资者进行先期执行与赔付行为存在的公平和正义。

（二）投资者保护基金参与先行赔付模式下的认定与评析

1. 投资者保护基金参与先行赔付模式下的控股股东、实际控制人及其他人员作为先行赔付主体的认定

此处，可结合投资者保护基金参与先行赔付模式下的发行人、上市公司作为先行赔付主体的认定的推理模式进行思考。根据投资者赔偿基金的适用以及基金的资金来源，由负责基金管理的 ICC 从投资者赔偿基金拨款，用于支付作为申索人的受损投资者的赔偿金时，只是涉及获 SFC 发牌或注册进行证券交易或提供证券保证金或者融资的中介人作为参与主体，并没有涉及控股股东、实际控制人及其他人员作为证券违法行为主体的可能。故而，投资者保护基金参与的先行赔付模式下的控股股东、实际控制人及其他人员并没有作为先行赔付主体的认定。

2. 投资者保护基金参与先行赔付模式下的控股股东、实际控制人及其他人员作为先行赔付主体的评析

如果没有扩大投资者保护基金的资金来源渠道，将对证券违法行为主体追缴的罚没款纳入投资者保护基金的资金来源，那么投资者保护基金参与的先行赔付模式下的控股股东、实际控制人及其他人员并没有作为先行赔付主体的可能。然而，结合在不具备建立公平基金参与的先行赔付模式的条件下，通过以扩张投资者保护基金的资金来源与拓展适用范围构建证券投资者保护基金参与的先行赔付模式，不失为一种解决受损投资者证券民事赔偿纠纷的创新思考。

同理，按照上述投资者保护基金参与的先行赔付模式，证券违法主体实

施的违法行为而获得的违法所得,理应返还给遭受损失的投资者的逻辑推理。此时,投资者保护基金不仅落实了保护投资者合法权益的目的,而且也使设立的基金发挥了其实际效用。公司重要内部人的控股股东、实际控制人及其他人员作为投资者保护基金参与先行赔付模式下的先行赔付主体,对受损适格投资者进行的及时赔付才会实际发挥作用。

第三节 我国证券市场先行赔付主体范围界定存在的问题及其立法完善

在2019年《证券法》颁布之前,我国证券市场先行赔付是结合本国证券市场发展状况的实践经验,摸索出来的创新范例,这一处理证券民事赔偿纠纷的模式并没有上升到法律层面。直到2019年《证券法》颁布,才最终确定了我国证券市场先行赔付制度,从法律层面将其作为及时解决投资者证券民事赔偿纠纷的主要方式之一。我国证券市场先行赔付制度在被法律确认之前,作为一种解决证券民事赔偿纠纷的模式,处理的成功案例本就不多。截至2021年,只有上述“万福生科”、“海联讯”及“欣泰电气”等三起欺诈发行或者虚假陈述先行赔付案件。证券市场先行赔付制度被法律确认之后,尚不存在利用先行赔付制度解决证券民事赔偿纠纷的案件。故而,结合立法与实践中对先行赔付主体范围的界定分别展开进一步的讨论。

一、我国证券市场先行赔付主体范围在立法与实践中的界定

我国2019年《证券法》对证券市场先行赔付制度的法律规定虽然并没有严格要求必须是证券市场违法行为责任主体才能充当先行赔付主体,也没有明文规定先行赔付主体对受损适格投资者进行先行赔付必须以自身存在过错为前提,但是从我国发生的证券市场先行赔付的案件来看,以证券市场违法行为连带责任主体充当先行赔付主体比较现实。

(一)立法对先行赔付主体范围的界定

在股票发行注册制改革背景下,为了强化保荐机构“荐而不保”的民事赔偿责任承担,证监会2015年公布了《格式准则1号》以“先行赔偿”的描述性规定,

对保荐人在招股说明书扉页上作出了先行赔付承诺的要求。① 否则,发行人将因招股说明书中没有载明此项必载事项,面临无法顺利上市的风险。②

2015 年提交全国人大常委会"一审稿"的《证券法(修订草案)》关于先行赔付主体范围的文本规定,除了发行人的控股股东、实际控制人、相关的证券公司以及证券服务机构外,投资者保护机构也被列入其中。2017 年提交全国人大常委会"二审稿"的《证券法(修订草案)》以及 2019 年提交全国人大常委会"三审稿"的《证券法(修订草案)》关于先行赔付主体范围的文本规定,只将发行人的控股股东、实际控制人、相关的证券公司以及证券服务机构列入其中,投资者保护机构被排除在先行赔付主体范围之外。至此,《证券法》修订把发行人的控股股东、实际控制人、相关的证券公司以及证券服务机构列为可以作为先行赔付的主体已是大势所趋。然而,我国 2019 年《证券法》第 93 条在正式确定了证券市场先行赔付制度的同时,将证券服务机构排除在先行赔付主体范围之外,发行人的控股股东、实际控制人、相关的证券公司在法律层面被明确规定为可以作为先行赔付的主体。③ 由此可以看出,先行赔付主体范围的确定是 2019 年《证券法》修订过程中极受关注并具有争议的主要问题之一。

(二)实践对先行赔付主体范围的界定

1. 相关的证券公司作为先行赔付主体的认定及评析

(1)相关的证券公司作为先行赔付主体的认定

从我国发生的三起先行赔付案件来看,在"万福生科先行赔付案"中,平安证券作为万福生科公司首次公开发行并在创业板上市的保荐人,以自有资金出资 3 亿元人民币设立"投资者专项基金",用于先行赔偿因万福生科虚假陈述而遭受损失的适格投资者。④ 在"欣泰电气先行赔付案"中,兴业证券作为欣泰电气公司首次公开发行并在创业板上市的保荐人,以自有

---

① 参见《公开发行证券的公司信息披露内容与格式准则第 1 号——招股说明书(2015 年修订)》第 137 条。

② 参见郭艳芳:《证券市场先行赔付主体的法律界定》,载《法治论坛》2020 年第 4 期。

③ 参见郭艳芳:《探析证券市场先行赔付主体的确定——以新〈证券法〉第 93 条为切入点》,载岳彩申、盛学军主编:《经济法论坛》(第 24 卷),法律出版社 2020 年版。

④ 《关于设立万福生科事件投资者补偿基金公告的问答》,载平安证券 2019 年 12 月 6 日,http://finance.sina.com.cn/stock/y/20130510/165215422771.shtml。

资金出资5.5亿元人民币设立“投资者专项基金”,用于先行赔付因欣泰电气欺诈发行而遭受损失的适格投资者。[①] 一言以蔽之,上述两起先行赔付案件,都是由作为保荐人的证券公司作为先行赔付主体。

(2)相关的证券公司作为先行赔付主体的评析

其一,科创板注册制背景下的证券中介机构功能更为突出。证券发行审核制下,并不是只要经过保荐人的推荐,发行人就能顺利上市。由于证券中介机构受监管与风险管控的影响,其作为证券市场“看门人”的实际作用并没有充分发挥。虽然2019年《证券法》规定了股票发行注册制改革,但是按照相关法律规定,这种注册制并非全面地在证券市场上同时推进,而是经过合理安排在证券市场上分步骤地进行。对于已经实施的科创板注册制就是改变政府与市场角色错位的措施之一,科创板的设立是金融供给侧结构性改革的重要内容。[②]

信息公开披露虽然有助于执法,有助于防止“自我交易的决定”,[③]但是只有投资者能够理解被披露的信息,且相信披露的信息与作出的投资决策之间具有实质的关联性时,披露才可能起作用。[④] 高质量的信息披露是我国证券市场服务经济发展的重要基础。在科创板注册制改革之前,一般证券市场违法行为的暴发,才可能引发对信息披露制度的改革,这种信息披露改革思路并没有抑制证券中介机构违法现象。2019年,我国科创板试点注册制,[⑤]科创板的注册制改革,就是以信息披露为中心,以证券中介机构为信息披露的把关主体,为证券中介机构的归位尽责提供了背景。[⑥] 股票发

---

① 《欣泰电气欺诈发行先行赔付专项基金专栏》(简称《欣泰电气赔付基金专栏》),载中国证券投资者保护基金有限责任公司2019年12月6日,http://www.sipf.com.cn/investor/index.html。

② 参见尹中立:《理性包容看待科创板落地》,载《证券市场导报》2019年第8期。

③ See Kraakman Reinier, *Disclosure and Corporate Governance: An Overview Essay*, Reforming Company and Takeover Law in Europe, Vol. 96:2, p. 3(2004).

④ 参见[美]史蒂芬·布雷耶:《规制及其改革》,李洪雷等译,北京大学出版社2008年版,第241页。

⑤ 证监会2019年发布的《关于在上海证券交易所设立科创板并试点注册制的实施意见》,其中强调设立科创板并且试点注册制。

⑥ 参见张阳:《科创板运行的治理走向:观念纠偏与制度调适》,载《现代经济探讨》2019年第8期。

行注册制改革背景下,证券市场需要按照市场化的规律运行进行信息披露。信息披露作为证券发行、交易的核心环节,离不开证券中介机构的参与,此时证券中介机构发挥的作用主要是作为"股票发行前台",[①]真正发挥证券市场"看门人"的作用。既然证券中介机构作为证券发行阶段的主要参与主体之一,就要对其从事的专业事项承担责任。从证券中介机构所承担的法律责任实践来看,主要体现在证监会对其进行的行政处罚以及其对受损适格投资者承担的民事赔偿责任。从两种法律责任的承担来看,证券中介机构因从事或者参与证券市场违法行为受到证监会的行政处罚的现象屡见不鲜,但是鲜有主动对受损投资者承担民事赔偿的情形。从证券中介机构在注册制背景下,作为信息披露的主要把关实体发挥的重要作用,应落实其以主要参与者角色承担的民事赔偿责任。

其二,保荐机构先行赔付制度打破了实践中的民事责任主体单一化局面。相对美国司法实践中承担虚假陈述民事责任的法定责任主体的多元化现象,我国司法实践中充当虚假陈述民事责任的法定责任主体单一,[②]基本上涉及的虚假陈述证券民事赔偿责任,一般都是由发行人、上市公司承担。不可否认,发行人、上市公司需要对虚假陈述承担无过错的民事赔偿责任。也不能否认,从事保荐、承销业务的证券公司与其他证券服务机构作为证券市场的其他参与主体,因在发行人、上市公司实施的虚假陈述中从事的证券违法行为,按照2019年《证券法》的相关规定需要与发行人、上市公司承担连带的民事赔偿责任。同时,如果更多强调仅仅由发行人、上市公司承担民事赔偿责任,并没有绝对地发挥实际赔偿的功能,而存在投资者的财富从一个口袋转向另一个口袋的可能。[③] 因此由其他证券市场参与主体承担民事赔偿责任,就可以避免类似财富转移的可能。这样不仅可以对其他证券市场参与主体形成威慑,而且也充分凸显了其应担负的民事赔偿责任。

---

① 参见吕红兵、朱奕奕:《证券市场参与者的监管职责审视与重构——以上海科创板注册制试点为背景》,载《北京行政学院学报》2019年第2期。

② 参见杨城:《论我国虚假陈述民事责任主体的困境与创新》,载《证券市场导报》2017年第7期。

③ See Alexander Janet Cooper, *Rethinking Damages in Securities Class Action*, Stanford Law Review, Vol. 48:6, p. 1487 – 1538 (1996).

在2019年《证券法》对证券发行全面推进实施注册制的背景下，证券市场的各方主体，如发行人、中介机构、证券监督管理机构等都会发生角色的嬗变。[①] 证监会作为证券监督管理部门将在一定程度上收缩对IPO信息披露的实质审核权力。随着证券监管对市场的倚重，证券市场中介机构将作为证券市场重要的参与主体发挥其"看门人"作用。随着2019年《证券法》明确把"相关的证券公司"列为可以进行先行赔付的主体，立法者的用意也凸显出来，即逐渐推进由参与发行人申请公开发行股票的证券公司中介机构承担对适格投资者的证券民事赔偿责任。[②]

2. 控股股东作为先行赔付主体的认定及评析

(1)控股股东作为先行赔付主体的认定

结合"海联讯虚假陈述案"，海联讯因在IPO中存在信息披露的虚假陈述，虚构应收账款及其营业收入，被注册会计师出具非标审计意见，[③]后被证监会立案调查。经过证监会的立案调查及审理，实际控制人章某与其他股东杨某广、邢某飚属于对海联讯在IPO中存在的欺诈发行、虚假陈述等证券违法行为负有直接责任的主管人员，股东孔某属于对海联讯在IPO中存在的欺诈发行、虚假陈述等证券违法行为的其他直接责任人员。实际控制人章某与其他股东杨某广、邢某飚属于对海联讯上市后继续进行的虚假陈述等证券违法行为负有直接责任的主管人员，股东孔某属于对海联讯上市后继续进行的虚假陈述等证券违法行为的其他直接责任人员。上述主体参与了海联讯在证券发行阶段以及证券交易阶段做出的欺诈发行、虚假陈述等证券违法行为，并对公司海联讯做出证券违法行为的决定具有足够的影响力。

自2013年3月海联讯被证监会立案调查，到2014年7月20日，上述四大股东仍旧持有海联讯约8680万股，按照当时的股价计算，市值约10

---

① 参见甘培忠、孔令君：《论IPO注册制改革背景下中介机构作用之强化》，载《法律适用》2015年第8期。

② 参见郭艳芳：《探析证券市场先行赔付主体的确定——以新〈证券法〉第93条为切入点》，载岳彩申、盛学军主编：《经济法论坛》(第24卷)，法律出版社2020年版。

③ 参见亚太(集团)会计师事务所(特殊普通合伙)：《关于对深圳海联讯科技股份有限公司2013年度财务报表发表非标准无保留意见的专项说明》，载https://pdf.dfcfw.com/pdf/H2_AN201404290005601577_1.pdf。

亿元。[①] 就2014年7月18日章某、杨某广、邢某飚、孔某等四大股东用自有资金设立2亿元的"投资者专项基金"专门用于因海联讯虚假陈述而遭受损失的适格投资者来说,四大股东具有充足的赔付能力。在本来就具备赔付能力的情况下,由海联讯的控股股东对受损适格投资者进行先行赔付,承担证券民事赔偿连带责任,正好落实了《国务院办公厅关于进一步加强资本市场中小投资者合法权益保护工作的意见》(以下简称《加强中小投资者保护的意见》)中关于对上市公司发生的证券违法行为负有责任的控股股东应当主动将其持有的公司资产用于对受损中小投资者的赔偿的规定。

(2)控股股东作为先行赔付主体的评析

有学者指出:"拥有财产权的人有权行使他们的权利,无论他们的动机为何,皆不可令其履行额外义务。"[②]根据我国《公司法》对控股股东的规定,[③]控股股东对公司的重大决议有足够的影响力,其参与了发行人关于证券发行或者证券交易的决策或者执行的全部过程。然而,控制股东侵犯中小股东利益的事例不断涌现,国外一些国家尝试对控制股东施加信义义务,以阻却其滥用控制地位的行为。[④] 我国在2019年《证券法》之前,发行人的控股股东承担的是过错责任,需要受损的投资者就发行人的控股股东的证券违法行为提供举证材料,证明发行人的控股股东就证券违法行为存在主观过错。这样势必会造成司法实践中,受损投资者因举证难,[⑤]一般多以发行人为被告提起证券民事赔偿诉讼,而鲜有以对发行人具有实际操控力的控股股东为被告提起证券民事赔偿诉讼的情形。

由此,不能以发行人相对其控股股东更能对受损的投资者进行赔偿,或者受损投资者难以对发行人的控股股东存在的证券违法行为进行举证,而

---

① 参见杨佼:《海联讯大股东兜底虚假陈述 先行出资2亿赔偿》,载新浪网2014年7月21日,http://finance.sina.com.cn/stock/s/20140721/015219764650.shtml。

② Zipora Cohen, *Fiduciary Duties of Controlling Shareholders: A Comparative View*, University of Pennsylvania Journal of International Business Law, Vol. 12:3, p. 379 – 410(1991).

③ 参见《公司法》第216条。

④ 参见甘培忠:《公司控制权的正当行使》,法律出版社2006年版,第35页;范世乾:《控制股东滥用控制权行为的法律规制》,法律出版社2010年版,第2页。

⑤ 过错责任范式对举证责任的分配是造成受害人难以获得救济的重要原因,过错原则在司法的运行中存在举证非常困难的缺陷。参见黄本莲:《事故损害分担研究:侵权法的危机与未来》,法律出版社2014年版,第51页。

免除或者减轻控股股东的民事赔偿责任。阿道夫·伯尔(Adolph A. Berle)认为:“在任何时候一个公司或者其管理层都只能为了所有股东的利益而行使。”①按照过错与责任匹配的原则,每一个有过错的主体都应当承担相对应的民事赔偿责任。随着2019年《证券法》的实施,发行人的控股股东需要承担过错推定的连带责任,也就是当发行人的控股股东不能证明自己没有过错的情形下,需要与发行人承担连带的民事赔偿责任。这样在减轻受损投资者举证责任的同时,发行人的控股股东因在证券发行中与发行人特殊的关系,很难证明对发行人实施的重大证券违法行为没有过错,这就意味着其与发行人承担证券民事赔偿连带责任的可能性会更大。②

同时,证监会发布的有关规范性文件,强调对实施欺诈发行或者虚假陈述等证券违法行为的控股股东向受损适格投资者进行民事赔偿的激励性规定,③或者对实施欺诈发行或者虚假陈述等证券违法行为主体给投资者造成损失将受到严重惩罚的后果的规定,④以及实践中已然发生的欣泰电气因欺诈发行被证监会强制退市的范例都彰显了证监会在上市公司退市以及投资者保护方面的执法力度。这样势必会促使发行人的控股股东在具备一定资金规模的基础上,为了避免公司被强制退市,引发自身更大的利益受损,最大可能地承担对受损适格投资者的赔偿,从而控股股东承担民事赔偿责任的现象将会增多。⑤

3.实际控制人作为先行赔付主体的认定及评析

(1)实际控制人作为先行赔付主体的认定

从上文对在“海联讯先行赔付案”中,承担着对受损适格投资者先予执行与赔付功能的先行赔付主体的具体分析来看,除了负有直接责任的主管

---

① Berle Jr. ,Adolf, *Corporate Powers as Powers in Trust*, Harvard Law Review, Vol. 44:7, p. 1049 - 1074(1931).

② 参见郭艳芳:《探析证券市场先行赔付主体的确定——以新〈证券法〉第93条为切入点》,载岳彩申、盛学军主编:《经济法论坛》(第24卷),法律出版社2020年版。

③ 证监会2014年发布的《关于改革完善并严格实施上市公司退市制度的若干意见(征求意见稿)》,其中将控股股东能够对受损投资者进行赔偿作为受到从轻或者减轻处罚的依据。

④ 证监会2019年发布《科创板上市公司持续监管办法(试行)》,其中就规定证监会加大了对证券欺诈发行科创板上市公司终止上市的要求。

⑤ 参见张晓军:《海联讯:股东自掏腰包补偿投资者》,载央广网2019年10月28日,http://finance.cnr.cn/txcj/20140719/t20140719_515976348.shtml。

人员杨某广、邢某飚与作为其他直接责任人员的股东孔某以外,实际控制人章某也以其自有资金承担对受损适格投资者的先行赔付,成为该案中的先行赔付主体。

(2)实际控制人作为先行赔付主体的评析

在发行人进行证券发行的经营过程中,实际控制人与控股股东属于两个不同的概念。如对首次公开发行股票时的投资者进行股份回购,实际控制人只能作为“责令回购”中的责任主体,控股股东就可以作为“责令回购”与“承诺回购”中的责任主体,两者并不一致。[①] 虽然也存在既是实际控制人又是控股股东的例外情形,[②]但是实际控制人通过滥用法人独立地位为自己谋取特殊利益,往往隐秘身份操纵公司,并不是股东的利益代言人。[③]为了能够对证券市场先行赔付主体范围有清晰地认识,接下来主要是对主体属于实际控制人而并非控股股东的探讨。

发行人实施的重大违法行为,终归结底是由发行人中的自然人来决策和具体行使的。出任发行人管理层的自然人不仅因拥有公司股票而获得证券利益,同时也从其对公司的控制中获得了私人利益。[④] 按照2019年《证券法》之前的规定,在证券发行阶段有过错的实际控制人,需要与发行人承担连带赔偿责任。由此可以看出,实际控制人本身在证券发行阶段所处的角色,决定了其与因实施证券欺诈发行或者虚假陈述等证券违法行为而造成投资者损失的发行人之间是一种藕断丝连的关系。只有实际控制人对发行人实施的欺诈发行或者虚假陈述或者其他重大违法行为存在主观过错的情形下,才与发行人承担连带赔偿责任。如果实际控制人不存在主观过错,就不存在与发行人承担连带赔偿责任一说。这样势必会造成司法实践中,

---

① 2013年11月,证监会在《关于进一步推进新股发行体制改革的意见》的公告中,规定承担回购的责任主体为发行人及其控股股东;2019年3月,证监会在颁布的《科创板首次公开发行股票注册管理办法(试行)》中,规定承担回购的责任主体为发行人及其控股股东、实际控制人。

② 参见汪翠荣、马传刚:《上市公司实际控制人信息披露问题研究》,载《证券市场导报》2006年第8期;徐来:《实际控制人的类型化初探》,载《上海金融》2012年第6期。

③ 参见薄燕娜:《保险公司实际控制人的范畴界定与监管规制》,载《东岳论丛》2020年第2期。

④ See Deangelo Happy & Edward M. Rice, *Antitakeover Charter Amendments and Stockholder Wealth*, Journal of Financial Economics, Vol. 11:1, p. 329 – 360(1983).

鲜有发行人的实际控制人向受损投资者承担民事赔偿的情形,这并不是发行人的实际控制人自我的守法意识多高,而是因举证责任在于受损投资者一方,难以对发行人实施的重大违法行为提供主观过错的直接证据。

2019 年《证券法》实施之前,多数发行人的证券欺诈或者虚假陈述或者其他重大违法行为都是在实际控制人的许可、积极配合、操纵下完成的,获取的非法收益自然也落入实际控制人的腰包。① 随着 2019 年《证券法》的实施,发行人的实际控制人需要承担过错推定的连带责任,这样在减轻受损投资者举证责任的同时,发行人的实际控制人因在证券发行中与发行人特殊的关系,很难证明对发行人实施的重大证券违法行为没有过错,这就意味着其与发行人承担证券民事赔偿连带责任的可能性会更大。②

2005 年试点股权分置改革后,大多数发行人或者上市公司的控股股东与实际控制人并不一致。对发行人或者上市公司而言,实际控制人可能是对其经营发展产生影响的重要因素,③如果由其实施的重大违法行为使投资者遭受实际损失,则其必须受到严厉惩处。④ 结合“海联讯先行赔付案”中的实际控制人作为先行赔付主体与 2019 年《证券法》从法律层面“直接”将实际控制人确定为证券市场先行赔付主体,上述问题存在的原因有:

第一,2006 年《公司法》与 2005 年《证券法》生效之前,没有关于实际控制人的法律规定。发行人或者上市公司作为一个法人机构,其进行的欺诈发行或者虚假陈述等证券违法行为主要是在自然人或者组织的操纵下完成的。实际控制人虽然不一定是公司的股东,但是作为实际支配公司进行经营活动行为的主体,在发行人、上市公司实施重大证券违法行为的过程中具有无法开脱的过错或者一定程度上不可避免的过错,而需要承担一定的民事责任。然而,当时对实际控制人应当承担的民事赔偿责任的法律规定存

---

① 参见叶承芳:《证券市场虚假陈述民事责任归责原则研究》,载《中国市场》2011 年第 5 期。

② 参见郭艳芳:《探析证券市场先行赔付主体的确定——以新〈证券法〉第 93 条为切入点》,载岳彩申、盛学军主编:《经济法论坛》(第 24 卷),法律出版社 2020 年版。

③ 参见刘亭立、杨松令:《上市公司股东关系分析:基于实际控制人的视角》,载《经济与管理研究》2012 年第 8 期。

④ 参见郭雳:《证券欺诈法律责任的边界 新近美国最高法院虚假陈述判例研究》,载《中外法学》2010 年第 4 期。

在空白,以致发生实际控制人利用法律规定空白行使证券违法行为侵害投资者的现象频频发生。2006 年《公司法》与 2005 年《证券法》生效之后,第一次对实际控制人的法律含义作出了规定,并对实际控制人应当承担的民事赔偿责任进行了规定,开启了由实际控制人对受损适格投资者承担证券民事赔偿的有益探索。

第二,不管实际控制人是否被列为向受损投资者承担虚假陈述民事赔偿责任的被告,都逃脱不了发行人或者上市公司的追偿或者直接向受损害的投资者承担的民事赔偿责任。① 虽然规定了发行人或者上市公司的实际控制人承担民事赔偿责任,但是司法实践中鲜有因对发行人或者上市公司的欺诈发行或者虚假陈述等证券违法行为存在主观过错,由发行人或者上市公司的实际控制人承担连带赔偿责任或者单行承担民事赔偿责任的情形。同时,相对其他的虚假陈述法定民事责任主体,发行人或者上市公司的实际控制人一般都具有雄厚的赔付资金实力,由发行人或者上市公司的实际控制人先行对遭受损失的适格投资者进行赔偿,这样不仅能对其实施的证券违法行为形成一种威慑,也有助于避免出现在只有发行人或者上市公司作为最终民事赔偿责任主体时,发生因投资者财富转移而赔付功能尚未发挥实际功效的后果。②

第三,在证监会确认了保荐机构的先行赔付模式下,③为了避免或者减缓保荐机构对受损适格投资者先行赔付后造成的"诉讼混战"或者承担的超额民事赔偿金难以追回或者追回不充分的情形,作为发行人的保荐机构与实际控制人在参与证券发行的过程中,较保荐机构相对弱势的投资者一方,更能便捷地搜寻到实际控制人在证券发行中进行违法行为决策或者执行行为的主观过错证据。对保荐机构先行赔付的规定,间接影响了实际控制人在证券发行中的决策或者执行行为遵循合法性的要求,也促使了实际

① 参见我国最高人民法院《关于审理证券市场虚假陈述侵权民事赔偿案件的若干规定》第 20 条。

② See Alexander Janet Cooper, *Rethinking Damages in Securities Class Action*, Stanford Law Review, Vol. 48:6, p. 1487 – 1538(1996).

③ 参见证监会发布的《公开发行证券的公司信息披露内容与格式准则第 1 号——招股说明书(2015 年修订)》。

控制人承担本应承担的民事赔偿责任。[1]

二、我国证券市场先行赔付主体范围界定在立法与实践中存在的问题

(一)界定先行赔付主体范围在立法中存在的问题

《证券法》应该侧重于提供证券市场主体的活动规则,而不是监管机构的管制规则。[2] 如何使先行赔付主体主动承担对受损适格投资者的先行赔付,是开展证券市场先行赔付工作面临的首要问题。如果没有主动担负起先行赔付功能的先行赔付主体的存在,受损适格投资者能够及时、有效地获得赔偿也将是空谈。[3] 通过我国现有证券立法对界定先行赔付主体范围进行规定的内容来看,[4]仍旧存在以下问题。

1. 先行赔付主体的职责不清

从其他法领域先行赔付制度的适用情况来看,虽然我国2013年《消费者权益保护法》、2018年《产品质量法》以及2016年《机动车交通事故责任强制保险条例》(以下简称《机动车责任险条例》)中没有明确规定可以作为先行赔付或者先行垫付主体的赔偿顺序,[5]但是实践运行良好。然而,2019年《证券法》虽然规定了先行赔付主体范围,但是在可以作为先行赔付主体的问题上并没有明确主体间的职责以及赔偿顺序,而先行赔付主体是否也可以主动担负起先行赔付的责任,也能取得实践运行的良好效果?就上述法律与条例没有明确先行赔付主体之间职责以及赔偿顺序的情况下,取得与上述法领域中先行赔付主体类似的实践运行效果存在难度:

其一,先行赔付金额的大小不同。我国《消费者权益保护法》、《产品质量法》以及《机动车责任险条例》中没有明确先行赔付主体间的职责以及赔偿顺序,取得实践运行的良好效果是基于遭受损失的一方因权益受到的损

---

① 参见郭艳芳:《探析证券市场先行赔付主体的确定——以新〈证券法〉第93条为切入点》,载岳彩申、盛学军主编:《经济法论坛》(第24卷),法律出版社2020年版。

② 参见肖钢:《证券法的法理与逻辑》,载黄红元、徐明主编:《证券法苑》(第10卷),法律出版社2014年版。

③ 参见郭艳芳:《证券市场先行赔付主体的法律界定》,载《法治论坛》2020年第4期。

④ 有关条款主要体现在2019年《证券法》第93条与《格式准则1号》。

⑤ 参见我国2013年《消费者权益保护法》第40条、第42条、第43条;我国2018年《产品质量法》第40条、第42条、第43条;我国2016年《机动车交通事故责任强制保险条例》第24条。

失金额不大,作为先行赔付的任何一方主体都有资质以及能力对遭受侵害的主体权益进行先行赔付。然而,结合我国证券市场已经发生的先行赔付实践案例,证券市场先行赔付主体面临的是巨额的先行赔付金额,甚至可能面临先行赔付后无法追偿到的超过自身应承担的巨额民事赔偿金额。

其二,赔付对象不同。《消费者权益保护法》、《产品质量法》以及《机动车责任险条例》中,遭受损失的一方是特定的,并且多数情况下都是由遭受损失的一方主动提出损害赔偿请求,先行赔付主体的风险成本相对较小。然而,证券市场先行赔付对象是不特定的个人投资者或者机构,这就意味着作为先行赔付主体的一方将面临巨大的风险成本。

2. 发行人没有被"直接"界定为先行赔付主体①

在我国的司法实践中,发行人、上市公司几乎成为因虚假陈述而需要向受损投资者承担民事损害赔偿责任的唯一责任主体,②而2019年《证券法》并没有把发行人"直接"列为证券市场先行赔付主体,势必会引发对证券市场先行赔付中"先行"合理性解释的争议。按照2019年《证券法》对证券市场先行赔付制度的规定,仅是发行人实施的重大证券市场违法行为而导致适格投资者遭受的实际损失,由发行人以外的某些特定主体先行承担对受损适格投资者的赔偿。从这个角度出发,结合2019年《证券法》第93条从法律层面"直接"规定的先行赔付主体,③因为发行人毕竟全程或者部分程度参与了证券发行,按照侵权责任法归责原则的要求以及重在对投资者的损害赔偿保护,是可以理解被确定为证券市场的法定先行赔付主体。如果

---

① 虽然我国2019年《证券法》将发行人的控股股东、实际控制人或者相关的证券公司"直接"划入可以对受损适格投资者承担先行赔付的主体范围,但是第93条作为非强制性的规定,也不排除发行人、证券服务机构等主体没有被法律层面"直接"划入先行赔付主体范围可以对受损适格投资者承担先行赔偿。然而,鉴于我国法治环境下的信用程度与证券市场尚未发展到成熟阶段等原因,要想使没有从法律层面"直接"划入的先行赔付主体比从法律层面"直接"规定了的先行赔付主体还要主动、自愿先行赔付,不太现实。许多领域皆以正式的"直接"规定中相关主体没有积极态度为由,来为非正式的其他相关主体的消极态度寻找借口。故而,一旦上升到法律层面对先行赔付主体范围非强制性的"直接"规定,在尚未完全市场化的证券监管体制中,对受损投资者承担赔偿的"先行"与"后行"主体都会存在潜移默化的影响力。

② 参见杨城:《论我国虚假陈述民事责任主体的困境与创新》,载《证券市场导报》2017年第7期。

③ 主要包括发行人的控股股东、实际控制人或者相关的证券公司。

受损投资者在对各种侵权主体提起民事损害赔偿诉讼之前，部分侵权主体先行与受损适格投资者就损害赔偿事宜达成协议，对受损适格投资者实际损失先行赔付，则发行人作为其中的侵权责任主体理应可以成为先行赔付的主体。如果把发行人排除在证券市场先行赔付主体之外：一是不符合过错与责任的匹配原则；二是也会助长不当的法定责任分配，加重其他相关主体的责任，打击其他相关主体作为证券市场先行赔付主体的积极性。①

2019 年《证券法》并没有要求先行赔付主体“必须”向适格投资者遭受的实际损失进行先期执行与赔付，而是要求其“可以”委托投资者保护机构，就赔偿事宜与投资者达成协议。此处暗示先行赔付协议是基于当事人意思自治而达成，即在未经行政裁决或者司法判决确定各方证券市场主体责任分配大小的情形下，是否对受损的适格投资者进行先行赔付，都是由先行赔付主体自己决定。由此可以推断，没有任何一条法律可以否决发行人作为先行赔付主体，向受损投资者承担先行赔偿，同样也没有任何一条法律可以否决发行人的控股股东、实际控制人或者相关的证券公司作为先行赔付主体，向受损投资者承担先行赔偿责任。只是这种看似合理的规定，将处于同样地位的证券违法行为主体“直接”列入与“间接”排除在法律条款的规定之下，已经存在实际的不合理。2019 年《证券法》对先行赔付制度作出非强制性的规定从鼓励的角度出发，认为作为先行赔付的主体发自内心主动自愿的赔付，比按照法律强制性的规定主动或者被动的实施收到的效果要好。② 然而，此举是否会因此失彼，造成先行赔付的主体间的推诿，从而使该制度只停留在形式上，受到难以形成在投资者保护的长效机制中得到广泛适用存在不确定性。

3. 先行赔付主体追偿权的实现缺少法律保障

从 2019 年《证券法》确定的证券市场先行赔付制度来看，在尚未经过行政裁决或者司法判决的情况下，先行赔付主体对受损的适格投资者进行赔付，并没有要求必须以自身存在过错为前提。从我国已发生的先行赔付

---

① 参见肖宇、黄辉：《证券市场先行赔付：法理辨析与制度构建》，载《法学》2019 年第 8 期。

② 参见赵吟：《证券市场先行赔付的理论疏解与规则进路》，载《中南大学学报（社会科学版）》2018 年第 3 期。

案件来看,“海联讯先行赔付案”的四大股东作为先行赔付主体也不是因事先对投资者存在先行赔付的承诺而承担民事赔偿责任;“欣泰电气先行赔付案”中,作为先行赔付主体的兴业证券,欣泰电气公司虽然是首次公开发行并在创业板上市的保荐人,但是并没有在招股说明书中以条款的形式或者其他明确的形式对投资者作出可以进行先期执行与赔付的表示。可以推断,是否作出对投资者先行赔付的承诺,也并非先行赔付主体对受损的适格投资者进行赔付的前提;而一旦选择成为先行赔付主体不仅将承担因自身过错而需要向受损的适格投资者进行赔付的民事责任,还将面临自身没有过错或者自身存在过错超出自己应承担民事赔偿责任部分以及其他连带责任主体没有能力进行赔付的风险责任,即一旦选择成为先行赔付主体,将面临难以向其他连带责任主体实现追偿的风险责任。

学术界与实务界虽然对先行赔付适用于投资者保护具有一定的可行性与合理性予以肯定,但是一旦提及先行主体赔付后向其他连带责任主体的追偿问题时,要么只是以一句“向其他连带责任主体追偿”蜻蜓点水式的一笔带过,要么是以主体间的责任划分是另外一个问题而回避。然而,若使先行赔付主体主动担负起对受损适格投资者及时、有效地先付行为,则不能回避先行赔付主体关于追偿权从“享有”到“落实”的问题。如果先行赔付主体在对受损适格投资者履行完先付的行为后,能够依法保障可以追回超出自己应承担民事赔偿责任的部分,那么先行赔付主体既能够获得证监会的谅解,使证监会可以对其作出从轻或者减轻的行政处罚,又能够追回事先垫付的超额赔偿款。只要具备先行赔付的资金规模,选择作为先行赔付主体不仅没有损失,还有提升声誉资本或者其他获益的可能。先行赔付主体的担当与先行赔付主体追偿权的落实,是一环扣一环的,先行赔付在投资者保护领域若要形成一项长效机制,则绕不开先行赔付主体追偿权的实现。①

(二)界定先行赔付主体范围在实践中存在的问题

不管先行赔付主体在司法裁判后是否承担证券市场违法行为民事赔偿责任或者承担超过自身本应承担的证券市场违法行为民事赔偿责任,证券市场先行赔付更关注受损适格投资者的民事损害赔偿是否得到了优先保

---

① 参见郭艳芳:《证券市场先行赔付主体的法律界定》,载《法治论坛》2020 年第 4 期。

护。结合已经发生的先行赔付案件,由先行赔付主体在对受损的适格投资者先行承担赔偿后,仍旧存在以下问题。

1. 先行赔付主体范围并非依据市场运行理念确定

按照相关法律规定对欺诈发行或者虚假陈述主体赋予的责任分配的归责原则,发生在我国2013年的湖南"'万福生科'虚假陈述案"与2014年的深圳"'海联讯'虚假陈述案"以及2016年的丹东"'欣泰电气'欺诈发行案"中的发行人、控股股东、保荐机构以及其他证券中介机构都存在一定程度的违法行为或者未履行勤勉义务,应当对受损的适格投资者承担连带赔偿责任。然而,湖南"'万福生科'虚假陈述案"与丹东"'欣泰电气'欺诈发行案"都是以保荐机构作为先行赔付主体对受损的适格投资者进行赔偿,深圳"'海联讯'虚假陈述案"以控股股东或者实际控制人作为先行赔付主体对受损的适格投资者进行赔偿,主要原因如下:

其一,证监会的推动。① 以上三起先行赔付案件,证监会都没有作为当事人直接参与进来,但是没有参与进来,不代表其没有发挥潜移默化的影响力。证监会2015年公布的《格式准则1号》,对保荐人在招股说明书扉页上作出先行赔付承诺的要求。虽然招股说明书属于要约邀请,保荐人即使后续行为中没有履行对投资者先行赔付的承诺,也不会因此承担合同责任,但是声誉资本是保荐机构在证券市场的立身之本。② 当发生《格式准则1号》中需要保荐机构对投资者履行先行赔付承诺的情形时,证券市场持牌机构的保荐人作为赔付主体,通过先行赔付方式向受损的适格投资者进行赔偿,不乏为维护其声誉资本的补救措施之一。同时,发行人的欺诈发行或者虚假陈述等重大证券市场违法行为,终归结底是由发行人的自然人或者团队来决策和具体行使的。2019年《证券法》之前,在证券发行阶段有过错的控股股东,需要与发行人承担连带赔偿责任,以及我国最高人民法院2002年发布的《关于审理证券市场因虚假陈述引发的民事赔偿案件的若干规定》(以下简称《虚假陈述若干规定》)(已废止)对控股股东以被告的身份承担

---

① 参见徐强胜:《论我国证券投资补偿基金制度的构建》,载《法商研究》2016年第1期。

② 黄辉:《科创板注册制的法治保障》,载腾讯网2019年7月22日,https://new.qq.com/omn/20190722/20190722A0RLW600.html。

虚假陈述证券侵权民事赔偿的规定，控股股东本身在证券发行阶段所处的角色，决定了其与因实施证券欺诈发行或者虚假陈述等证券违法行为而造成投资者损失的发行人之间是一种藕断丝连的关系。2019 年《证券法》之前，虽然没有明确规定把先行赔付作为证券违法主体所受行政或者刑事处罚从轻或者减轻的情节，但是依据证监会发布的决定令，①保荐机构或者发行人的控股股东也希望通过对受损适格投资者进行先行赔付从而获得证监会的谅解，使证监会能够对其作出从轻或者减轻的处罚决定。

其二，一定规模的先行赔付资金额度支撑。从证监会要求证券违法行为主体缴纳罚没款的实际情况来看，个人或者在证券市场可以持续经营的非持牌机构因其证券违法行为受到的行政处罚存在拖欠缴付，保荐机构因其证券违法行为受到的行政处罚基本都能及时、足额缴纳。② 上述主体对待缴纳证监会的行政罚款尚且如此，要求其对不特定人数的受损适格投资者进行巨额的先行赔付不太现实，但是法律并没有不允许具有先行赔付资金规模的发行人的控股股东在证监会管制的潜移默化影响下，以及衡量实施先行赔付行为利弊之后，做出先行赔付的行为。然而，在作为其他证券虚假陈述民事侵权纠纷案中的保荐机构或者控股股东，并没有选择通过先行赔付的纠纷解决方式先行对受损的适格投资者进行赔偿。从 2002 年我国人民法院开始受理证券虚假陈述民事赔偿诉讼至 2021 年，在众多的证券虚假陈述民事赔偿案中，保荐机构、控股股东及其会计师事务所、律师事务所等证券服务机构承担民事赔偿责任的情形尚屈指可数，主动承担先行赔付的也仅有“万福生科”“欣泰电气”两起案件中的保荐机构，以及“海联讯”案件中的控股股东。相对其他也同样具备一定资历可以承担民事责任的主体而言，保荐机构及控股股东作为先行赔付主体属于证券虚假陈述民事侵权纠纷中的特例情形。可见，在现有的证券市场运行环境下，先行赔付主体对受损适格投资者先行进行赔付，尚未形成常态化。在不可否认证券市场先行赔付对及时、有效赔偿适格投资者损失取得良好效果的同时，也不能否

---

① 参见证监会 2018 年【第 146 号令】《关于修改〈关于改革完善并严格实施上市公司退市制度的若干意见〉的决定》（已失效）。

② 参见肖宇、黄辉：《证券市场先行赔付：法理辨析与制度构建》，载《法学》2019 年第 8 期。

认监管机构的管制规则对证券市场先行赔付实施的推动,这也肯定了并不是完全基于证券市场运行理念确定的先行赔付主体。

2. 先行赔付主体并没有对因欺诈发行、虚假陈述造成的投资者损失事件"定分止争"

从我国发生的证券市场先行赔付案件来看,证券市场先行赔付主体在证监会的推动下,主动承担对受损适格投资者的先行赔付,一定程度上解决了部分证券民事侵权纠纷,并且从法律层面已经认可了该纠纷解决方式。然而,后续先行赔付主体是否能够向其他证券民事赔偿连带责任主体追偿超过自身应当担负的民事赔偿金,则是证券市场先行赔付主体更为关注的问题。①

在"万福生科先行赔付案"中,平安证券在向受损适格投资者进行先行赔付之前,已经事先声明保留对万福生科与其他证券民事赔偿连带责任主体的追偿权,来确保自己先行赔付后追偿权的行使以及超额民事赔偿金的落实。可是平安证券作为先行赔付主体建立"投资者专项基金"用于对受损适格投资者的赔偿后,仍旧以其对受损适格投资者承担的超额民事赔偿金并没有完全追回结尾。② 在"欣泰电气先行赔付案"中,兴业证券作为证券市场先行赔付主体及时对受损适格投资者进行先行赔偿,不仅没有得到发行人欣泰电气的理解,反而受欣泰电气以保荐机构不能只荐不保,没有履行勤勉义务为事由,先于兴业证券提起对兴业证券的诉讼。③ 兴业证券也在完成第一阶段对受损适格投资者的先行赔付后,对欣泰电气、欣泰电气的控股股东及其他证券民事赔偿连带责任主体提起诉讼。同时,一部分因欣泰电气欺诈发行行为而遭受损失的投资者并没有与兴业证券就赔偿事宜达成协议,而是选择就证券民事损害赔偿另行提起诉讼。在兴业证券完成对受损适格投资者的损害赔偿后,即使其他证券民事赔偿连带责任主体承认自身在欣泰电气发行中需要承担一定的民事赔偿责任,但对兴业证券的先

① 参见郭艳芳:《证券市场先行赔付主体的法律界定》,载《法治论坛》2020 年第 4 期。

② 参见黄帆:《先行赔付细节未定 五方协议引热议》,载《证券日报》2016 年 3 月 4 日,第 A11 版。

③ 朱邦凌:《招股说明书的股份回购条款不是摆设》,载《证券时报》2017 年 9 月 25 日,第 A03 版。

行赔付方案并不完全认同,认为因兴业证券自身原因向受损适格投资者承担的超额民事损害赔偿金应由兴业证券自身承担。可以看出,本来由兴业证券作为先行赔付主体及时对受损适格投资者进行先行赔付,是为及时解决证券市场民事侵权纠纷,使证券市场能够快速恢复稳定;但是从实践反馈的结果来看,此举不仅没有达到上述效果,反而发生了涉及证券市场先行赔付相关主体的"诉讼混战"。①

3. 先行赔付主体的界定激发了相关主体的责任转嫁

以行政权力推动先行赔付主体"享有"追偿权与"落实"追偿权的不确定性,必然促使先行赔付主体在权衡利益之后,寻求合适的责任转嫁方式。如证券公司通过向发行人提高收费来分散他们的负债风险,②或者相关的证券公司与 IPO 企业签订的涉及发行人、发行人的控股股东、实际控制人、董监高等多方主体享有权益以及履行责任分配的"内部协议",发生相关主体承担证券民事赔偿责任的转嫁。③ 另外,保荐机构还可以通过先行赔付的责任险投保方式来化解风险责任或者招股说明书责任险。④ 故而,不管是通过签订的"内部协议",还是以保险的方式转嫁责任风险,这些方式不仅无形中增加了上市公司的监管成本,面临最终转嫁风险方式的成本分配到每一个投资者身上的风险,还可能导致对保荐机构先行赔付的依赖性增强,间接使投资者对上市公司信息披露的持续性关注减弱。⑤

三、对证券市场先行赔付主体范围界定的立法完善

虽然 2019 年《证券法》为证券市场先行赔付制度的实施提供了法律保障,但是在对先行赔付主体范围进行原则性的界定时,最终还是没有"直

---

① 参见郭艳芳:《证券市场先行赔付主体的法律界定》,载《法治论坛》2020 年第 4 期。

② See John C. Coffee Jr. , *Corporate Securities: A Section* 11 *Safe Harbor*?, New York Law Journal, September 15, 2005.

③ 如证券公司作为保荐机构可以通过签订协议,将其承担的证券民事赔偿责任转嫁到发行人或者发行人的控股股东、实际控制人、董监高等主体上。参见黄帆:《先行赔付细节未定 五方协议引热议》,载《证券时报》2016 年 3 月 4 日,第 A11 版。

④ 宋一欣:《董事责任保险为先行赔付制度护航》,载《证券时报》2016 年 6 月 18 日,第 A04 版。

⑤ 参见肖宇、黄辉:《证券市场先行赔付:法理辨析与制度构建》,载《法学》2019 年第 8 期。

接”将发行人界定为先行赔付主体,也没有具体规定可以作为法定先行赔付主体的具体职责以及作出先付行为的前后顺序。这样势必会造成只有在证监会的隐性权力推动下,才会发生先行赔付主体先行承担民事赔偿责任的范例。① 为了形成先行赔付主体对受损的适格投资者进行及时、有效赔付的长效机制,离不开先行赔付主体并非迫于证券监管机构的行政压力,而是出于主动、自愿地承担民事赔偿责任的考虑。

就如孟德斯鸠强调,“不强迫任何人去做法律所不强制他做的事,也不禁止任何人去做法律所许可的事”。② 从2019年《证券法》直接确定的先行赔付主体范围历经“一波三折”的立法发展历程来看,虽然2019年《证券法》并没有对证券市场先行赔付制度作出强制性的规定,必须由哪些主体先行承担对受损适格投资者的赔付,但这也意味着任何机构或者自然人主体如果能够主动承担对受损适格投资者的先行赔付,则没有任何一条法律可以阻止其主动、自愿地实施先行赔付行为。立法者也是从鼓励的角度倡导相关主体实施先行赔付行为,这样看来,先行赔付主体的范围具有广泛性。然而,从法律“直接”明确的证券市场先行赔付主体来看,既然是“先行”赔付主体,那么就有相对“先行”的“后行”赔付主体,意味着先行赔付主体的范围不可能囊括投资者因发行人实施的重大违法行为而遭受的一定实际损失,仅指对受损投资者承担证券民事赔偿连带责任的所有主体。故而,结合既要完善先行赔付主体范围,又要避免先行赔付主体范围扩大化,使其失去“先行”赔付的意义,本书认为需要从以下几个方面进行立法完善。

(一)先行赔付职责明确的先行赔付主体的法律界定

根据《中华人民共和国民法典》(以下简称《民法典》)关于对难以确定连带责任主体份额及其大小的情形下的规定,③为研究2019年《证券法》在确定证券市场先行赔付制度的基础上,没有规定先行赔付主体的赔偿顺序

---

① 彭冰:《新旧〈证券法〉条文对照与点评(上)》,载北京大学金融法研究中心2019年12月30日,https://mp.weixin.qq.com/s?__biz=MzAwNTEwMzE3Ng==&mid=2651777863&idx=1&sn=f527a1dd6b8322723b70eb04154a8fad&chksm=80db8060b7ac09763314f179bc71a56b2c531108adb4f1f7283809c0f62cba6689f7e6202ea6&mpshare=1&scene=23&srcid=&sharer_sharetime=1577926663784&sharer_shareid=12c91035178c3941ec4bb03fa4f7ec91。

② [法]孟德斯鸠:《论法的精神》,张雁深译,商务印书馆1961年版,第154页。

③ 参见《民法典》第177条与第178条。

以及具体的职责等问题提供了研究思路。从我国发生的先行赔付案例看，证券市场先行赔付主体在受损投资者尚未向人民法院提起诉讼之前，就赔偿事宜与受损适格投资者达成协议，进行先行赔偿，这符合我国《民法典》中的自愿原则。由证券违法行为中的违法行为主体与对其造成损失的适格投资者自愿协商，就赔偿事宜达成协议，这种并不是经过诉讼，而是经由双方当事人就民事权利义务关系进行协商，属于诉讼外的一种和解，在现代社会中属于一种典型的民事纠纷解决方式。①

结合证券市场先行赔付制度的内涵厘定，立法机关从法律层面确定的先行赔付主体，即发行人的控股股东、实际控制人以及相关的证券公司，或许要比证券服务机构或者其他相关主体更先承担对受损适格投资者的赔偿。② 然而，即使 2019 年《证券法》第 93 条将发行人的控股股东、实际控制人、相关的证券公司从法律层面"直接"明确为可以作为先行赔付的主体，但没有明确要求三者是否必须同时参与同一先行赔付案，也没有明确否定三者不可以同时参与同一先行赔付案。根据先行赔付主体对受损适格投资者赔付后享有的对其他证券民事赔偿连带责任主体的追偿权的法律规定，可以从鼓励的角度支持同案中的法定先行赔付主体同时参与对受损适格投资者的先行赔偿，即除了发行人的控股股东、实际控制人、相关的证券公司三方主体与受损适格投资者达成一致的某一方暂不作为先行赔付主体的协议外，三者都应当"同时"作为先行赔付主体，参与具体的先行赔付案件。同时，除了由某一方先行赔付主体主动担负全额先行赔付资金的情形外，发行人的控股股东、实际控制人、相关的证券公司都应当按照被 2019 年《证券法》赋予的先行赔付主体身份，依据三方协商确定的匹配标准，或者三方未达成协议时，以平均分配的匹配标准同时担负起向受损适格投资者承担的全额先行赔付资金。在充分尊重每个先行赔付主体自愿、主动担负起承担全额先行赔付资金的前提下，每个被 2019 年《证券法》赋予充当"法定"先行赔付主体角色的或有责任主体，离不开其作为先行赔付主体的实际参与

---

① 参见赵秀举:《论民事和解协议的纠纷解决机制》，载《现代法学》2017 年第 1 期。

② 参见郭艳芳:《证券市场先行赔付主体的法律界定》，载《法治论坛》2020 年第 4 期。

与承担先行赔付资金的具体落实。①

(二)发行人应该被"直接"列为先行赔付主体

1. 发行人作为先行赔付主体的认定

2019年《证券法》确定的先行赔付制度没有"直接"将发行人界定为先行赔付主体,有人认为,在投资者提起虚假陈述民事诉讼时,发行人已经面临经营困难或者资不抵债,已经无力支付判决中的赔偿金额。然而,从发行人的内部存在《公司法》"揭开公司面纱"理论的支持,②以及从发行人承担证券民事赔偿可能对未因虚假陈述致损的股东为受损的股东埋单而言,有股东代表诉讼的支持。③ 2019年《证券法》既然"直接"规定了可以发行人作为法定先行赔付的主体,即发行人的控股股东、实际控制人或者相关证券公司,在先行赔付后可以向发行人追偿,那么没有不把发行人列为先行赔付主体的合理理由。除非,不把发行人作为在先行赔付主体实施先行赔付后再追偿的对象。

2. 发行人作为先行赔付主体的评析

中小投资者最容易成为发行人、上市公司虚假陈述、操纵市场、内幕交易等证券市场违法行为的主要受害者。④ 从我国证监会作出的行政处罚来看,发行人、上市公司及其直接负责的主管人员或者其他任何有可能承担行政责任的主体,证券监督管理机构都会给予其相对应的行政处罚。按照《民法典》的归责原则以及过错与责任相匹配的原则,除了发行人、上市公司,其他连带责任主体也应成为因虚假陈述、操纵市场、内幕交易等证券市场违法行为而遭受实际损失的适格投资者的证券民事损害赔偿主体。然而,从法律规定的承担虚假陈述法律责任主体的多元化与司法实践中承担主体的单一化的冲突来看,⑤发行人、上市公司多数是投资者起诉的对象。

---

① 参见郭艳芳:《证券市场先行赔付主体的法律界定》,载《法治论坛》2020年第4期。

② 参见[美]罗伯特·C.克拉克:《公司法则》,胡平等译,工商出版社1999年版,第53页。

③ 参见赵万一、赵信会:《我国股东代表诉讼制度建立的法理基础和基本思路》,载《现代法学》2007年第3期。

④ 参见袁淼英:《证券中小投资者权益保护制度的构建路径》,载《暨南学报(哲学社会科学版)》2018年第11期。

⑤ 参见杨城:《论我国虚假陈述民事责任主体的困境与创新》,载《证券市场导报》2017年第7期。

发行人、上市公司成为虚假陈述领域承担民事赔偿责任的主要主体，原因不外乎：

其一，发行人、上市公司是比较确定的一方主体。中小投资者获取信息的渠道狭窄、分析信息的能力不足，一般都是基于发行人、上市公司披露的信息作出投资决策。一旦发生发行人、上市公司存在欺诈发行或者虚假陈述等证券违法行为给投资者造成损失，受损的适格投资者能够很快锁定角色比较确定的发行人、上市公司作为被告，提起因欺诈发行或者虚假陈述等证券违法行为引发的民事赔偿诉讼。按照《中华人民共和国民事诉讼法》（以下简称《民事诉讼法》）规定的“谁主张，谁举证”的要求，相对其他连带责任主体而言，受损的适格投资者通过发行人、上市公司承担的无过错责任，宜选择将其作为有利于自我举证且责任较轻的起诉对象。

其二，虽然 2019 年《证券法》增加了“集团诉讼”制度，①但是该制度尚停留在刚被确认的阶段。2019 年《证券法》之前，在我国并没有建立证券集团诉讼的情况下，受损的投资者一般是基于小额诉讼，按照《虚假陈述若干规定》的相关规定，可以从发行人、上市公司处及时得到小额民事赔偿，并不需要通过提高自身诉讼成本再追加其他连带责任主体。故而，我国投资者把发行人、上市公司列为被告提起虚假陈述引发的民事赔偿诉讼，相对其他已经建立证券集团诉讼或者团体诉讼国家的投资者针对发行人、上市公司提起的诉讼更为常见。

证券市场先行赔付作为解决发行人、上市公司承担民事赔偿责任单一化问题的一种方式，以及为了凸显证券中介机构或者发行人的控股股东、实际控制人承担的民事赔偿责任，2019 年《证券法》界定了先行赔付主体的范围。发行人的控股股东、实际控制人以及相关证券公司可以“直接”从法律层面被列为先行赔付的主体，已然预示着立法者或者证券监管机构对此类主体实施先行赔付的鼓励。然而，就如在众多的法定责任主体中，不能一味地加重发行人或者上市公司的民事赔偿责任，保荐机构对自身的“只荐不保”与发行人的控股股东、实际控制人存在主观过错对本应承担的民事赔偿责任虚化带来的一系列严重问题一样，不能只是一味强调对所有证券市

---

① 参见我国 2019 年《证券法》第 95 条。

场参与主体中的某一部分主体的要求,哪怕这种要求属于非强制性的。因为一旦上升到法律层面对先行赔付主体范围非强制性的“直接”规定,在尚未完全市场化的证券监管体制中,对受损投资者承担赔偿的“先行”赔付主体与“后行”赔付主体都会存在潜移默化的影响力。此时,从法律层面把发行人“直接”列为先行赔付的主体,不仅是对具有实施先行赔付能力的发行人实施先行赔付的鼓励,而且也能避免具有实施先行赔付能力的其他先行赔付主体间的推诿或者逃避。故而,2019 年《证券法》只要存在先行赔付主体在向受损的适格投资者赔偿后,可以向发行人进行追偿的规定,则没有不把发行人“直接”从法律层面列为可以作为先行赔付主体的充分理由。

(三)以按份赔付方式确定的先行赔付主体的法律界定

与“按份赔付”对应的是“全额赔付”。我国发生的先行赔付案件都是由作为先行赔付主体的保荐人或者发行人的控股股东或者实际控制人以其自有资金,全额承担对受损适格投资者的先行赔偿。立法者在坚持确定的证券市场先行赔付制度非强制性的规定下,并没有排斥证券服务机构或者其他相关主体主动作为证券市场先行赔付的主体的基础上,仍旧从法律层面直接确定发行人的控股股东、实际控制人以及相关的证券公司作为先行赔付主体,还是基于具有雄厚资金规模的发行人的控股股东、实际控制人以及相关的证券公司,可以全额承担对受损适格投资者先行赔偿的考虑。①

结合证券市场先行赔付制度的内涵厘定,先行赔付主要彰显对受损适格投资者的救济功能,旨在从对因发行人实施的欺诈、虚假陈述或者其他重大违法行为而遭受损失的适格投资者进行及时、有效赔偿的角度进行考虑。从此角度而言,受损适格投资者只要能够及时、有效地获得赔偿,并不在意由谁作为先行赔付的主体。根据美国公平基金制度对赔付主体范围的界定,只要符合非法活动采用的欺骗性手段等前置性的条件,并不严格限制可以成为公平基金制度中的需要缴纳违法所得、民事罚款的证券欺诈行为主体范围。根据我国法定先行赔付主体可以对其他证券民事赔偿连带责任主体进行追偿的有关规定,可以考虑按照过错与责任相匹配的原则,排除只有资金规模相对比较雄厚的主体可以全额赔付担当的思维模式。即使资金规

① 参见郭艳芳:《证券市场先行赔付主体的法律界定》,载《法治论坛》2020 年第 4 期。

模相对并不雄厚的连带责任主体,也可以将其缴付的按份赔付金纳入“投资者专项基金”,用于对受损适格投资者的先行赔付。此处,虽然存在不能确定各方的责任份额,导致连带责任主体缴付其应承担的按份赔付金存在一定困难的情形,但是证券市场先行赔付模式的实施本就是在通过其他鼓励性配套措施落地的基础上,[①]由先行赔付主体出于成本与效益的考虑,主动地承担对受损适格投资者的先行赔偿。不管连带责任主体的资金规模如何,在作为先行赔付主体时,只要其承担对受损适格投资者的证券民事赔偿,就可能既获得证监会的谅解,使证监会可以对其作出从轻或者减轻的行政处罚,又在其本应就需承担证券民事赔偿的情形下,提升声誉资本或者有其他获益。故而,在按份赔付的视角下,不论其资金规模或者缴付金额大小,只要是依法需承担对受损适格投资者的证券民事赔偿连带责任主体,都可以作为证券市场先行赔付的主体。

1. 证券市场中介机构作为先行赔付主体的认定

证券市场中介机构最为本质的特征之一,就是保护投资者。[②] 中介机构作为发行人在证券发行阶段与上市后的交易阶段中的重要参与者,其存在的最为基本的理由,在于其能够降低金融市场的交易成本。[③] 投资者正是基于对证券中介机构职业声誉的信任,相信经过证券中介机构核查过的发行人或者上市公司披露的信息具有真实性、合法性,[④]才作出最终的投资决策。虽然近几年发生的证券市场中介机构 IPO 证券违法行为相对较多,但很少有人发出警告并制止欺诈事件的发生。[⑤] 证券中介机构俨然从作为

---

① 彭冰:《新旧〈证券法〉条文对照与点评(上)》,载北京大学金融法研究中心 2019 年 12 月 30 日,https://mp. weixin. qq. com/s? __biz = MzAwNTEwMzE3Ng = = &mid = 2651777863&idx = 1&sn = f527a1dd6b8322723b70eb04154a8fad&chksm = 80db8060b7ac09763314f179bc71a56b2c531108adb4f1f7283809c0f62cba6689f7e6202ea6&mpshare = 1&scene = 23&srcid = &sharer_sharetime = 1577926663784&sharer_shareid = 12c91035178c3941ec4bb03fa4f7ec91。

② 参见[美]约翰·C. 科菲:《看门人机制:市场中介与公司治理》,黄辉、王长河等译,北京大学出版社 2011 年版,第 3 页。

③ See George J. Benston, & Clifford W. Smith Jr. , *A Transaction Cost Approach to the Theory of Financial Intermediation*, The Journal of Finance, Vol. 31:2, p. 215 – 231(1976).

④ See John C. Coffee Jr. , *Gatekeepers: The Professions and Corporate Governance*, Oxford University Press, 2006, p. 3.

⑤ See Donald C. Langevoort, *Where Were the Lawyers – A Behavioral Inquiry into Lawyers' Responsibility for Clients' Fraud*, Vanderbilt Law Review, Vol. 46:1, p. 75(1993).

保护投资者利益的主体，异化为与发行人“合谋”进行证券市场违法行为的主体。面对投资者因此遭受的重大巨额损失，需要探讨证券市场中介机构在对受损适格投资者承担民事赔偿中发挥的作用。

根据2019年《证券法》，属于证券中介机构的“相关的证券公司”已被直接列入证券市场先行赔付主体范围，但是并不排除作为中介机构的证券服务机构可以以证券市场先行赔付主体的身份，在发行人因实施重大证券违法行为造成投资者损失时，就赔偿事宜先行对受损适格投资者进行赔偿。在此对以证券“中介机构”作为先行赔付主体的认定进行评析，是考虑法律改革的路径大多以“出现问题—解决问题—再出现问题—再解决问题”的方式出现，相关的证券公司、证券服务机构可能并不满足下一个出现问题的证券中介机构职业范围的规定。随着证券市场处于复杂的变化发展中，证券中介机构可能在解决一个问题之后又有新的问题出现。[①] 然而，为了避免对证券中介机构解释及其适用的扩大，2019年《证券法》第93条强调“相关”的证券公司，并非指全部证券公司都可以作为法定的先行赔付主体，必须是从事的业务与发行人实施的欺诈发行、虚假陈述或者其他重大违法行为具有密切关系的证券公司才可以作为先行赔付主体。故而，鉴于实践中已经存在由具有保荐职责、承销业务的证券公司承担先行赔付的范例，接下来主要是展开对排除保荐、承销业务，从事其他证券业务的证券公司以及律师事务所、会计事务所、其他证券服务机构作为先行赔付主体的讨论。[②]

（1）从事其他证券业务的证券公司作为先行赔付主体的认定

从我国发生的证券市场先行赔付“万福生科案”看，作为其保荐人及承

---

① 参见[美]约翰·C.科菲：《看门人机制：市场中介与公司治理》，黄辉、王长河等译，北京大学出版社2011年版，第4页。

② 根据发生在1996年的Central Bank案，发行人之外的被告默认发行人的欺诈行为而没有对投资者作出“警示”的情形，法院在认定责任主体时并不愿意将与发行人有关的“间接”参与者统一认定为责任主体，而是认为应将“明知”并提供“实质性帮助”的行为人认定为责任主体。See Donald C. Langevoort, *Reading Stoneridge Carefully: A Duty-Based Approach to Reliance and Third-Party Liability under Rule 10B - 5*, University of Pennsylvania Law Review, Vol. 158:7, p.2125 - 2171(2010).本书为了避免对证券中介机构解释及其适用的扩大化，将本章的中介机构主要限定在一般情形下都会参与证券发行的机构进行讨论。

销商的平安证券提交的与从事保荐业务相关的文件存在虚假记载、误导性陈述或者重大遗漏。从兴业证券作为欣泰电气的保荐人及承销商在提交的与从事保荐业务相关的文件存在虚假记载、误导性陈述或者重大遗漏等情形看，上述个案中作为发行人的保荐人及承销商同属一家证券公司，都是在证券发行阶段没有履行保荐职责、承销职责。不仅没有及时针对发行人的欺诈发行等信息进行核实、验证，而且成为发行人的"帮凶"，在没有履行勤勉义务的前提下出具虚假记载的发行保荐书，由作为保荐人及其承销商的证券公司对受损适格投资者先行进行赔付。

证券公司从事的保荐及其承销业务是市场化的证券发行体制下必备的核心环节。证券发行虽然离不开保荐机构及其承销商等证券中介机构的参与，但是证券公司不仅可以经营的保荐及承销业务，还可以经营经纪、投资咨询等其他证券业务，这些并不是市场化的证券发行体制下必不可少的核心环节。依照从事保荐、承销业务的证券公司承担的过错推定归责原则的逻辑推理，对证券公司在证券发行过程中从事的其他证券业务理应也按照过错推定的归责原则进行民事赔偿责任的承担。故而，结合公平基金参与的先行赔付模式对先行赔付主体范围的界定，如果对证券公司在证券发行过程中从事的其他证券业务，不能证明其对发行人的欺诈发行或者虚假陈述等重大证券违法行为造成投资者损失没有过错，即使不具有全额赔付受损投资者的资金规模，也可以采用按份赔付的方式，[1]将其本应承担的证券民事赔偿金纳入"投资者专项基金"。

(2)律师事务所作为先行赔付主体的认定

在我国，公司首次发行上市，法律意见书是申报材料中的必备文件。虽

① 本书是根据美国出台的《私人证券诉讼改革法》首次确认的按份责任制度开始对按份赔付进行思考的。按份责任与连带责任相比，在理论上可能是一种更公正而有效率的责任分配规则，结合过错与责任相匹配原则，将责任限制在过错程度的范围之内，其中一个主体没有支付能力的，其他主体不承担代为赔偿的责任。先行赔付主体如果以按份赔付参与的方式积极参与到对受损适格投资者赔偿的投资者保护专项补偿基金中，势必会减少或者避免先行赔付主体的风险责任，以及先行赔付主体行使追偿权不能的现象。参见 Mednick Robert & Peck Jeffrey J., *Proportionality: A Much-Needed Solution to the Legal Liability Crisis*, Valparaiso University Law Review, Vol. 28:3, p. 867 – 918(1994)。

然保荐人发挥的作用比其他中介机构(如律师事务所、会计师事务所)更大,①但是律师事务所作为证券服务机构的一种主要类型,也需要对证券发行阶段的招股说明书中披露的相关法律问题履行勤勉义务,核查、验证披露信息的真实性、合法性、完整性、及时性。虽然审查律师事务所出具的法律意见书属于保荐机构勤勉义务的职责之一,但是并不排除出具法律意见书的第一法定责任主体,律师事务所作为专业性的机构对证券发行阶段涉及的法律问题进行核查、验证后作出的法律意见书负责。②

"万福生科虚假陈述案"中,作为保荐人的平安证券,没有依据《证券发行上市保荐业务管理办法》中的规定对律师事务所出具的专业意见尽审慎核查的勤勉义务,③而是直接援引了湖南博鳌律师事务所出具的具有虚假记载、误导性陈述等记载事项的法律意见。④ 平安证券与湖南博鳌律师事务所都因此受到证监会的行政处罚。"欣泰电气欺诈发行案"中,作为保荐人的兴业证券,同样也没有依据《证券发行上市保荐业务管理办法》中的规定对律师事务所出具的专业意见尽审慎核查的勤勉义务,而是直接援引了北京市东易律师事务所出具的具有虚假记载及其违反从事证券法律业务规则等记载事项的法律意见。⑤ 兴业证券与北京市东易律师事务所都因此受到证监会的行政处罚。虽然律师事务所未履行勤勉义务而受到证监会的行政处罚屡见不鲜,但是2021年之前,鲜有发生律师事务所对证券民事侵权赔偿承担连带责任的情形。不可否认让律师事务所及其他证券中介机构承担民事赔偿责任存在一定困难,但是并不能对不同规模的律师事务所,全盘

① 参见沈朝晖:《证券法的权力分配》,北京大学出版社2016年版,第156页。

② 证监会对法律意见书格式以及审查项目作了强制性的规定,目的是使法律意见书有一个最低的质量保证,当满足了法律意见书制定的格式与内容,也不意味着律师或者律师事务所尽到了勤勉尽职的义务。披露文件表面上的真实和完整只是律师的最低注意水平,根本无法满足投资者的期望。参见耿利航:《中国证券市场中介机构的作用与约束机制》,法律出版社2011年版,第85页。

③ 参见《证券发行上市保荐业务管理办法》第26条。

④ 《中国证监会行政处罚决定书(湖南博鳌律师事务所、刘彦、胡筠)》,载证监会2019年11月4日,http://www.csrc.gov.cn/pub/zjhpublic/G00306212/201402/t20140214_243815.htm。

⑤ 《中国证监会行政处罚决定书(北京市东易律师事务所、郭立军、陈燕殊)》,载证监会2019年11月4日,http://www.csrc.gov.cn/pub/zjhpublic/G00306212/201706/t20170630_319382.htm。

否定其承担证券民事赔偿的经济能力。参照公平基金参与的先行赔付模式对先行赔付主体范围的界定,以及按照证券市场先行赔付制度应当遵循的原则与设立“投资者专项基金”旨在优先对投资者的损失进行先行赔偿来说,律师事务所在不能证明其对发行人的欺诈发行或者虚假陈述等重大证券违法行为造成投资者损失没有过错时,即使其没有全额赔付的资金实力,也可以采用按份赔付的方式,将其本应承担的证券民事赔偿金纳入专门赔付受损适格投资者的“投资者专项基金”,以扩大“投资者专项基金”的资金来源。

(3)会计师事务所作为先行赔付主体的认定

会计的目的是披露和反映企业一定阶段的财务状况。① 会计师事务所作为证券服务机构的一种主要类型,需要对证券发行阶段的招股说明书中披露的财务问题履行勤勉义务,核查、验证披露信息的真实性、合法性、完整性、及时性,由会计师事务所及其直接责任人作出审计报告、验资报告等鉴证业务报告。虽然审查会计师事务所出具的鉴证业务报告属于保荐机构勤勉义务的职责之一,但是并不排除出具鉴证业务报告的第一法定责任主体,会计师事务所作为专业性的机构对证券发行阶段涉及的财务问题进行核查、验证后作出的专业意见书负责。在证券市场中,会计师事务所行业信誉也面临严峻的挑战。② 当因会计师事务所作出的虚假财务报告误导了市场价格,投资者因信赖价格而遭受损失时,会计师事务所要对投资者损失承担连带责任。③

“万福生科虚假陈述案”中,作为保荐人的平安证券没有依据《证券发行上市保荐业务管理办法》中的规定对会计师事务所出具的专业意见尽审慎核查的勤勉义务,而是直接援引了中磊会计师事务所出具的具有虚假记

---

① 参见耿利航:《中国证券市场中介机构的作用与约束机制》,法律出版社 2011 年版,第 89 页。

② 参见彭真明:《论会计师事务所不实财务报告的民事责任——兼评上海大智慧公司与曹建荣等证券虚假陈述责任纠纷案》,载《法学评论》2020 年第 1 期。

③ See Robert A. Prentice, *Scheme Liability: Does it have a Future After Stoneridge*, Wisconsin Law Review, Vol. 2009:2, p. 351 – 420(2009).

载、误导性陈述等记载事项的监证业务报告。[1] 平安证券与中磊会计师事务所都因此受到证监会的行政处罚。“欣泰电气欺诈发行案”中，作为保荐人的兴业证券同样也没有依据《证券发行上市保荐业务管理办法》中的规定对会计师事务所出具的专业意见尽审慎核查的勤勉义务，而是直接援引了北京市兴华会计师事务所出具的具有虚假记载等记载事项的监证业务报告。[2] 兴业证券与北京市兴华会计师事务所都因此受到证监会的行政处罚。虽然会计师事务所未履行勤勉义务而受到证监会的行政处罚屡见不鲜，但是截至 2021 年，发生会计师事务所对证券民事侵权赔偿承担连带责任的情形寥寥，如在“蓝田股份造假案”中，向受损投资者承担民事连带赔偿责任的中华伦会计师事务所，[3]以及“大智慧虚假陈述案”中，需要与大智慧公司一起向受损适格投资者承担证券民事赔偿连带责任的立信会计师事务所。[4] 不可否认，实践中在认定会计师事务所及其他证券中介机构承担民事赔偿责任方面存在一定困难，但是并不能认为规模不同的会计师事务所都没有承担证券民事赔偿的经济能力。

参照公平基金参与的先行赔付模式对先行赔付主体范围的界定，以及按照证券市场先行赔付制度应当遵循的原则与设立“投资者专项基金”旨在优先对投资者的损失进行先行赔偿来说，会计师事务所若不能证明其对发行人的欺诈发行或者虚假陈述等重大证券违法行为造成投资者损失没有过错，即使其没有全额赔付的资金实力，也可以采用按份赔付的方式，将其本应承担的证券民事赔偿金纳入专门赔付受损适格投资者的“投资者专项基金”，以扩大“投资者专项基金”的资金来源。

---

① 《中国证监会行政处罚决定书（中磊会计师事务所有限责任公司）》，载证监会 2019 年 11 月 4 日，http://www.csrc.gov.cn/pub/zjhpublic/G00306212/201706/t20170630_319382.htm。

② 《中国证监会行政处罚决定书（北京兴华会计师事务所、王全洲、杨轶辉等 4 名责任人员）》，载证监会 2019 年 11 月 4 日，http://www.csrc.gov.cn/pub/zjhpublic/G00306212/201706/t20170630_319382.htm。

③ 岳敬飞、牟敦国：《蓝田造假案判赔 540 多万 华伦会计师事务所连带赔偿》，载证券之星 2017 年 8 月 2 日，http://finance.sina.com.cn/stock/s/2017-08-02/doc-ifyinvyk3255025.shtml。

④ 张伟华、童非：《会计师事务所也要为上市公司财务造假买单》，载 http://www.lawyers.org.cn/info/679142ac8fc1475ea7d9ea22aed90a0a。

(4)其他证券服务机构作为先行赔付主体的认定

在证券市场先行赔付模式中,如果按照按份赔付的方式对受损适格投资者先行赔偿,就意味着其他证券服务机构并不是完全没有可能积极实施先行赔付的行为。其他证券服务机构主要是指,除了律师事务所、会计师事务所之外,为证券公开发行提供专业的证券服务业务的其他机构,如与发行人的资产规模以及信用等级有直接关系的资产评估机构、证券评级机构等。依照 2019 年《证券法》与《虚假陈述若干规定》,只要证券服务机构不能证明其对发行人的欺诈发行或者虚假陈述等重大证券违法行为造成投资者损失没有过错,就可以以作出虚假陈述违法行为的被告身份承担民事赔偿连带责任。同时,按照或有责任主体以其自有资金主动参与的先行赔付模式,在投资者人数相对较少、损失赔付总额规模不大、其他证券服务机构的资金实力雄厚等情形下,并没有充足的理由排斥其作为证券市场的先行赔付主体。此时,证券监督管理机构可以鼓励其他证券服务机构进行先行赔付。即使其他证券服务机构的资金实力不具备全额赔付的情形,也可以考虑采取按份赔付的方式与其他主体共同设立"投资者专项基金",以便扩大基金资金来源,对受损投资者进行赔付。

2. 控股股东、实际控制人之外的其他人员作为先行赔付主体的认定

虽然法律并没有排除发行人、上市公司以及证券中介机构作为证券市场先行赔付主体,但是它们毕竟不是每次都是因实施欺诈发行、虚假陈述等证券违法行为的最大受益者。在证券市场中,发行人、上市公司的控股股东、实际控制人侵害公司以及其他股东权益的现象仍旧存在并且较为严重。[①] 大多数的发行人、上市公司的重大证券违法行为也大多在控股股东、实际控制人的操纵下进行。然而,发行人、上市公司的控股股东、实际控制人作为实施欺诈发行、虚假陈述等证券违法行为可能的最大受益者及证券违法行为的主要操控者,其对受损适格投资者进行证券民事损害赔偿的案件寥寥,并没有凸显其作为法定责任主体应当承担的民事损害赔偿责任。[②]

---

① 参见范世乾:《控制股东滥用控制权行为的法律规制》,法律出版社 2010 年版,第 16 页。

② 参见蔡奕等:《证券市场监管执法的前沿问题研究》,厦门大学出版社 2015 年版,第 27 页。

此时,根据我国证券市场先行赔付的立法模式,先行赔付主体有意愿通过自有资金主动承担对受损适格投资者的民事赔偿,都应该激励,并结合参与了公开发行股票过程中的重要人员,展开对控股股东、实际控制人之外的其他人员作为先行赔付主体的讨论。

公司管理人承担着保证公司对外信息披露质量的"基本"和"首要"的责任。[①] 只要其属于虚假陈述的法定责任主体,就可以成为证券市场的先行赔付主体。[②] 2019 年《证券法》规定了发行人或者上市公司的董事、监事、高级管理人员可以作为虚假陈述的法定责任主体。《证券市场虚假陈述侵权民事赔偿若干规定》也规定了对发行人或者上市公司的董事、监事、高级管理人员可以以被告的身份对受损适格投资者进行的证券侵权承担民事损害赔偿责任。然而实践中,鲜有由上述主体作为被告承担民事赔偿责任的情形。究其原因,如果需要由发行人或者上市公司的董事、监事、高级管理人员对受损适格投资者承担证券侵权民事损害赔偿,那么不排除这些人员会通过积极的抗辩或者寻求救济的方式来降低自身承担的赔偿数额。[③] 然而,2019 年《证券法》并没有从法律层面上"直接"将发行人的董事、监事、高级管理人员界定为证券市场先行赔付主体。

当面对需要对其进行先行赔付的受损适格投资者人数众多、先行赔偿的民事赔偿金数额巨大的情形时,发行人的董事、监事、高级管理人员一般不如发行人或者发行人的控股股东、实际控制人拥有先行赔付的资金雄厚。然而,在成立的专门用于赔付受损投资者的"投资者专项基金"中,不能证明其对发行人的欺诈发行或者虚假陈述等证券违法行为没有过错的董事、监事、高级管理人员,可参照公平基金参与的先行赔付模式对先行赔付主体范围的界定,用自有资金以按份赔付参与的方式,积极参与到对受损适格投资者进行赔偿的"投资者专项基金"中。这种方式比没有交付自有资金对

---

① See Loss, Louis & Seligman, Joel, *Fundamentals of Securities Regulation*(4), Aspen Law & Business, 2000, p. 1154 – 1156.

② 参见肖宇、黄辉:《证券市场先行赔付:法理辨析与制度构建》,载《法学》2019 年第 8 期。

③ 如董事或者高管人员通过购买董事责任险来解决与投资者在证券侵权诉讼中达成的民事和解金落实问题。See John C. Coffee Jr., *Reforming the Securities Class Action: An Essay on Deterrence and Its Implementation*, Columbia Law Review, Vol. 106:7, p. 1534 – 1586(2006).

适格的受损投资者进行先付行为更能体现对扩充“投资者专项基金”资金来源的肯定。本着证券市场先行赔付以保护受损适格投资者优先的目的，发行人的董事、监事、高级管理人员以自有资金承担按份赔付的方式，作为对受损适格投资者进行赔偿的“投资者专项基金”的资金来源，不失为一种尝试。

本章小结

证券市场先行赔付主体的确定，是决定受损适格投资者是否能够及时、有效获得赔偿的关键。如果不能及时、有效地确定先行赔付的主体，那么很难启动证券市场先行赔付程序，以致证券市场先行赔付制度难以形成在投资者保护中的长效机制。故而，如何使先行赔付主体能够主动承担起对受损适格投资者的先行赔付，是开展证券市场先行赔付工作面临的首要问题。如果没有主动担负起先行赔付功能的先行赔付主体的存在，受损适格投资者能够及时、有效地获得赔偿也将是空谈。

通过对证券立法与实践中对先行赔付主体范围的界定进行分析，在公平基金参与的先行赔付模式下，虽然从公平基金拨款用于赔偿受损投资者时，与其对应的启动主体主要是 SEC，但是行为人只要符合非法活动采用的欺骗性手段等前置性的条件，就可以成为对受损投资者进行赔偿的先行赔付主体。在投资者保护基金参与的先行赔付模式下，虽然是从投资者赔偿基金拨款，用于支付作为申索人的受损投资者的赔偿金，但是不能以投资者赔偿公司负责运行投资者赔偿基金，利用投资者赔偿基金先予支付给遭受损失的适格投资者，投资者赔偿公司就被视为先行赔付主体；被视为先行支付主体，则更为合适。同时，英国金融市场立法中对证券欺诈行为主体的规定，厘清了直接勒令赔偿制度中先行赔付的主体范围。然而，实践中鲜有采用直接勒令赔偿制度处理对受损投资者的先行赔付案例，一般也是将实施市场滥用行为的公司作为先行对受损投资者进行赔偿的主体。

鉴于实践中采用直接勒令赔偿制度处理对受损投资者的先期执行与赔付的案例寥寥，并且与公平基金制度都是通过借助公共证券监管机构的证券执法权力,充分彰显证券违法行为主体可以及时补偿受损适格投资者的法律立场共性,以及与公平基金中都存在可以由证券监管机构直接向证券欺诈行为主体实施行政审裁程序或者代表遭到损失的投资者提起民事侵权赔偿诉讼的行为相似。故而,展开对公平基金参与的先行赔付模式与投资者保护基金参与的先行赔付模式下的发行人、上市公司、证券市场中介机构以及公司的控股股东、实际控制人及其他人员作为先行赔付主体的认定与评析。在公平基金参与的先行赔付模式下,发行人、上市公司、证券市场中介机构以及公司的控股股东、实际控制人及其他人员都可以作为对受损适格投资者进行先期执行与赔付的证券市场先行赔付主体。在投资者保护基金参与的先行赔付模式下,如果不具备建立公平基金参与的先行赔付模式的条件,而将证券违法行为主体缴纳的罚没款纳入投资者保护基金的资金,发行人、上市公司、证券市场中介机构以及公司的控股股东、实际控制人及其他人员作为投资者保护基金参与先行赔付模式下的先行赔付主体,对受损适格投资者进行的及时赔付才会实际发挥作用。与之相反,如果没有扩大投资者保护基金的资金来源,投资者保护基金参与的先行赔付模式下的发行人、上市公司、证券市场中介机构以及公司的控股股东、实际控制人及其他人员并不能被绝对的认定为先行赔付的主体。

就如孟德斯鸠强调的,“不强迫任何人去做法律所不强制他做的事,也不禁止任何人去做法律所许可的事”。[①] 结合美国证券立法与实践需要对遭受损失的适格投资者承担证券民事赔偿的法定责任主体的多元化,以及公平基金参与的先行赔付模式下,并没有要求对受损适格投资者进行赔偿的每一类别的先行赔付主体承担全额赔付来看,通过对我国先行赔付主体范围在立法与实践中的界定及其存在问题的分析,笔者认为,不但需要从明确先行赔付职责的方面界定先行赔付主体,而且也应该将发行人“直接”界定为法定的先行赔付主体,甚至可以从按份赔付方式方面对先行赔付主体进行界定。以按份赔付参与的方式,认定证券市场中介机构以及发行人的控股股东、实际控制人之外的其他人员作为我国的先行赔付主体,将其自有资金纳入对受损适格投资者进行赔偿的“投资者专项基金”,不失为一种尝试。

---

① [法]孟德斯鸠:《论法的精神》,张雁深译,商务印书馆1961年版,第154页。

第三章　证券市场先行赔付的赔付对象范围的法律界定

如何使先行赔付主体主动承担起对赔付对象的先行赔付,是开展证券市场先行赔付工作面临的首要问题。那么在确定先行赔付主体范围的同时,如果对赔付对象范围没有进行合理的界定,证券市场先行赔付制度的实现也将是空谈。按照证券市场先行赔付制度本应遵循的适当性原则,对赔付对象范围进行界定是实施证券市场先行赔付制度的关键。

第一节　受损适格投资者作为赔付对象的逻辑分析

证券投资者作为证券投资、证券交易以及证券收益的主要证券市场主体,①受证券市场信息不对称与自身理解信息差异的影响,呈现证券投资者类型多样化的

---

① 参见何德旭、周宇:《中国证券投资者保护机制的创新方向与实现路径》,载《金融评论》2015 年第 1 期。

特征。① 通过对证券投资者类型进行合理的划分，可以降低证券监督管理机构的监管成本、证券中介机构的评估成本，是证券市场参与主体构筑证券市场良好发展的有效措施。哪些类型的证券投资者最有可能成为证券市场先行赔付的赔付对象，离不开对证券市场上投资者类型的清晰认识。

一、证券市场上投资者的类型划分及其分类参数

（一）证券市场上投资者的类型划分

为了符合证券市场上不同投资者与融资者的特征，美国与欧盟在这一方面的制度设计堪称典范。美国证券立法上的投资者主要是指投资证券的主体。美国司法实践中，把投资者分为成熟的投资者与无投资经验的投资者。② 在经过长期的司法实践验证后，对于成熟的投资者是否需要美国证券立法的保护普遍的观点认为"美国证券立法倾向保护的是无投资经验的容易受欺诈的投资者"，并且美国证券立法中的条款设计基本上都围绕着对无投资经验的个人投资者的保护这一初衷。③ 在美国的成文规则中，把投资者分为获许投资者、机构投资者以及零售投资者，其中获许投资者是唯一在美国成文规则中得到法律界定的投资者。④ 按照其财务状况，符合特定条件的机构投资者和财力丰厚的个人投资者被纳入绝对意义上的成熟投资者范畴。⑤ 美国金融业监管局（The Financial Industry Regulatory Authority）的自治性规则中，将机构投资者与零售投资者作为一对意思相对的主体进行界定。零售投资者是除了机构投资者以外的任何人，⑥主要是指需要美国证

---

① 参见彭晓洁、李梦蝶：《国外证券投资者适当性制度及其对我国的启示》，载《贵州社会科学》2015 年第 11 期。

② See James D. Cox & Robert W. Hillman & Donald C. Langevoort, *Securities Regulation: Cases and Materials*(7), AspenPublishers, 2013, p. 277.

③ See Fletcher Ⅱ. C. Edward, *Privatizing Securities Dispute Through the Enforcement of Arbitration Agreements*, Minnesota Law Review, Vol. 71:3, p. 393 – 460(1987).

④ See Roberta S. Karmel, Regulation by Exemption: The Changing Definition of an Accredited Investor, Law Journal, Vol. 39:3, p. 681 – 702(2008).

⑤ See James D. Cox & Robert W. Hillman & Donald C. Langevoort, *Securities Regulation: Cases and Materials*(7), Aspen Publishers, 2013, p. 278.

⑥ See NASD Rule 2211(a)(4).

券立法保护的个人投资者。[①] 美国司法实践中，一般把机构投资者与获许投资者作为成熟的投资者。[②] 换句话说，非自然人的投资者一律被视为成熟的投资者，而作为以自然人为投资者的零售投资者，被视为与成熟投资者相对的无投资经验的投资者，其中自然人投资者作为获许投资者，主要是以财富收入作为衡量其与机构投资者的区别。

证券投资者与接受证券投资服务的消费者是身份重合，但相对不同的对象具有特定称谓的主体。证券投资者购买股票，是相对发行人这一主体而言；投资者相对于"经纪商—交易商"这一主体，[③]是接受证券投资服务的消费者。欧盟金融市场工具指令（European Directive on Markets in Financial Instruments，MiFID）是专门针对证券投资服务的法律规范。[④] 在 MiFID 中，客户作为接受证券投资服务的主体，被分为合格交易对手、专业客户以及零售客户，其中专业客户又分为绝对的专业客户与相对的专业客户。[⑤] 绝对的专业客户是由机构投资者组成，相对的专业客户是把本属于"零售客户"的投资者因满足专业客户的序列要求，经证券服务提供者的测评而列入专业客户序列。零售客户是合格交易对手以及专业客户以外的机构或自然人，不包括金融企业或者政府的中小型企业。[⑥] 专业客户与零售客户都需要商业行为规范的保护，零售客户是 MiFID 中最主要的保护对象。[⑦]

（二）证券市场上投资者的分类参数

1. 按照投资者的主体性质界定

按照投资者的主体性质界定，可以分为机构投资者与个人投资者。机构投资者主要是用自有资金或者筹集到的资金集合专门用于投资的法人或

---

① See Donald C. Langevoort, *The SEC, Retail Investors, and The Institutionalization of the Securities Markets*, Virginia Law Review, Vol. 95:4, p. 1025 - 1083(2009).

② 参见郑青：《论证券投资服务消费者的法律地位》，载《清华法学》2013 年第 2 期。

③ "经纪商—交易商"主要是为促成证券投资者证券交易或者为证券投资者提供投资咨询、建议等服务。

④ See Niamh Moloney, *Large-scale Reform of Investor Protection Regulation: the European Union Experience*, Macquarie Journal Business Law, Vol. 4, p. 147 - 178(2007).

⑤ See Marc Kruithof & Waiter Gerven, A Different Approach to Client Protection: the Example of MiFID(November 19, 2019), https://papers.ssrn.com/sol3/papers.cfm?abstract_id=1622682.

⑥ 参见郑青：《论证券投资服务消费者的法律地位》，载《清华法学》2013 年第 2 期。

⑦ 参见郑青：《论证券投资服务消费者的法律地位》，载《清华法学》2013 年第 2 期。

非法人机构或者其他实体。① 个人投资者是以个人的名义参与购买证券以及证券交易的自然人。② 从具有机构投资者类型多样、拥有资产最多的美国关于机构投资者的法律规定来看,美国制定的 1940 年《投资公司法》是机构投资者运行的法律基础。该立法对机构投资者的投资范围及其信息披露作出了严格的监管规定。同时,按照主体性质进行的划分,虽然投资者类型划分清晰,但是没有过多地考虑投资者基于专业水平的风险识别能力与财富支撑的风险承受能力。证券市场投资环境的复杂化、多样化发展,会提升证券监督管理机构的监管成本与证券中介机构的评估成本。从上述不同国家对投资者类型的划分看,目前证券市场投资者的类型划分不只是基于主体性质的简单划分。③

2. 按照投资者的金融资产规模、金融从业年限以及其他方面界定

按照主体性质的界定,主要是在证券市场初期对投资者类型进行的区分。虽然目前证券市场对投资者类型进行区分主要参考资产水平、投资目的、从业经验等,但是并没有全面排除以主体性质为分类条件对投资者类型的界定。如美国的机构投资者,只要自然人的财富收入高于 5000 万美元,那么仍旧属于机构投资者。④ 欧盟零售客户不仅包含符合条件的自然人,也包含符合条件的机构。⑤ 我国关于专业投资者与普通投资者的划分,也是只要符合各自的条件,自然人、法人或非法人组织都可以成为相对应条件的专业投资者或普通投资者。

虽然机构投资者基于先进的技术、设备等资源以及专业性的知识分析获取信息的能力强,比个人投资者做出的非理性投资决策要少,⑥但是机构

---

① 参见郑青:《论证券投资服务消费者的法律地位》,载《清华法学》2013 年第 2 期。

② See Donald C. Langevoort, *The SEC, Retail Investors, and The Institutionalization of the Securities Markets*, Virginia Law Review, Vol. 95:4, p. 1025 – 1083(2009).

③ See Fletcher Ⅱ. C. Edward, *Privatizing Securities Dispute Through the Enforcement of Arbitration Agreements*, Minnesota Law Review, Vol. 71:3, p. 393 – 460(1987).

④ See NASD Rule 2211(a)(3).

⑤ See Marc Kruithof & Waiter Gerven, A Different Approach to Client Protection: the Example of MiFID(November 19, 2019), https://papers.ssrn.com/sol3/papers.cfm? abstract_id = 1622682.

⑥ See Aneel Keswani & David Stolin, *Which Money is Smart? Mutual Fund Buys and Sells of Individual and Institutional Investors*, The Journal of Finance, Vol. 63:1, p. 85 – 118(2008); Kent Daniel & Mark Grinblatt & Sheridan Titman & Russ Wermers, *Measuring Mutual Fund Performance with Characteristic-Based Benchmarks*, The Journal of Finance, Vol. 52:3, p. 1035 – 1058(1997).

投资者作为法人或者其他组织,其投资决策也是基于专业团队中的具体个人来完成,这样势必也避免不了像个人投资者一样,成为证券市场的噪声交易者,[①]因证券市场上的违法行为而遭受损失。故而,不管是以何种方式对投资者结构进行的划分,不过只是证券经营机构履行的特殊注意义务,以及投资者受制于自身金融资产的风险承担能力与从业经验的风险识别能力等因素,受证券市场噪声的影响大小不同而已,投资决策最终依赖的是作为实体的个人。因此,上述投资者类型都有可能成为因证券市场上的违法行为而遭受损失的投资者,但是不一定都成为需要证券立法保护的受损适格投资者。

二、受损投资者与受损适格投资者辨析

理性的证券市场不可避免会吸引适格投资者的积极参与,"适格投资者制度"已然成为当今发达资本市场的重要制度之一。[②]"适格投资者制度"虽然不能完全解决投资者因重大证券违法行为而遭受损失的法律风险,但是这一类似防火墙的投资者准入认定制度,至少在一定程度上起到了法律风险警示的作用。受损"适格投资者"范围是否能够得到合理的界定,会对通过先行赔付弥补其损失的受偿主体范围产生深远而显著的影响。

(一)投资者保护基金参与先行赔付模式中两者的辨析

投资者保护基金参与的先行赔付模式相比或有责任主体以其自有资金主动参与的先行赔付模式与公平基金参与的先行赔付模式,用于对受损适格投资者进行赔偿的基金资金来源更为广泛。该基金资金来源不像或有责任主体以其自有资金主动参与的先行赔付模式仅包含或有责任主体利用自有资金主动设立的投资者保护专项基金,也不像公平基金参与的先行赔付模式的资金来源主要是对证券欺诈行为主体收缴的违法所得与民事罚款。在或有责任主体以其自有资金主动参与的先行赔付模式与公平基金参与的

---

① 投资者持股时间较短主要归因于其投资决策主要是依赖证券市场上各种复杂的信息诱惑,而不是基于关注公司价值的相关信息。See Daniel Kahneman & Amos Tversky, *Prospect Theory: An Analysis of Decision Under Risk*, Econometrica, Vol. 47:2, p. 263 – 291(1979).

② 参见张秀全、蒋英燕:《我国股权众筹投资者适格准入的困境与突破》,载《上海金融》2016 年第 11 期。

先行赔付模式完全可以对受损适格投资者进行证券民事赔偿的情形下，投资者保护基金参与的先行赔付模式作为对或有责任主体以其自有资金主动参与的先行赔付模式与公平基金参与的先行赔付模式的底线保护，一般不会被启动。按照权利与义务一一对应的关系，需要投资者保护基金进行保护的客户范围不同。

1. 作为证券公司债权人的普通投资者

此类投资者可以享有投资者保护基金的保护，其基于交易和投资的目的而将资金或者证券委托给证券公司，因证券公司的非法动用，而不能取回其证券交易结算资金和个人债权的主体。换言之，该类投资者享有投资者保护基金的保护是基于与证券公司具有传统意义上的信义义务关系。[①] 出资人或者贷款人则不属于投资者保护基金保护的客户范围。虽然此类投资者遭受损失时，可以基于投资者保护基金的先予执行获得证券民事赔偿，但是结合证券市场先行赔付制度的内涵与外延的主旨厘定，当投资者保护基金参与先行赔付时，此种投资者并非基于在证券交易市场中因证券市场违法行为而遭受损失，需要获得证券民事赔偿的主体。一言以蔽之，其是享有投资者保护基金保护的适格投资者，但是并非投资者保护基金参与的先行赔付模式的适格投资者。

2. 遭受各种实际损失的散户投资者

我国香港特区通过《证券及期货条例》设立的投资者赔偿基金，形成对投资者权益的保护，兼具了两大法系的特点。投资者赔偿基金主要用于对在证券交易中的受损散户投资者的救济，不能对证券交易的机构投资者进行赔偿。换句话说，此时给投资者造成损失的违责持牌中介人或者认可财务机构属于香港证券交易所的会员，投资者是会员的散户投资者。只有满足上述范围的投资者，才有享受以投资者赔偿基金获得索赔的资格。鉴于“违责”适用范围的模糊性，我国香港特区设立的投资者赔偿基金可以先行对遭受各种损失的投资者进行有限范围的赔偿纳入证券市场先行赔付制度的适用范围。故而，因违责持牌中介人或者认可财务机构而遭受损失的散户投资者，可以成为投资者保护基金参与的先行赔付模式的适格投资者。

---

① See H. R. Rep. No. 595, 95th Cong., 2d Secs. 267, 1977.

虽然投资者保护基金参与的先行赔付模式的基金资金来源广泛,但是投资者保护基金参与的先行赔付模式主要是针对不同情形下,对作为散户的普通投资者遭受损失进行保护。故而,在投资者保护基金参与的先行赔付模式中,专业投资者或者相关的利害关系人在证券市场上不管是因何遭受损失而成为受损的投资者,并不能成为此种先行赔付模式保护的受损适格投资者。

（二）公平基金参与先行赔付模式中两者的辨析

在美国证券集团诉讼中,即使作为原告的受损投资者胜诉,也会面临被告因难以承受巨额赔偿款而向遭受损失的适格投资者进行赔偿时的执行难问题。[①] 美国公平基金是对证券市场违法行为主体收缴的罚没款与对受损投资者进行民事赔偿相衔接的有益探索,其资金主要源于对证券违法行为主体没收的违法所得、民事罚款等,发挥了对受损适格投资者进行先期执行与赔付的功能。

对比公平基金与证券集团诉讼的处置效率,公平基金更能快速地确定受损适格投资者,使受损适格投资者在短时间内获得民事损害赔偿。[②] 如在法院批准的“戴尔”公平基金分配计划中,[③]认定凡是在 2001 年 5 月 3 日至 2006 年 9 月 8 日,这一时间段内购买或者取得戴尔股票的投资者,因戴尔公司虚假陈述遭受损失,都可以成为受损的适格投资者。然而,早先经由法院批准的按照戴尔公司与集团诉讼代表人达成的和解协议,成立的“戴尔”和解基金认定凡是在 2002 年 5 月 16 日至 2006 年 9 月 8 日购买或者取得戴尔股票的投资者因戴尔公司虚假陈述遭受损失的,属于通过集团诉讼达成的和解基金的受损适格投资者。[④] 对比来看,由于戴尔公司与集团诉讼代表人达成的和解协议,成立的“戴尔”和解基金要比

---

① See Kalven Jr. Harry & Rosenfoeld Maurice, *The Contemporary Function of the Class Suit*, University of Chicago Law Review, Vol. 8:4, p. 684 – 721(1941).

② See Urska Velikonja, *Public Compensation for Private Harm: Evidence from the SEC's Fair Fund Distributions*, Stanford Law Review, Vol. 67:2, p. 331 – 395(2015).

③ See GCG, The Dell SEC Fair Fund(November 19, 2019), http://www.dellsecsettlement.com/index.php.

④ See Dell Inc., Securities Litigation: Case No. A – 06 – CA – 726 – SS(November 19, 2019), https://casetext.com/case/in-re-dell-inc.

法院批准的设立“戴尔”公平基金及其分配计划时间要早，[①]“戴尔”公平基金确定的受损适格投资者范围要比“戴尔”和解基金确定的受损适格投资者范围更大（具体详见图3－1）。虽然受损适格投资者一旦提交了和解协议申请，将放弃对戴尔公司继续诉讼的权利，但是受损适格投资者接受“戴尔”公平基金对其损失进行的补偿，不代表丧失了提起民事赔偿诉讼的权利。只要符合特定时间段内因戴尔虚假陈述遭受损失的投资者，仍旧可以提起民事赔偿诉讼。在2010年5月11日前尚未提交索赔申请表的受损适格投资者，[②]可以通过后续法院批准的“戴尔”公平基金分配计划获得补偿。

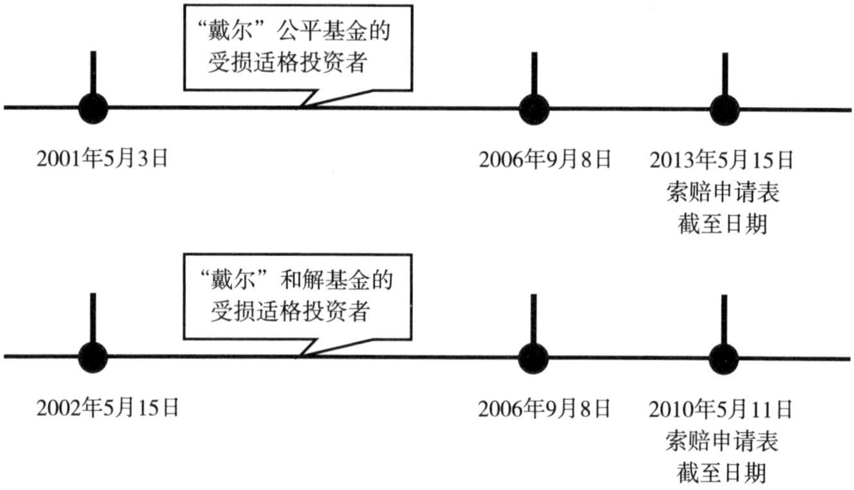

图3－1 “戴尔”公平基金与“戴尔”和解基金确定的受损适格投资者购买或者取得戴尔股票的时间段

资料来源：GCG，The Dell SEC Fair Fund（November 19，2019），http://www.dellsecsettlement.com/index.php。

---

① 2009年，法院发布公告设立“戴尔”和解基金；2012年，法院批准戴尔虚假陈述案的“戴尔”公平基金的分配计划。See GCG，The Dell SEC Fair Fund（November 19，2019），http://www.dellsecsettlement.com/index.php.

② 按照法院发布的公告，受损适格投资者需要在2010年5月11日前提交《索赔申请表》，才可获得通过“戴尔”和解基金对其损失进行的赔偿。See GCG，The Dell SEC Fair Fund（November 19，2019），http://www.dellsecsettlement.com/index.php.

通过对比“戴尔”公平基金与“戴尔”和解基金确定的受损适格投资者购买或者取得戴尔股票的时间段，在2001年5月3日至2002年5月15日购买或者取得戴尔股票的投资者因戴尔公司虚假陈述遭受损失的，只属于享有“戴尔”公平基金对其进行赔付的受损适格投资者。在这一时间段内作为因戴尔公司虚假陈述的受损投资者，不属于享有集团诉讼中达成的和解基金对其进行赔付的受损适格投资者。按照损失填补原则，受损适格投资者从“戴尔”公平基金获得的补偿与从诉讼中达成的“戴尔”和解基金中获得的赔偿合计，一般不应超出受损适格投资者的实际损失。

三、受损适格投资者的界定

在证券市场上遭受违法行为侵害并遭受损失的投资者，即受损投资者，并不是在任何场合都可以成为证券市场先行赔付的受损适格投资者。要想成为证券市场先行赔付的受损适格投资者，受损投资者必须满足特定条件，才可以因证券市场违法行为与损害后果之间存在因果关系，成为赔付对象。故而，只有受损的适格投资者，才可以成为证券市场先行赔付模式下的赔付对象，如果仅是遭受损失的投资者，并不能一概被认定为属于证券市场先行赔付模式下的赔付对象。

（一）投资者保护基金参与先行赔付模式下受损适格投资者的界定

通过投资者保护基金参与的先行赔付模式中对受损投资者与受损适格投资者的辨析，对受损适格投资者的界定更为清晰。受损投资者和受损适格投资者都是因证券违法行为而遭受损失的投资者，但是必须满足一定条件，才能成为具有“资格”的受损投资者。符合“资格”的条件至少包含以下方面：

一方面，基于同一主体发生的同一原因或者同一证券违法行为而遭受损失的投资者。如在我国香港特区设立的投资者赔偿基金中，获得投资者赔偿基金保护的投资者都因持牌中介人或者认可财务机构违责而遭受损失。

另一方面，在遭受损失的投资者中，基本上排除了与实施违法行为的主体具有直接密切关系或者直接利害关系的主体。同时，基于投资者保护基金参与的先行赔付模式的启动有严格的前提条件,即根据发生的证券市场违法行为对证券市场社会性和公共性造成的严重程度进行综合判断。当根据发生的证券市场违法行为对证券市场社会性和公共性造成的严重程度必须启动投资者保护基金参与的先行赔付时,一般会本着投资者"买者自负"与"差异化"原则来确定赔付对象的限定范围。如在投资者赔偿基金中,获得投资者赔偿基金保护的投资者,是因作为香港证券交易所会员的持牌中介人或者认可财务机构违责行为而遭受损失的散户。① 只有满足上述条件的投资者,才有向投资者赔偿基金获得索赔的资格。

(二)公平基金参与先行赔付模式下受损适格投资者的界定

通过公平基金参与的先行赔付模式中对受损投资者与受损适格投资者的辨析,对受损适格投资者的界定更为清晰。受损投资者和受损适格投资者都是因证券违法行为而遭受损失的投资者,但是必须满足一定条件,才能成为具有"资格"的受损投资者。

公平基金参与的先行赔付模式并非如或有责任主体以其自有资金主动参与的先行赔付模式的案件适用范围一样,主要限定在欺诈发行、虚假陈述领域,在内幕交易及其他证券违法类型中面临的争议更小。② 证券市场上因证券违法行为遭受损失的投资者,通过在美国投资者保护体系中占有重要地位的集团诉讼方式获取救济的同时,并不影响受损的投资者选择公平基金对其损失进行补偿。③ 公平基金发挥了对适用证券集团诉讼难以及时获取救济的受损投资者的保护,④如在戴尔虚假陈述案中,通过"戴尔"公平基金的分配计划确定的受损适格投资者认定区间与"戴尔"和解基金确定的受损适格投资者认定区间就不一样。"戴尔"公平基金确定的受损适格

---

① 参见香港2003年《证券及期货条例》第179条、第182条、第214条、第381条。

② 参见郭雳:《证券执法中的公共补偿——美国公平基金制度的探析与借鉴》,载《清华法学》2018年第6期。

③ 美国在2002年至2012年成立公平基金的238起案件中,其中就有154个案件的投资者同时提起了证券集团诉讼,占总数的64.7%。See Urska Velikonja, *Public Compensation for Private Harm: Evidence from the SEC's Fair Fund Distributions*, Stanford Law Review, Vol. 67:2, p. 331 – 395(2015).

④ See Urska Velikonja, *Public Compensation for Private Harm: Evidence from the SEC's Fair Fund Distributions*, Stanford Law Review, Vol. 67:2, p. 331(2015).

投资者认定区间要比"戴尔"和解基金确定的受损适格投资者认定区间更大。只要按照法院发布的公平基金分配方案的通知,在特定时间段购买或者取得普通股遭受实际损失的投资者,都有可能成为通过公平基金设立的投资者保护专项基金赔付的对象。虽然没有特别强调只对处于弱势地位的普通投资者进行保护,但是根据保护公众利益是美国证券立法的精髓所在,①此处参照美国公平基金制度先行对受损适格投资者进行赔付的实践案例,②公平基金参与的先行赔付模式下的受损适格投资者,一般排除了遭受损失的责任主体以及与其具有密切关系与利害关系的主体。

美国确立的公平基金都是以"一案一设"的"专项基金"模式用于对受损适格投资者进行先期执行与赔付。结合安然(Enron)财务造假案设立的基金分配方案,③对遭受损失的投资者进行补偿的金额采用了"事件研究法"进行计算;北电(Nortel)财务造假案设立的基金分配方案,④戴尔(Dell)虚假陈述案设立的基金分配方案,⑤对遭受损失的投资者进行补偿的金额采用了"损失计算价差法"进行计算。由此可以看出,在涉事案件成立公平基金时,因为涉案公平基金分配方案所依据的对遭受损失的投资者进行补偿的金额计算方式不一样,所以基于欺诈发行或者虚假陈述类似案件所保护的受损适格投资者范围也并非完全相同。然而,每一件成立公平基金的涉事案件,依据公平基金分配方案对遭受损失的适格投资者进行赔偿时,基本上在整个赔偿程序中都是采用统一的计算方法来确定受损适格投资者的范围。只有符合涉事案件可以获得赔偿条件的受损投资者,才是满足一定

---

① See John R. Allison & Robert A. Prentice, *The Legal Environment of Business*(4), Dryden Press, 1993, p. 475.

② See Dell Inc., Distribution Plan For Dell SEC Fair Fund (November 19, 2019), http://www.dellsecsettlement.com/notice.php; Nortel Inc., Plan of Allocation for the Nortel Fair Fund Distribution Plan (November 21, 2019), http://nortelsecsettlement.com/docs/Distribution%20Plan.pdf.

③ See John R. Kroger, *Enron, Fraud, and Securities Reform: An Enron Prosecutor's Perspective*, University of Colorado Law Review, Vol. 76:1, p. 57 – 138(2005).

④ See Nortel Inc., Plan of Allocation for the Nortel Fair Fund Distribution Plan (November 21, 2019), http://nortelsecsettlement.com/doc/Distribution%20Plan.pdf.

⑤ See GCG, The Dell SEC Fair Fund (November 19, 2019), http://www.dellsecsettlement.com/index.php.

"资格"的投资者。

第二节 不同先行赔付模式下的赔付对象范围的确定

按照对证券市场先行赔付的模式设计,结合权利与义务一一对应的关系,在肯定具有对受损的适格投资者进行先期执行与赔付的共同点的同时,不可否认基于资金来源不同,造成适用先行赔付获得救济的受损适格投资者范围也不同,势必需要厘清不同先行赔付模式下作为受损适格投资者的赔付对象的界定范围。

一、投资者保护基金参与先行赔付模式下的赔付对象范围的确定

投资者保护基金参与的先行赔付模式,是基于现有的证券投资者保护基金制度,从拓展筹集证券投资者保护基金的资金来源等方面构建的证券市场先行赔付模式。投资者保护基金参与的先行赔付模式关于赔付对象的确定范围,离不开借鉴现有投资者保护基金确定的受损适格投资者保护范围。从设立证券投资者保护基金的运作模式出发,美国作为以独立的证券投资者保护公司负责对证券投资者保护基金进行运行的典型独立模式代表国家,我国香港特区作为由证券交易所发起设立的投资者赔偿基金,并负责对基金进行运行的典型附属模式代表地区,与我国内地以独立的证券投资者保护基金有限公司负责对证券投资者保护基金进行运行有很大的不同,通过对它们的比较来进一步探讨适用证券投资者保护基金进行保护的作为受损适格投资者的赔付对象的界定范围。

(一)主要国家或地区设立的投资者保护基金保护的赔付对象范围

1. 美国

美国 1970 年《证券投资者保护法案》规定设立证券投资者保护公司,作为主要负责管理和运作证券投资者保护基金的机构。该法案对 SIPC 的法律安排主要是为了避免证券公司发生经营风险,存在倒闭或者破产情况对因证券交易而持有的投资者资产不能返还时,由 SIPC 介入对受损投资者进行救济,来稳定投资者对证券市场的信心。换句话说,属于需要 SIPC 参

与对其进行救济的合格投资者必须满足以下三个条件:第一,因证券交易而把资金或者证券委托交付给注册的证券公司,①并非未参与证券交易,单纯为获利息而把资金存在证券公司。第二,注册的证券公司发生经营风险,面临破产,并非其他问题,如公司财务上存在的问题等。第三,注册的证券公司因破产将不能返还持有的投资者资金或者证券。同时,通过合理运用"排除性条款",以列举的方式明确排除不属于 SIPC 保护范围的投资者。②在 SEC v. Packer, Wilbur & Co. 案中,巡回法院就明确指出:"SIPC 的目标是保护投资公众,而不是经纪商。"③由此可以看出,美国 SIPC 主要是保护因证券交易而把资金或者证券交付的证券公司破产,不能获得破产证券公司赔偿的投资者交易资金或者证券的无辜投资者,但是不保护参与欺诈而遭受损失的投资者。④

2. 我国香港特区

我国香港特区《证券及期货条例》第Ⅻ部专章规定的对投资者的赔偿,详细介绍了关于设立"投资者赔偿基金"的规定。⑤ 投资者赔偿基金主要是由香港特区证券交易所发起设立,用于对因持牌的中介人或者认可财务机构的违责导致在香港特区证券交易所买卖商品的过程中遭受损失的投资者进行赔偿,并且主要用于对证券交易的散户投资者进行赔偿,并没有规定对证券交易的机构投资者进行赔偿。换句话说,此时的持牌中介人或者认可财务机构属于香港特区证券交易所的会员,投资者是会员的散户投资者。只有满足上述条件的投资者,才有向投资者赔偿基金获得索赔的资格。同时,按照《证券及期货(投资者赔偿——申索)规则》第 2 条,对"合资格客户"的界定通过合理运用"排除性条款",把这些主体排除在可以向投资者赔偿基金提出申请索赔的受损适格投资者之外。同时,把与上述持牌中介

---

① See SEC v. F. O. Bar off Co. ,497F. 2d 280,283 (2d Cir. 1974).

② See Securities Investor Protection Act of 1970 § 78fff.

③ See SEC v. Packer, Wilbur & Co. ,498F. 2d 978,984 (2d Cir. 1974).

④ See SEC v. Packer, Wilbur & Co. ,362F. Supp. 510, S. D. N. Y. ,1973.

⑤ 香港 2003 年《证券及期货条例》第Ⅻ部第 236 条第 1 款规定:"为按照在第 244 条下订立的规则以对因任何指明人士或任何该人士的相联者在与指明证券或期货合约有关联的情况下所犯的违责而蒙受损失的该人士的客户提供赔偿措施,证监会须设立及维持一个赔偿基金,其中文名称为'投资者赔偿基金',而英文名称则为'Investor Compensation Fund'。"

人或者认可财务机构的主要利益主体也排除在可以向投资者赔偿基金提出申请索赔的受损适格投资者之外。[①]

（二）投资者保护基金参与先行赔付模式下确定赔付对象范围的逻辑分析

1. 投资者保护基金参与先行赔付的启动依据

虽然伊始于20世纪60年代世界主要国家或地区的证券公司倒闭风潮已经过去，证券公司通过选择安全系数比较高的第三方存管客户证券交易结算资金的方式，来保障投资者的合法权益，但是这并不意味着所有国家的证券投资者保护基金的适用用途及其功能可以得到充分发挥，证券投资者保护基金依然存在被闲置的情况。[②] 同时，随着越来越多的非诉纠纷解决机制的盛行，以及正在"消失中的审判"，[③]非诉纠纷解决机制在证券民事赔偿纠纷中也得到了广泛的适用。为了保证非诉纠纷解决机制的正常运行和健康有序发展，很多国家都在致力于发展替代性纠纷解决机制的法治化和规范化。[④] 为了充分发挥投资者保护基金对投资者合法权益的保护，避免投资者保护基金被闲置的状况发生，有地区尝试通过拓展投资者保护基金适用范围及其资金来源，真正落实赔付受损投资者的功能适用性，使受损适格投资者有获得足够赔付的资金保障，如我国香港特区设立的投资者赔偿基金。该基金拓展了投资者保护基金的适用范围，不仅可以适用于投资者因证券公司发生破产或者亏空而遭受非法侵害导致的损失，还可以适用于投资者因中介人实施欺诈、不当等违责的行为而遭受的损失。投资者保护基金参与的先行赔付模式与各国设立投资者保护基金制度都是以保护投资者的合法权益作为制度发展的理念。证券市场先行赔付的资金来源渠道狭

---

① 就利害关系人而言，被排除的对象大体包括：证券公司之大股东或实际控制股东或关联企业；证券公司之合伙人、董事、监事或高级管理人员，及其配偶或其他近亲属；非为投资者提供投资服务，而只出于自身经营需要之经纪人。参见黎四奇：《对我国证券投资者保护基金制度之检讨与反思》，载《现代法学》2008年第1期。

② 参见刘裕辉、沈梁军：《境内外证券市场投资者赔偿补偿机制比较研究》，载《证券市场导报》2017年第8期。

③ See Marc S. Galanter, *The Vanishing Trial: An Examination of Trials and Related Matters in Federal and State Court*, Journal of Empirical Legal Studies, Vol. 1:3, p. 459 - 570 (2004).

④ 美国1998年颁布了世界上第一部《ADR法》、日本2007年颁布了《ADR促进法》、德国2012年颁布了《法庭外争议解决促进法》、波兰2016年颁布了《促进友好型纠纷解决法》等。

窄,如果能够通过拓展资金来源的方式解决,那么势必有助于扩大证券市场先行赔付有效实施的发展空间。正是投资者保护基金需要拓展基金的适用范围,真正落实赔付受损投资者的功能适用性,以及先行赔付需要拓展资金来源,使受损适格投资者有获得足够赔付的资金保障,才使这种取长补短、呵护共进的结合方式获得了较好的发展。以证券投资者保护基金参与的先行赔付模式,需要在遵循证券投资者保护基金制度与证券市场先行赔付制度的基础上,确定受损适格投资者的范围。需要注意的是,如果确定受损适格投资者的范围过宽,不仅没能发挥出投资者保护基金参与的先行赔付适用的可行性与合理性,还可能面临需要大规模的基金资金,适用于不特定的受损投资者而导致基金资金不足的风险。如果投资者保护基金参与的先行赔付确定的受损适格投资者的范围过窄,就会导致证券投资者保护基金基本上处于闲置状态,使真正需要证券投资者保护基金对受损适格投资者进行先期执行与赔付的功能得不到实际落实。①

从证券投资者保护基金的适用用途来看,证券公司或者其他中介人不是一旦可能出现经营风险困难或者尚有资金或者证券可以赔付受损投资者的情形,才可以使用证券投资者保护基金赔付遭受损失的投资者。而是证券公司或者其他中介人只有在已经发生赔付不能或者受损的投资者已经不能从证券公司获得证券交易的资产或者证券时,才有可能启动证券投资者保护基金用于赔付遭受损失的投资者。因此需要综合评估对造成投资者利益损失的证券市场违责行为的影响,是否明显符合证券领域甚至资本市场系统性风险处置机制的特征,这是利用投资者保护基金参与先行赔付投资者的前提。那么在或有责任主体以其自有资金主动参与的先行赔付模式下的赔付主体设立的投资者保护专项基金,与以证券投资者保护基金参与的先行赔付模式下设立的投资者保护专项基金相比,需要先行对受损的适格投资者进行赔付。换句话说,如果或有责任主体及时、主动设立的投资者保护专项基金可以全额赔付受损的适格投资者,一般不会考虑启动证券投资者保护基金参与的先行赔付。

① 参见张东昌:《证券市场先行赔付制度的法律构造——以投资者保护基金为中心》,载《证券市场导报》2015 年第 2 期。

证券投资者保护基金参与的先行赔付与或有责任主体以其自有资金主动参与的先行赔付不同,启动证券投资者保护基金参与的先行赔付,不是说本应对受损适格投资者承担证券民事赔偿的责任主体可以逃避对受损适格投资者进行民事赔偿的法律责任承担,也不是说完全被替代。此时,按照代位求偿的法律规定,以“资金池”的模式设立的投资者保护基金对受损适格投资者进行先行赔偿后,享有对受损适格投资者承担证券民事赔偿的最终责任主体的追偿权。

2. 投资者保护基金参与先行赔付模式下确定的受损适格投资者范围的分析

弱者保护理论是对证券市场上处于弱势地位的中小投资者进行保护的重要理论。[①] 从保护投资者利益的角度出发,独立的或者附属证券交易所或者证券业协会的证券投资者保护公司通过将证券投资者保护基金及时、主动地用于受损的适格投资者,来维护证券市场的稳定。虽然上述国家或者地区的相关法律规定没有明确证券投资者保护基金主要是维护证券市场上中小投资者的合法利益,但是从证券投资者保护基金的资金来源规模及其适用用途来看,证券投资者保护基金的目的主要是保护处于弱势地位的无投资经验的中小投资者。[②] 至此,结合启动投资者保护基金参与先行赔付模式的限制性条件较多,以及投资者保护基金需要建立在以遵循投资者保护基金原有功能为基础的前提下,在确定受损适格投资者范围时至少需要注意以下方面:

第一,合理运用“排除性条款”。证券投资者保护基金虽不能赔付证券公司所有关联的受损投资者,但是合理运用“排除性条款”将某些遭受实际损失的投资者排除在外,也不乏是一种确定受损适格投资者范围的措施。从上述美国和我国香港特区对证券投资者保护基金确定的受损适格投资者保护范围来看,都分别通过“排除性条款”规定了即使属于遭受实际损失的投资者,也不能被划入需要证券投资者保护基金保护的受损适格投资者范

---

① 参见郑佳宁:《证券市场大宗交易减持行为的规制疏失与校正》,载《北京社会科学》2016 年第 11 期。

② 参见黎四奇:《对我国证券投资者保护基金制度之检讨与反思》,载《现代法学》2008 年第 1 期。

围。当可以启动投资者保护基金参与的先行赔付模式时,不可避免地也会考虑通过合理运用"排除性条款",来确定需要获得先行赔付的受损适格投资者范围。

第二,适当的确定因证券市场违法行为而遭受损失的投资者范围。因证券公司在证券市场发生的虚假陈述、内幕交易、操纵市场等证券违法行为而遭受实际损失的投资者,尚未被覆盖在美国证券投资者保护基金保护的赔付对象范围之内。我国香港特区证券投资者保护基金拓宽了赔付对象范围,包括因证券公司等证券中介人或者认可的财务机构进行的证券违法行为而遭受损失的投资者。我国香港特区投资者赔偿基金基本涵盖了对投资者遭受各种损失的保护。① 当通过扩充基金的资金来源与拓宽基金的适用功能,来启动投资者保护基金参与的先行赔付模式时,并没有绝对地排斥因证券市场违法行为对处于证券发行与交易市场中的投资者造成的投资损失进行的赔偿,也没有绝对的排斥对因证券市场违法行为而遭受损失的投资者进行的先期执行与赔付。

第三,适当确定的受损适格投资者类型差异不明显。香港证券投资者赔偿基金主要是对因持牌的中介人或者认可的财务机构的违责而遭受损失的散户投资者进行的保护。美国证券投资者保护基金除了"排除性条款"中规定的主要利益主体投资者不能成为其赔付对象外,根据法院对 SEC v. Packer, Wilbur & Co. 案中的认定,经纪商等机构投资者也不能作为赔付对象。由此可以看出,美国与我国香港特区关于投资者保护基金保护的受损适格投资者类型,基本上都属于处于弱势地位的无投资经验的中小投资者。然而,当启动投资者保护基金参与的先行赔付模式时,因证券投资者保护基金的适用范围不尽相同,虽然都是主要对处于弱势地位遭受损失的无投资经验的中小投资者进行的救济,但是在确定受损适格投资者范围时,有对处于弱势地位的投资者数量扩大化的趋势。

---

① 参见杨光:《我国证券投资者保护基金的界定及立法模式》,载郭锋主编:《证券法律评论》(2018 年卷),中国法制出版社2018 年版;王坤、王泽森:《香港证券投资者赔偿基金制度改革评析》,载《证券市场导报》2005 年第 9 期。

二、公平基金参与先行赔付模式下的赔付对象范围的确定

在美国证券投资者保护体系中，虽然证券集团诉讼占有重要地位，但是因启动门槛高、诉讼成本高，即使主要以机构投资者作为“牵头原告”对证券违法行为主体提起集团诉讼，也不能保证投资者遭受的损失得到全部填补。[①] 立法通过 SEC 在行政裁审程序中或者诉讼中请求，以设立公平基金与证券集团诉讼方式相辅相成的形式，构成面向所有投资者提供救济的证券投资者保护机制。虽然美国公平基金作为证券投资者补偿机制的一种，发挥了及时填补一些情形下投资者遭受损失的功能，但是不能动摇证券集团诉讼作为受损投资者获得救济或者填补损失的最主要方式的地位。[②] 故而，在探讨设立的公平基金确定的赔付对象范围时，离不开对证券集团诉讼获得救济的赔付对象范围的比较。通过对美国 SEC 在处理案件时设立公平基金用于对受损适格投资者进行补偿的实践的分析，[③]来清晰认识公平基金参与的先行赔付模式下确定的赔付对象范围。

（一）美国涉案成立公平基金的典型案例及相关制度解析

1. 美国涉案成立公平基金的典型案例

（1）“戴尔虚假陈述案”设立的“戴尔”公平基金（Dell Fair Fund）确定的赔付对象范围

根据“戴尔虚假陈述案”中，经法院批准的“戴尔”公平基金分配计划，[④]其目的是将设立的“戴尔”公平基金，分配给因戴尔公司虚假陈述而遭受损失的合格索赔人，不是分配给因证券市场波动因素或者与戴尔公司虚假陈述无因果关系而遭受损失的投资者。其中，将 2001 年 5 月 3 日作为戴

---

① 在美国的证券集团诉讼实践案例中，主要以机构投资者代表众多的中小投资者作为“牵头原告”提起集团诉讼。参见赵晓钧：《完善证券投资者赔偿机制的美国经验》，载《证券市场导报》2013 年第 9 期。

② 参见赵晓钧：《完善证券投资者赔偿机制的美国经验》，载《证券市场导报》2013 年第 9 期。

③ See Missal Michael J. & Phillips Richard M., *The Securities Enforcement Manual: Tactics and Strategies*(2), American Bar Association Publisher, 2007, p. 7 – 8.

④ See Dell Inc., Plan of Allocation for the Dell Fair Fund Distribution Plan (November 21, 2019), https://www.sec.gov/files/enforcement-annual-report-2018.pdf.

尔公司虚假陈述的实施日,将2006年9月8日作为戴尔公司虚假陈述的揭露日,凡是在此时间段内购买或者获得戴尔公司股票的投资者因该公司实施的虚假陈述而遭受实际损失的,均可以成为通过"戴尔"公平基金获得救济的受损适格投资者,成为"戴尔"公平基金确定的赔付对象。同时,"戴尔"公平基金分配计划中,也罗列了7种人员被排除在可以通过"戴尔"公平基金获得救济的受损适格投资者之外,[①]这些投资者主要是:①现任或者前任戴尔公司的董事、高级管理人员以及与前述人员具有密切关系的人员,如配偶、父母、子女等。②戴尔公司现任或者以前的关联公司的员工以及与前述员工具有密切关系的人员,如配偶、父母、子女等。③与SEC投诉中涉及的戴尔公司实施虚假陈述有关的,需要在索赔要求到期时承担民事赔偿责任的证券集团诉讼中的被告以及与前述被告具有密切关系的人员,如配偶、父母、子女等。④与SEC投诉中涉及的戴尔公司实施虚假陈述有关的,在索偿截止日期之前已成为犯罪主体的任何人以及与前述犯罪主体具有密切关系的人员,如配偶、父母、子女等。⑤SEC针对戴尔公司的诉讼赋予其获得追偿权的主体。⑥属于并非基于继承成为上述第五种情况的受让人。⑦发行代理、发行代理的雇员以及协助发行人的分销代理及其员工。

可见,在"戴尔虚假陈述案"中,并非所有遭受损失的投资者都可以成为"戴尔"公平基金的赔付对象,与戴尔公司具有直接或者间接利益关系的受损投资者被排除在外。法院批准的"戴尔"公平基金分配计划中规定了因戴尔公司虚假陈述而遭受损失的投资者范围,这些主体只有在特定时间段购买或者获得戴尔股票,才可以成为"戴尔"公平基金的赔付对象。

(2)"北电网络公司欺诈造假案"设立的"北电"公平基金(Nortel Fair Fund)确定的赔付对象范围

"北电网络公司欺诈造假案"中,经法院批准的"北电"公平基金分配计划,[②]其目的是将设立的"北电"公平基金,分配给因北电网络公司欺诈行为而遭受损失的合格索赔人,不是分配给因证券市场波动因素或者与北电网

① See Dell Inc., Distribution Plan For Dell SEC Fair Fund (November 21, 2019), http://www.dellsecsettlement.com/notice.php.

② See Nortel Inc., Plan of Allocation for the Nortel Fair Fund Distribution Plan (November 21, 2019), http://nortelsecsettlement.com/doc/Distribution%20Plan.pdf.

络公司欺诈行为无因果关系而遭受损失的投资者。其中,"北电"公平基金设立了两个认定适格投资者的区间,凡是在2000年10月24日至2001年2月15日或者2003年4月24日至2004年4月27日购买或者获得北电网络公司普通股票的投资者因北电网络公司欺诈行为而遭受损失的,均可以成为通过"北电"公平基金分配计划获得救济的受损适格投资者,成为"北电"公平基金确定的赔付对象。同时,"北电"公平基金分配计划中,也罗列了7种人员被排除在可以通过"北电"公平基金获得救济的受损适格投资者之外,[①]这些投资者主要是:①现任或者前任北电网络公司的董事、高级管理人员以及与前述人员具有密切关系的人员,如配偶、父母、子女等。②北电网络公司现任或者以前的关联公司的员工以及与前述员工具有密切关系的人员,如配偶、父母、子女等。③与SEC投诉中涉及的北电网络公司实施欺诈行为有关的,需要在索赔要求到期时承担民事赔偿责任的证券集团诉讼中的被告以及与前述被告具有密切关系的人员,如配偶、父母、子女等。④与SEC投诉中涉及的北电网络公司实施欺诈行为有关的,在索偿截止日期之前已成为犯罪主体的任何人以及与前述犯罪主体具有密切关系的人员,如配偶、父母、子女等。⑤SEC针对北电网络公司诉讼中赋予其获得追偿权的主体。⑥属于并非基于继承成为上述第五种情况的受让人。⑦发行代理、发行代理的雇员以及协助发行人的分销代理及其员工。

可见,在"北电网络公司欺诈造假案"中,并非所有遭受损失的投资者都可以成为"北电"公平基金的赔付对象,与北电网络公司具有直接或者间接利益关系的受损投资者被排除在外。法院批准的"北电"公平基金分配计划中规定了因北电网络公司欺诈行为而遭受损失的投资者范围,这些主体只有在特定时间段购买或者获得北电网络股票,才可以成为"北电"公平基金的赔付对象。

2. 确认受损适格投资者范围的制度解析

美国1990年通过的《证券股票改革法》,不仅规定SEC可以作为原告起诉,还规定其可以根据行政处理程序要求证券欺诈主体缴纳违法所得。

---

① See Nortel Inc. ,Distribution Plan For Nortel SEC Fair Fund(November 21,2019),http://nortelsecsettlement. com/faq. php#Q1.

虽然向证券欺诈主体追缴的违法所得可以用于分配给受损的适格投资者，但是通过分配方式对受损适格投资者进行的补偿，不是SEC对证券欺诈主体实施追缴的主要目的，剥夺证券欺诈主体的违法所得才是主要目的。然而，通过对证券违法主体追缴的违法所得如何正当性的分配给受损适格投资者这一问题并未引起SEC或者法院的特别关注。① 美国2002年通过的《SOA法案》确立的公平基金制度，虽然开启了SEC在补偿受损适格投资者方面的功能，包括在上述法案颁布之后，SEC在多份政策性文件中也提及通过确立的公平基金对受损适格投资者进行补偿，但是并未具体规定如何把向证券违法主体追缴的违法所得与民事罚款，正当性的分配给哪些受损的适格投资者。② 涉事案件设立的公平基金分配计划，主要是依据美国2006年通过的《公平基金规则》。③ 受损适格投资者的确定，即可以正当性地从公平基金中获得补偿的符合资格的公平基金受领人的确定，主要是由法院或者SEC行政裁决的证券违法行为主体、相关的第三方来进行，④或者直接由SEC向公平基金的管理人直接提供在调查中获取的受损适格投资者名单。⑤ 从上述提供的公平基金受领人的方式来看，直接从证券违法行为主体处购买或者通过经纪人账户购买证券的，与证券违法行为主体无任何关联关系或者利害关系的投资者受到损害才能获得补偿。没有受到损害或者没有因购买衍生产品而遭受损失的投资者，都不能成为可以从此涉事案件设立的公平基金分配计划中获得补偿的受偿主体。

(二)公平基金参与先行赔付模式下确定赔付对象范围的逻辑分析

1. 公平基金参与先行赔付的启动依据

美国证券市场涉案成立的公平基金，并非只要存在对证券违法行为主

---

① See Verity Winship, *Fair Funds and the SEC's Compensation of Injured Investors*, Florida Law Review, Vol. 60:5, p. 1103 – 1144(2008).

② See SEC, Performance and Accountability Repor(May 28, 2019), http://www.sec.gov/about/secpar2008.pdf.

③ See Rules of Practice and Rules on Fair Fund and Disgorgement Plans § Rule 1100 – 1106.

④ See Sec. *Distribution Plan* (*Veras Capital Master Fund, VEY Partners Master Fund, Veras Investment Partners, LLC, KevinD. Larson, and James R. McBride*), Admin. Proc. File No. 3 – 12133, p. 4.

⑤ See Sec. *Proposed Plan of Distribution*(*John w. Adams and AIP. LLC*), Admin. Proc. File No. 3 – 11676, p. 7.

体收缴的违法所得与民事罚款，都可以将其纳入用于分配给遭受损失的适格投资者的资金。出于成本与效益的考量，[①]SEC 或者法官认为设立公平基金分配计划的管理成本高于对证券违法行为主体可能的违法所得与民事罚款，或者由于潜在的受损适格投资者的数量问题，以致按照公平基金分配计划可以获得补偿的受损适格投资者是不合理的或者对证券违法行为主体可能的违法所得与民事罚款金额小而受损的适格投资者人数众多，此时可以将对证券违法行为主体的违法所得与民事罚金上缴美国财政部。[②] 如 SEC 通过司法行动对某一案件进行处理时，认定对作为被告的证券违法主体的违法所得金额仅为 76,698 美元，而涉及此案的受损适格投资者有 24,000 名之多，SEC 此时可以向法院提出申请，主张将对作为被告的证券违法主体的违法所得全部上缴财政部。[③] 根据 SEC 在 2018 年的执法工作报告，[④]2015 年至 2018 年，SEC 通过对证券违法主体追缴违法所得与民事罚款获得的资金分别为 41.94 亿美元、40.83 亿美元、37.89 亿美元、39.45 亿美元。SEC 在 2018 年通过提起诉讼采取的司法行动与通过行政裁决采取的执法行动一共向证券违法主体追缴了 25.06 亿美元的违法所得，比 2017 年追缴违法所得减少了 4.51 亿美元；向证券违法主体共追缴了 14.39 亿美元的罚款，比 2017 年追缴的罚款增加了 6.07 亿美元（具体详见表 3－1）。从对证券违法主体追缴的违法所得与民事罚款总量来看，一定规模的违法所得与罚款资金总量是设立公平基金并对受损适格投资者进行有效分配的前提。[⑤]

---

① 成本效益分析理论由乔治·斯蒂格勒（George J. Stigler）和乔治·本斯顿（George J. Benston）两位学者倡导，强调证券监管必须重视效益是否大于成本的问题。See George J. Stigler, *Public Regulation of the Securities Markets*, Business Lawyer, Vol. 19:3, p. 722 (1973); George J. Benston, *Required Disclosure and The Stock Market: an Evaluation of the Securities Exchange Act of* 1934, American Economic Review, Vol. 63:1, p. 132－155 (1973).

② See Rule of Practice and Rules on Fair Fund and Disgorgement Plans § Rule 1102(b).

③ 赵晓钧：《借鉴公平基金制度 完善投资者赔偿机制》，载《上海证券报》2013 年 3 月 27 日，第 A07 版。

④ See SEC, Division of Enforcement 2018 Annual Report (December 12, 2019), https://www.sec.gov/files/enforcement-annual-report-2018.pdf.

⑤ 参见郭雳：《证券执法中的公共补偿——美国公平基金制度的探析与借鉴》，载《清华法学》2018 年第 6 期。

表 3－1　SEC 在 2015～2018 年资金收缴统计

单位:亿美元

项目	2015 年	2016 年	2017 年	2018 年
违法所得	30.19	28.09	29.57	25.06
罚款	11.75	12.74	8.32	14.39
总量	41.94	40.83	37.89	39.45

资料来源:SEC, Division of Enforcement 2018 Annual Report (December 12, 2019), https://www.sec.gov/files/enforcement-annual-report-2018.pdf; SEC, Division of Enforcement 2017 Annual Report (December 12, 2019), https://www.sec.gov/files/enforcement-annual-report-2017.pd。

不管是 SEC 通过行政裁决采取行政程序设立的公平基金,还是经由 SEC 申请获得法院批准设立的公平基金,都是出于 SEC 或者法官的自由裁量权,但是这种自由裁量权的行使并非没有限制。SEC 或者法官根据成本与效益的考量因素,以对证券违法行为主体可能的违法所得与罚款资金规模与潜在的受损适格投资者人数作为是否可以设立公平基金的主要依据。如果将对证券违法行为主体收缴的违法所得与罚款上缴财政部,没有设立适用于因证券违法行为而遭受损失的适格投资者进行补偿的公平基金,受损的适格投资者就不能以公平基金作为填补损失的救济途径。

2. 公平基金参与先行赔付模式下确定受损适格投资者范围的分析

虽然美国证券市场确定的公平基金制度,源自证券市场内幕交易领域,但是 SEC 为了避免通过追究发行人或者上市公司的责任而造成对投资者的二次伤害,逐渐明确了对证券违法责任主体个人的执法原则,公平基金也逐渐扩展至虚假陈述领域。① 前面论述的美国的两个公平基金案例都发生在证券市场中的欺诈发行或者虚假陈述领域。

公平基金参与的先行赔付模式,为了避免发生投资者的道德风险,需要合理地处理好“投资者利益保护”与“投资者风险自负”两者的关系。此时,可以借鉴美国司法实践中的同样是作为证券违法行为主体的内幕交易人,以“吐出利益”的方式向受损的适格投资者承担民事赔偿责任的方式。如上述

① 参见邢会强:《内幕交易公平基金制度的构建》,载郭锋主编:《证券法律评论》(2016 年卷),中国法制出版社 2016 年版。

“戴尔公平基金案”中,通过“戴尔”公平基金获得赔偿的受损适格投资者认定区间就要比通过“戴尔”和解基金获得赔偿的受损适格投资者认定区间大。参照美国已经发生在证券市场欺诈发行或者虚假陈述领域的公平基金案例,只要是与证券违法行为主体具有关联关系或者利害关系的投资者遭受实际损害,就不能成为获得赔偿的受损适格投资者。相反,不管是专业投资者,还是普通投资者,只要与证券违法行为主体不具有关联关系或者利害关系,因证券市场违法主体实施的重大违法行为而遭受损失的投资者,在可以设立公平基金用于分配给受损适格投资者的情况下,就有成为通过公平基金参与的先行赔付获得赔偿的受损适格投资者的可能。

第三节　赔付对象范围与受偿主体范围的重合与分离

证券市场先行赔付的赔付对象就是遭受损失的适格投资者。按照上述分析不同类型的证券市场先行赔付模式确定的受损适格投资者范围,理应在确定了受损适格投资者范围后,先行赔付主体对其进行民事赔偿,使其成为获得赔付的受偿主体。然而,通过细微发现,受制于不同证券市场先行赔付模式各自运行的特点以及对受损适格投资者进行权益保护的其他纠纷解决途径等因素,受损适格投资者不一定是获得先行赔付的受偿主体。同时,面对证券市场上多种多样的证券违法行为造成的投资者损失,需要在因各种原因遭受损失的投资者中,界定出哪些受损投资者属于可以适用证券市场先行赔付,成为最终获得证券民事赔偿的受偿主体。

一、赔付对象范围与受偿主体范围的重合阐释

(一)投资者保护基金参与先行赔付模式下的重合阐释

投资者保护基金参与的先行赔付模式,是基于证券投资者保护基金制度,从拓展筹集证券投资者保护基金资金来源、赔付对象范围等方面构建的证券市场先行赔付模式。在探讨投资者保护基金参与的先行赔付模式关于赔付对象范围与受偿主体范围的重合时,离不开借鉴投资者保护基金确定的赔付对象范围与受偿主体范围的重合。

证券投资者保护基金主要是为了防范和处置证券公司发生的风险,用于对证券投资者合法权益进行保护的资金。[①] 证券投资者保护基金赔偿的程序一般是:①证券监督管理部门或机构通过对证券公司或者其他被监管机构的财务状况调查,发现已经出现无法偿还投资者资金或者财产的实际状态;②证券监督管理部门或其他机构通过网上公告或者以报纸、信函等方式,通知可以获得赔偿的投资者范围;③如果接受赔偿,受损的投资者在规定的时间内提出赔偿申请;④赔偿工作组根据受损投资者的赔偿申请,审核符合条件的受损适格投资者;⑤经过赔偿工作组审核通过的受损适格投资者,并按照赔偿方案计算出需要对其进行的赔偿金额;⑥受损适格投资者如果不接受赔偿方案或者获得的赔偿与按照赔偿方案计算出的赔偿金额不一致,受损的适格投资者可以选择诉诸其他证券纠纷解决方式。[②] 证券投资者保护基金赔偿程序启动的前提,一般需要证券监督管理机构已经对给投资者造成实际损失的违法证券公司采取强制性监管措施。如果给投资者造成实际损失的违法证券公司尚未被采取撤销、破产或者其他强制性监管措施,那么一般不会启动程序。只有启动证券投资者保护基金程序,才可以进入下一阶段受损适格投资者的赔偿申报,申报通过后,才可获得赔偿,达成赔付对象范围与受偿主体范围的重合。

2018 年度对证券投资者满意度的调查报告显示,证券投资者因证券中介机构的重大违法行为而遭受损害,比较倾向投资者保护基金对其进行先予执行与赔付。[③] 如果属于投资者保护基金参与的先行赔付模式的赔付对象想要获得实际赔偿,就需要按照证券投资者保护基金赔偿程序的流程,由受损的适格投资者主动申报,才有从投资者保护基金中实际获得赔偿的可能。如果在基金分配工作组规定的时间内,受损的适格投资者没有及时主动申报赔偿,就有不能从投资者保护基金中获得赔偿的可能。由此可以看出,满足

---

① 参见彭真明、方妙:《论我国证券投资者保护基金赔偿程序的完善》,载《海南大学学报(人文社会科学版)》2009 年第 6 期。

② 参见傅浩:《证券投资者赔偿制度国际比较研究》,载《证券市场导报》2002 年第 1 期。

③ 参见《2018 年度证券投资者满意度调查报告》,载中国证券投资者保护基金有限责任公司 2019 年 12 月 6 日,http://www.sipf.com.cn/images/zwz/tzzjy/tbyj/2019/12/06/2F3C02BE2F0CA0FBB0F8AD2ECCCBB46D.pdf;王坤、王泽森:《香港证券投资者赔偿基金制度改革评析》,载《证券市场导报》2005 年第 9 期。

基金分配工作组公告的遭受损失的适格投资者的条件,受损的适格投资者进行主动申报是决定投资者保护基金参与先行赔付模式下,赔付对象范围与受偿主体范围发生重合的关键。

(二)公平基金参与先行赔付模式下的重合阐释

投资者保护基金参与的先行赔付模式的赔付对象想要实际获得赔偿,离不开赔付对象的主动有效申报。在设立公平基金的大多数涉事案件中,只要属于可以从公平基金中获得赔偿的受损适格投资者,一般需要提交索赔申请表。通过法院发布分配指令,将赔付资金划分到提交过索赔申请表的受损适格投资者的账户中,受损适格投资者才可获得赔偿。如在上述的“戴尔”公平基金中,只有在 2001 年 5 月 3 日至 2006 年 9 月 8 日购买或者获得戴尔公司股票的投资者因戴尔公司虚假陈述而遭受损失,并且在 2013 年 5 月 25 日前提交索赔申请表的受损投资者,才能从“戴尔”公平基金中获得赔付金。至此,才会发生赔付对象范围与受偿主体范围的重合。在上述的“北电”公平基金中,只有在 2000 年 10 月 24 日至 2001 年 2 月 15 日或者 2003 年 4 月 24 日至 2004 年 4 月 27 日购买或者获得北电网络公司普通股票的投资者因北电网络公司欺诈行为而遭受损失,并且在 2012 年 3 月 16 日前提交索赔申请表的受损投资者,才能从“北电”公平基金中获得赔付金。至此,才会发生赔付对象范围与受偿主体范围的重合。然而,在对受损的适格投资者进行赔付时,并非所有的案件都是基于受损适格投资者必须经过“申请—审批”等一系列程序才可以获得赔偿。通过对公平基金分配方案进行公告,公平基金管理人根据投资者以往的交易数据和其他相关资料,就可识别整理出可以获赔的受损的适格投资者名单,交 SEC 进行准确和全面的审核,并经法院审查,就可以向受损的适格投资者寄送补偿款支票。① 在基于受损适格投资者必须经过“申请—审批”等一系列程序才可获得赔偿的案件中,基金管理人会对具有完整交易信息的受损适格投资者主动邮寄赔偿信息确认表,对不具有完整交易信息或者交易信息存疑的受损投资者主动邮寄索赔申请表,由其补充完整、准确的交易信息经审查后,再进一步确定是否属于可以获得赔偿

① See SEC, *Plan of Distribution*(*RS Investment Management, Inc., Rs Investment Management, L. P., G. Randall Hecht and Steven M, Cohen*), Admin. Proc. File No. 3 – 11696.

的受损适格投资者。

在公平基金参与的先行赔付模式下,一般需要赔付对象主动进行有效申报,才可达成赔付对象范围与受偿主体范围重合的情况。特殊情形下,赔付对象不需要进行主动有效申报,就可由基金分配管理人根据法院最终审查确定的受损适格投资者名单,向其寄送补偿款支票。换言之,只有在特殊情形下,才会出现受损投资者一旦被确定为赔付对象,就可获得赔偿,发生赔付对象范围与受偿主体范围的重合。

二、赔付对象范围与受偿主体范围的分离阐释

(一)投资者保护基金参与先行赔付模式下的分离阐释

投资者保护基金参与先行赔付模式下赔付对象范围与受偿主体范围的分离阐释,即为赔付对象与受偿主体的身份没有发生重合,属于投资者保护基金参与先行赔付范围内的受损适格投资者没有获得实际赔偿,发生了赔付对象与受偿主体身份的分离。

在对受损的适格投资者进行的整个赔偿程序之中,受损的适格投资者主要是以一个"被动的参与者"的角色出现的,如必须在规定的时间提供赔偿的申索材料等。受损的适格投资者,如果对于赔偿方案存在异议或者不服,则其并没有成熟的诉愿交涉和争议解决的合理途径。受损的适格投资者作为独立的,与发生的证券公司风险具有直接利害关系的主体,一旦对赔偿方案存在异议或不服的意愿没有及时表达或者受损适格投资者没有通过合理的争议解决途径了解作出赔偿方案的决定机关的理由,将会直接造成受损的适格投资者不愿在作出赔偿方案的决定机关规定的期限内主动进行有效索赔的结果。一旦受损的适格投资者没有在作出赔偿方案的决定机关规定的期限内主动进行有效索赔,也将无法从投资者保护基金获得拨款。同时,赔偿方案的决定机关也会认为受损的适格投资者不愿与其就投资者遭受的损失达成协议,将无法对受损的适格投资者进行及时的救济。

(二)公平基金参与先行赔付模式下的分离阐释

公平基金参与先行赔付模式下赔付对象范围与受偿主体范围的分离阐释,即为赔付对象与受偿主体的身份没有发生重合,属于公平基金参与先行赔付范围内的受损适格投资者没有获得实际赔偿,发生了赔付对象与受偿主

体身份的分离。

结合已经发生的实践案例,虽然绝大多数的受损适格投资者都能在规定的时间内基于自身主动有效的申报赔偿以及提供其他赔偿资料申请,可以获得赔偿,但是在证券市场对投资者的教育还未全面普及到位的客观现象下,难免存在部分证券投资者并未及时在规定的时间内主动进行有效的申报赔偿以及提供其他赔偿资料的申请,致使其不能及时获得赔偿。在公平基金参与的先行赔付模式中,并非所有案件中的受偿主体都是必须经过受损适格投资者按照"申请—审批"的程序进行主动有效的申报,才可及时获得赔偿。少数案件中的公平基金管理人根据投资者以往的交易数据和其他相关资料,就可识别整理出可以获赔的受损适格投资者范围,直接向受损的适格投资者寄送补偿款支票,即一旦投资者被确定为受损的适格投资者,就确定了其可以成为获得赔偿的受偿主体。在必须经过受损适格投资者按照"申请—审批"的程序进行主动有效申报赔偿的案件中,如果受损适格投资者在规定的时间内没有进行有效申报,即使属于公平基金参与的先行赔付范围内的受损适格投资者,也会使受损的适格投资者不能及时获得实际赔偿。

在上述的"戴尔"公平基金中,虽然投资者是在2001年5月3日至2006年9月8日购买或者获得戴尔公司股票,并且因戴尔公司虚假陈述而遭受损失,但是如果没有在2013年5月25日前提交索赔申请表(受损适格投资者在之前的"戴尔"集团诉讼中提交过索赔申请表除外),将发生赔付对象与受偿主体身份的分离,面临不能及时获得赔付的风险。在上述的"北电"公平基金中,虽然投资者是在2000年10月24日至2001年2月15日或者2003年4月24日至2004年4月27日购买或者获得北电网络公司普通股票,并且因北电网络公司欺诈行为而遭受损失,但是没有在2012年3月16日前提交索赔申请表,也将发生赔付对象与受偿主体身份的分离,面临不能及时获得赔付的风险。①

按照主体因欺诈发行、虚假陈述等证券违法行为给投资者造成损失需要

---

① See Nortel Inc. ,Distribution Plan For Nortel SEC Fair Fund(November 21,2019),http://nortelsecsettlement.com/faq.php#Q1.

承担证券民事损害赔偿的一般法律逻辑推理,证券市场先行赔付的赔付对象就是遭受损失的适格投资者。证券市场违法主体也应该对其违法行为而造成的适格投资者损失承担民事赔偿。在上述分析不同先行赔付模式类型下的赔付对象范围与受偿主体范围的重合阐释与分离阐释中,除了特殊情形外,投资者保护基金参与的先行赔付模式与公平基金参与的先行赔付模式中的受损适格投资者是否在规定的时间内进行有效的主动申报赔偿以及提供其他赔偿资料的申请,是区别赔付对象范围与受偿主体范围重合与分离的关键。

第四节　我国证券市场先行赔付对象范围的实证分析及其立法完善

一、我国证券市场先行赔付对象范围界定的实证分析

(一)受损适格投资者作为赔付对象的逻辑分析

1. 我国证券市场关于投资者的类型划分

我国证券市场初步形成时,基本上都是个人投资者。随着证券市场的逐步发展,直到20世纪末才出现机构投资者并逐渐发展起来。[①] 机构投资者与个人投资者属于我国证券市场上投资者结构的重要组成部分。[②] 随着机构投资者在上市公司的持股比重日益提升,逐渐出现投资者机构化的趋势。[③] 然而,纵观我国《证券法》的几次修订与修正,发现都没有针对机构投资者的详细规定,关于机构投资者的规定只是散见于有关的规范性文件。[④]

---

① 参见兰俊美、郝旭光、卢苏:《机构投资者与个人投资者非理性行为差异研究》,载《经济与管理研究》2019年第6期。

② 参见左大勇、陆蓉:《理性程度与投资行为——基于机构和个人基金投资者行为差异研究》,载《财贸经济》2013年第10期。

③ 参见姚禄仕、吴宁宁:《基于LSV模型的机构与个人羊群行为研究》,载《中国管理科学》2018年第7期。

④ 参见中国基金业协会2016年制定的《私募投资基金募集行为管理办法》、中国证券业协会2018年制定的《首次公开发行股票网下投资者管理细则》与2017年发布的《证券经营机构投资者适当性管理实施指引(试行)》等。

美国成文规则上的“获许投资者”对应了我国证券期货市场上的“合格投资者”，[①]但是不同领域对自然人满足合格投资者的要求不一样。股指期货领域的合格投资者属于自然人的，对其资金要求为50万元以上。[②] 私募基金领域的合格投资者属于自然人的，对其金融资产的要求为300万元以上。[③]由此可以看出，上述领域把中小投资者排除在外，一定程度上严格遵循投资者适当性制度的要求。投资者适当性制度是面对所有的投资者，为了避免将合格投资者制度与投资者适当性管理制度相混淆，避免投资者购买不适合自身风险识别能力以及风险承受能力的投资产品，从加强对投资者的保护出发进行的内容设计。此外，证监会2016年颁发《证券期货投资者适当性管理办法》(以下简称《证券投资者适当性管理办法》)，其中对投资者不再使用合格投资者的称谓，而是把投资者分为专业投资者和普通投资者，并对普通投资者与专业投资者作出限定条件，使适当的投资者能够投资与其风险识别能力以及风险承受能力相匹配的投资产品，并对普通投资者给予特别保护。[④] 此种区分最终也在2019年《证券法》中得以正式确认。

2018年4月，为进一步规范资产管理业务发展，中国人民银行联合其他部门印发的指导意见，[⑤]把投资者分为不特定的公众和合格投资者。[⑥] 合格投资者是从风险识别能力以及风险承担能力方面进行界定。虽然《资管指导意见》没有具体规定哪些机构属于合格投资者，但是专业投资机构一般都属于《资管指导意见》中规定的合格投资者。从两者比较来看，《证券投资者适

① 参见邢会强：《新三板市场的合格投资者制度及相关制度改革》，载《环球法律评论》2018年第6期。

② 《股指期货投资者适当性制度操作指引(试行)》第2章第1节第4条规定：“……确认该投资者前一交易日日终保证金账户可用资金余额不低于人民币50万元。”

③ 《私募投资基金监督管理暂行办法》第12条第1款规定：“私募基金的合格投资者是指具备相应风险识别能力和风险承担能力，投资于单只私募基金的金额不低于100万元且符合下列相关标准的单位和个人：(一)净资产不低于1000万元的单位；(二)金融资产不低于300万元或者最近三年个人年均收入不低于50万元的个人。”

④ 《证券期货投资者适当性管理办法》(2020年修正)第7条规定：“投资者分为普通投资者与专业投资者。普通投资者在信息告知、风险警示、适当性匹配等方面享有特别保护。”

⑤ 中国人民银行联合其他部门2018年印发《关于规范金融机构资产管理业务的指导意见》(以下简称《资管指导意见》)。

⑥ 《关于规范金融机构资产管理业务的指导意见》第5项第1款规定：“资产管理产品的投资者分为不特定社会公众和合格投资者两大类……”

当性管理办法》中规定的专业投资者的条件比《资管指导意见》中规定的合格投资者的条件更为严格。① 按照《证券经营机构投资者适当性管理实施指引(试行)》中的规定,除了投资者准入的特殊性要求,专业投资者可以购买所有风险等级的投资产品,②证券经营机构对其履行的适当性注意义务较轻。按照《证券投资者适当性管理办法》的规定,证券经营机构如果向普通的投资者销售高风险的投资产品,需要履行特别的注意义务。③

综上,只要符合《资管指导意见》中对合格投资者的限定条件,自然人、法人或者其他组织都可以作为合格投资者。按照《证券投资者适当性管理办法》中对专业投资者、普通投资者的规定,自然人,法人或者其他组织只要符合条件,也都可以成为专业投资者、普通投资者,而且专业投资者与普通投资者之间可以在符合法定条件的情况下互相转化。如果普通投资者转化为专业投资者或者合格投资者被认定为专业投资者,此时,证券经营机构将不再对其履行适当的特殊注意义务。

2. 受损投资者与受损适格投资者辨析

或有责任主体以其自有资金主动参与的先行赔付是或有责任主体与符合条件的受损适格投资者就赔偿事宜达成协议,并不是针对所有的受损投资者就赔偿事宜达成协议。虚假陈述、内幕交易、操纵市场作为证券市场上的主要违法行为,投资者因上述违法行为或者其他重大证券市场违法行为遭受损失,都可以成为证券市场上的受损投资者。然而,或有责任主体以其自有资金主动参与的先行赔付模式是在证券监督管理机构的推动下而非主导下

---

① 《证券期货投资者适当性管理办法》第 8 条规定:“符合下列条件之一的是专业投资者……(四)同时符合下列条件的法人或者其他组织:1. 最近 1 年末净资产不低于 2000 万元;2. 最近 1 年末金融资产不低于 1000 万元;3. 具有 2 年以上证券、基金、期货、黄金、外汇等投资经历。(五)同时符合下列条件的自然人:1. 金融资产不低于 500 万元,或者最近 3 年个人年均收入不低于 50 万元……”

② 《证券经营机构投资者适当性管理实施指引(试行)》第 17 条第 2 款规定:“专业投资者可以购买或接受所有风险等级的产品或服务,法律、行政法规、中国证监会规定及市场、产品或服务对投资者准入有要求的,从其规定和要求。”

③ 《证券期货投资者适当性管理办法》第 20 条规定:“经营机构向普通投资者销售高风险产品或者提供相关服务,应当履行特别的注意义务,包括制定专门的工作程序,追加了解相关信息,告知特别的风险点,给予普通投资者更多的考虑时间,或者增加回访频次等。”

以及司法裁判尚未确定责任分配的情形下,[①]由最大可能成为责任主体的自然人或者法人或者其他实体作为先行赔付主体,先行对赔付对象进行赔偿。从我国现行先行赔付案件适用范围,主要是针对发行人实施的重大违法行为来看,[②]投资者是因为发行人的上述违法行为遭受损失,才成为或有责任主体以其自有资金主动参与的先行赔付模式下的受损适格投资者。如果不是因为发行人的上述违法行为,而是因证券市场上潜在的商业风险(如引起证券市场波动的不稳定因素或者突发的不可抗力等因素)造成的投资者损失,则不属于或有责任主体以其自有资金主动参与的先行赔付模式下的受损适格投资者。

受损投资者能否成为受损适格投资者,对两者进行区分的关键,就是或有责任主体主动地以其自有资金设立的基金,只对受损的适格投资者进行先行赔付,受损适格投资者之外的受损投资者则不属于"投资者专项基金"保护的赔付对象。受损适格投资者之外的受损投资者可以采取对其权益保护的其他纠纷解决途径,如另行提起诉讼或者仲裁等方式。同时,符合下列情形的受损投资者,不能排除其作为或有责任主体以其自有资金主动参与的先行赔付模式下的受损适格投资者资格:其一,由于个人原因或者其他原因,没有在先行赔付方案确定的时间段或者在"投资者专项基金"赔付完全终止后申报的受损适格投资者。如在"万福生科先行赔付案"中,并不是所有的受损适格投资者都完成了和解承诺函网签以及补偿的有效申报。由于个人原因致使先行赔付主体无法联系到的投资者,在网上确权时间截止后,仍旧未完成网签。[③] 如在"海联讯先行赔付案"中,虽然取消了受损适格投资者进行和解承诺函网签确权的程序,但是仍旧存在规定的时间段终止后没有进行补偿有效申报的受损适格投资者。其二,受损的适格投资者放弃了或有责任主体与其达成的先行赔付协议,采取其他的民事纠纷解决方式。如在"欣泰电气案"中,并不是所有的受损适格投资者都接受兴业证券设立的《欣泰电气

---

① 张明远:《先行赔付制度与证券法实施简评》,载《证券时报》2020 年 3 月 14 日,第 A07 版。

② 结合 2019 年《证券法》第 93 条的规定以及发生在我国的三起先行赔付案件,适用范围限定在发行人实施的欺诈发行、虚假陈述或者其他重大证券违法行为等方面。

③ 桂衍民、翟超:《万福生科虚假陈述赔偿案收官成就赔偿案例新标杆》,载东方教研网 2013 年 6 月 28 日,http://www.bjdcfy.com/qita/wfskalfx/2017-1/788467.html。

欺诈发行先行赔付专项基金的公告》中关于赔偿事宜的规定,而是向法院另行提起民事赔偿诉讼。[①]

3. 受损适格投资者的界定

我国作为实施或有责任主体以其自有资金主动参与先行赔付模式的典型代表国家。发行人因欺诈发行、虚假陈述或者其他等重大证券违法行为给在特定时间段内购买或交易证券的投资者造成实际损失,此类投资者都可以成为或有责任主体以其自有资金主动参与先行赔付模式下的受损投资者。我国投资者因虚假陈述与其遭受的实际损失之间存在因果关系而成为虚假陈述违法行为主体的赔付对象,需要在特定时间段买入并卖出(具体见图3-2)。如果在该特定时间段之内交易但没有遭受实际损失或者在该特定时间段之外进行证券交易遭受实际损失,及其他情形遭受实际损失,因不存在因果关系,此类受损的投资者不能成为虚假陈述违法行为主体的受损适格投资者,不属于或有责任主体以其自有资金主动参与先行赔付下的赔付对象。[②] 如果投资者不符合先行赔付方案中规定的在特殊时间段进行证券交易而遭受实际损失的受损适格投资者类型,虽然也因虚假陈述证券违法行为而遭受实际损失,但不属于或有责任主体以其自有资金主动参与先行赔付模式下需要对其进行先行赔付的受损适格投资者,此类受损投资者可以选择通过另行提起虚假陈述民事赔偿诉讼来解决。

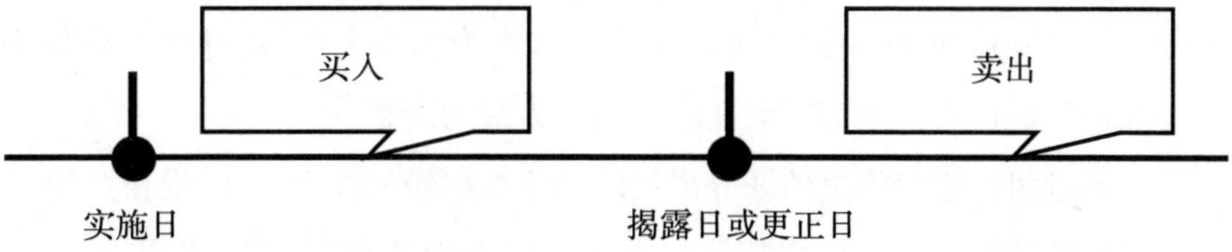

图3-2 受损投资者成为适格赔付对象需要进行证券交易的关键时间段

理论上讲,先行赔付有助于受损的中小投资者能够及时获得赔偿,但

① 江聃:《欣泰电气"诉讼混战"值得鼓励》,载《证券时报》2017年9月21日,第A03版。

② 从万福生科虚假陈述事件投资者利益补偿专栏,海联讯虚假陈述事件投资者利益补偿专项基金专栏与欣泰电气欺诈发行先行赔付专项基金专栏看,三起先行赔付案件的先行赔付主体设立的《投资者补偿公告》,其中对赔付对象范围的确定主要是依据了我国《虚假陈述若干规定》第18条、第19条。

是有学者研究证明，中小投资者并没有对先行赔付表现出更高的认可度，而是长期持股的投资者表现出对先行赔付的高度认可。① 究其原因发现，中小投资者基于证券市场的噪音影响，并不完全是规避风险的投资者类型，在如何实现自身利润最大化以及其他目标面前，属于偏好风险的投资者。② 由于证券交易的换手率高，即使因欺诈发行、虚假陈述而遭受实际损失，也被排除在特殊时间段进行证券交易而遭受实际损失的受损适格投资者类型之外。而基于公司信息面作出投资决策的长期持股投资者，证券交易换手率低，因重大证券违法行为而遭受损失时，会被纳入在特殊时间段进行证券交易而遭受实际损失的受损适格投资者类型。短期主义与长期主义的动机和行动过程出现差异性，③短期主义或许是需要监管补救的"潜在问题"。④ 故而，投资者因发行人的重大证券违法行为遭受实际损失，是否因其在特定的时间段买入或者卖出，而符合证券违法行为与其遭受的实际损害后果之间存在因果关系的要求，是判定受损投资者是否适格的关键因素。

（二）我国证券市场先行赔付模式下的赔付对象范围的确定

我国证券市场先行赔付模式的赔付主体是或有责任主体，是涉案的相关证券市场参与主体按照2019年《证券法》以及《虚假陈述若干规定》的规定，自我测量是否有承担证券民事赔偿连带责任的最大可能。虽然司法机关尚未介入，但是涉案的相关证券市场参与主体作为当事人之一，对自己是否从事或者参与发行人实施的重大证券违法行为最为清楚。

在通过司法程序解决的证券虚假陈述民事纠纷案件中，对向受损适格投资者承担证券民事赔偿的虚假陈述行为主体范围的界定，一般是依据2019

① 参见张晓东：《IPO保荐机构主动担责与投资者利益保护》，载《中国工业经济》2017年第2期。

② 参见史永东、李竹薇、陈炜：《中国证券投资者交易行为的实证研究》，载《金融研究》2009年第11期。

③ See Kevin J. Laverty, *Economic "Short-Termism": The Debate, The Unresolved Issues, and the Implications For Management Practice And Research*, Academy of Management Review, Vol. 21:3, p. 825 – 860(1996).

④ See Marcel Kajan & Edward B. Rock, *Hedge Funds in Corporate Governance and Corporate Control*, University of Pennsylvania Law Review, Vol. 155:5, p. 1021 – 1093(2007).

年《证券法》对不同民事责任主体承担的归责原则的要求,以及《虚假陈述若干规定》中对可以作为被告向受损适格投资者承担证券民事赔偿的虚假陈述行为主体的规定。一般是在确定承担证券虚假陈述民事赔偿连带责任主体后,才进行对受损适格投资者的赔偿。或有责任主体以其自有资金主动参与的先行赔付抛开了证券违法行为主体可能存在的主观过错以及归责原则,并不强制性要求必须是证券民事赔偿责任主体,才可以对造成损失的适格投资者进行先行赔偿。虽然从法律层面"直接"规定了发行人的控股股东、实际控制人、相关的证券公司可以对投资者进行先行赔付,但是从法律层面并没有"直接"排除其他非证券民事赔偿责任主体实施的对受损适格投资者进行的先行赔付。下面结合我国发生的证券市场先行赔付案例,来厘清对赔付对象范围的确定。

1. 万福生科虚假陈述的先行赔付案确定的赔付对象范围

平安证券作为万福生科公司首次公开发行并在创业板上市的保荐人,以自有资金出资3亿元人民币设立"投资者专项基金",专门用于对受损适格投资者的赔偿。[①] 按照2013年5月10日,平安证券发布的专项基金公告,[②]把下列投资者纳入受损适格投资者的范围进行赔偿(具体见图3-3):第一,在A与B时间段买入,B时间点以后卖出或者持有股票而产生直接亏损的投资者;第二,在A与C时间段买入,C时间点以后卖出或者持有股票而产生直接亏损的投资者;第三,在A与D时间段买入,D时间点以后卖出或者持有股票而产生直接亏损的投资者。在上述三种情形之外的时间点进行的万福生科股票交易遭受损失的投资者,不属于通过万福生科设立的"投资者专项基金"获得救济的赔付对象。同时,把万福生科虚假陈述案件中遭受损失的责任主体直接排除在受损适格投资者范围之外。

① 《平安证券关于设立万福生科事件投资者补偿基金公告的问答》,载新浪财经2013年5月10日,http://finance.sina.com.cn/stock/y/20130510/165215422771.shtml。

② 2013年5月10日,平安证券发布《关于设立万福生科虚假陈述事件投资者利益补偿专项基金的公告》(以下简称"万福生科事件投资者补偿公告")。参见《平安证券有限责任公司关于设立万福生科虚假陈述事件投资者利益补偿专项基金的公告》,载平安证券2013年5月10日,https://www.sac.net.cn/hyfw/hydt/201305/t20130510_62200.html。

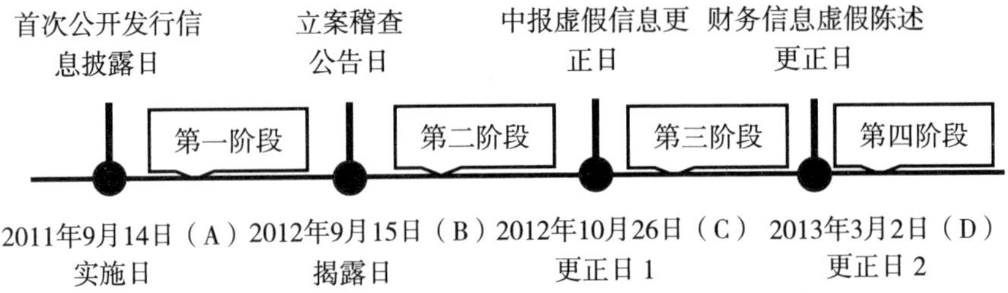

图3-3　万福生科先行赔付案件确定赔付对象范围的主要关键时间节点

资料来源:平安证券:《平安证券有限责任公司关于设立万福生科虚假陈述事件投资者利益补偿专项基金的公告》,载平安证券2013年5月10日,https://www.sac.net.cn/hyfw/hydt/201305/t20130510_62200.html。

综上,只要投资者的股票交易行为是在万福生科事件投资者补偿公告规定的基金赔偿范围的关键节点进行的行为,不管是何种投资者类型遭受损失,都可以成为受损的适格投资者。然而,作为万福生科虚假陈述案件的法定责任主体,即使因购买万福生科股票产生直接的实际损失,成为受损的投资者,也不属于先行赔付的赔付对象,被排除在通过万福生科设立的基金而获得赔偿的受损适格投资者范围之外。

2. 海联讯虚假陈述的先行赔付案确定的赔付对象范围

海联讯的主要股东以自有资金,出资2亿元人民币设立"投资者专项基金",专门用于对受损适格投资者的赔偿。① 按照2014年7月18日,海联讯主要股东发布的专项基金公告,②把下列投资者纳入受损适格投资者的范围(具体见图3-4):第一,在A与B时间段买入,B时间点以后卖出或者持有股票而产生直接亏损的投资者;第二,在B与C时间段买入,C时间点以后卖出或者持有股票而产生直接亏损的投资者;第三,在C与D时间段买入,D时间点以后卖出或者持有股票而产生直接亏损的投资者。在上述三种情形之外的时间点进行的海联讯股票交易遭受损失的投资者,不属于通过海联讯主要股东设

---

① 《关于〈设立海联讯虚假陈述事件投资者利益补偿专项基金的公告〉问答》,载中国结算网2014年7月8日,http://www.chinaclear.cn/zdjs/fxjs1/201409/d44a210038ae47718674aa29473897d0.shtml。

② 2014年7月18日,海联讯发布《公司股东章锋、孔飙、邢文飚、杨德广关于设立海联讯虚假陈述事件投资者利益补偿专项基金的公告》(以下简称"海联讯事件投资者补偿公告")。参见《关于〈设立海联讯虚假陈述事件投资者利益补偿专项基金的公告〉问答》,载中国结算网2014年7月8日,http://www.chinaclear.cn/zdjs/fxjs1/201409/d44a210038ae47718674aa29473897d0.shtml。

立的“投资者专项基金”获得救济的赔付对象。同时,把海联讯虚假陈述案件中遭受损失的责任主体排除在受损适格投资者范围之外,这些主体购买海联讯股票而遭受的直接损失,不在“投资者专项基金”的赔偿范围之内。

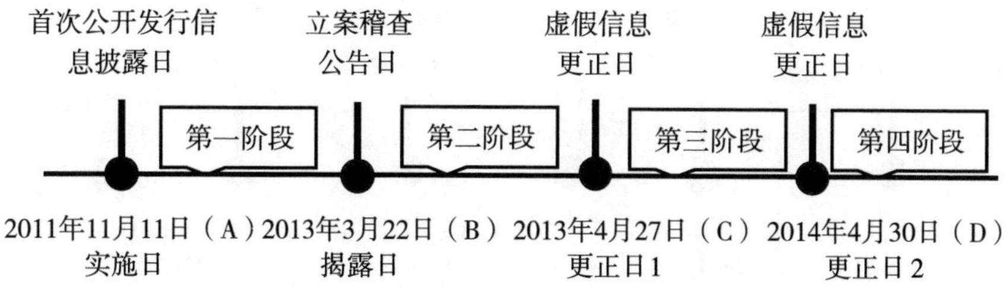

图 3-4 海联讯先行赔付案件确定赔付对象范围的主要关键时间节点

资料来源:深圳海联讯公司:《关于〈设立海联讯虚假陈述事件投资者利益补偿专项基金的公告〉问答》,载中国结算网 2014 年 7 月 8 日,http://www.chinaclear.cn/zdjs/fxjs1/201409/d44a210038ae47718674aa29473897d0.shtml。

综上,只要投资者的股票交易行为是在海联讯事件投资者补偿公告规定的基金赔偿范围的关键节点进行的行为,不管是何种投资者类型遭受损失,都可以成为受损的适格投资者。然而,作为海联讯虚假陈述案件的法定责任主体即使因购买海联讯股票产生直接的实际损失,成为受损的投资者,也不属于先行赔付的赔付对象,被排除在通过海联讯主要股东设立的专项基金而获得赔偿的受损适格投资者范围之外。

3. 欣泰电气欺诈发行的先行赔付案确定的赔付对象范围

兴业证券作为欣泰电气公司首次公开发行并在创业板上市的保荐人,以自有资金出资 5.5 亿元人民币设立“投资者专项基金”,专门用于对受损适格投资者的赔偿。2017 年 6 月 9 日,由兴业证券发布设立专项基金的公告。[①] 先行赔付主体兴业证券通过欣泰电气事件投资者补偿公告确定的受损适格投资者范围的方式,不同于万福生科与海联讯虚假陈述的先行赔付案中关于受损适格投资者范围确定的方式。“欣泰电气先行赔付案”不仅把二级证券交易市

① 2017 年 6 月 9 日,由兴业证券发布《关于设立欣泰电气欺诈发行先行赔付专项基金的公告》(以下简称“欣泰电气事件投资者补偿公告”)。参见兴业证券:《关于设立欣泰电气欺诈发行先行赔付专项基金的公告》,载兴业证券网 2014 年 6 月 9 日,http://quotes.money.163.com/f10/ggmx_601377_3481204。

场因欣泰电气虚假陈述遭受损失的适格投资者列为赔偿对象，而且把一级证券欺诈发行市场，因欣泰电气欺诈发行遭受损失的新股投资者也列为赔付对象，纳入需要对其进行及时赔付的受损适格投资者范围（具体见图3-5）。

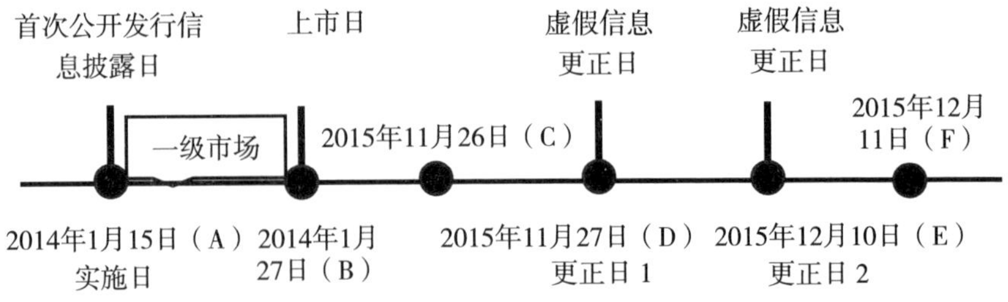

图3-5 欣泰电气先行赔付案件确定赔付对象范围的主要关键时间节点

资料来源：兴业证券：《关于设立欣泰电气欺诈发行先行赔付专项基金的公告》，载兴业证券网2014年6月9日，http://quotes.money.163.com/f10/ggmx_601377_3481204。

（1）一级市场受损适格投资者的认定

在A与B时间段买入，B时间点以后卖出或者持有股票而产生直接亏损的投资者可以通过“投资者专项基金”获得赔偿，属于因欣泰电气欺诈发行获得赔偿的受损适格投资者。在A时间点之前持有欣泰电气股票的股东与案件的责任主体以及前述两项主体的关联利益主体被排除在受损适格投资者范围之外，这些主体购买欣泰电气股票而遭受的直接损失，不在“投资者专项基金”的赔偿范围之内。

（2）二级市场受损适格投资者的认定

按照欣泰电气事件投资者补偿公告对二级市场受损适格投资者范围的认定，下列投资者可以作为受损适格投资者，成为“投资者专项基金”赔付的对象：第一，在B与C时间段买入，D时间点及以后卖出或者持有股票而产生直接亏损的投资者；第二，在D与E时间段买入，F时间点及以后卖出或者持有股票而产生直接亏损的投资者。同时，因政策性增持或者欣泰电气的大股东及其董事、监事、高级管理人员增持买入欣泰电气股票的，[①]即使因购买欣泰电气股票而遭受直接损失，也不在“投资者专项基金”的赔偿范围之内，不属于先行赔付的赔付对象。

综上，只要投资者的股票交易行为是在欣泰电气事件投资者补偿公告规

① 《欣泰电气欺诈发行先行赔付专项基金》，载中国证券投资者保护基金有限责任公司2013年5月13日，http://www.sipf.com.cn/investor/index.html。

定的基金赔偿范围的关键节点进行的行为，不管是何种投资者类型遭受损失，都可以成为受损的适格投资者。然而，作为欣泰电气欺诈发行案件的法定责任主体，与发行前已经持有股票的股东以及前述主体的相关利益主体及因增持而购买欣泰电气股票的大股东、董监高等人员，即使因购买欣泰电气股票产生直接的实际损失，构成受损的投资者，也不属于先行赔付的赔付对象，被排除在因欣泰电气欺诈发行而通过“投资者专项基金”获得赔偿的受损适格投资者范围之外。

（三）我国证券市场先行赔付实践中赔付对象范围与受偿主体范围的重合与分离

1. 赔付对象范围与受偿主体范围的重合阐释

从已经发生的三起先行赔付案件看，我国证券市场先行赔付模式中的先行赔付主体都应当对遭受实际损失的适格投资者进行一定程度的民事损害赔偿。先行赔付方案都是由作为先行赔付主体的法定责任主体确定的，其中先行赔付方案规定的受损适格投资者范围，即赔付对象范围也由作为先行赔付主体的法定责任主体确定。然而，受偿投资者能够从“投资者专项基金”获得赔偿的前提，是投资者能够主动提供按照先行赔付方案确定的赔付对象标准的证明资料。投资者在被确定为受损的适格投资者后，还需要在规定的时间内进行网签或者有效申报，并经过先行赔付主体的审核通过后，才可获得赔偿，真正达成赔偿对象与受偿主体的身份的重合。

（1）“万福生科先行赔付案”中获得赔偿成为受偿主体的赔付对象范围

通过作为“万福生科投资者专项基金”管理人的投资者保护基金公司向作为基金托管人的中国建设银行下达划款指令，2013 年 7 月 3 日，“万福生科投资者专项基金”已经将赔偿给受损适格投资者的资金支付到其个人的证券交易结算资金账户上，其中获得赔偿的受损适格投资者人数约为 12,756 人（具体见表 3 – 2），获得的赔偿占总额的 99. 56%（具体见表 3 – 3）。①

---

① 截至 2013 年 6 月 28 日，与平安证券完成有效和解的受损适格投资者人数为 12,756 人，占受损适格投资者总人数的 95%；对受损适格投资者支付的补偿金额约为 1. 79 亿元，占应赔付总金额的 99. 56%。参见《中国证券投资者保护基金有限责任公司关于万福生科虚假陈述事件投资者利益补偿专项基金的终止公告》，载中国证券投资者保护基金有限责任公司 2013 年 7 月 12 日，http://www. sipf. com. cn/zt/2013/07/3345. shtml。

表 3-2 三起先行赔付案中的受偿主体人数占比

案名	受偿主体人数占比/%	未受偿主体人数占比/%
万福生科先行赔付案	95	5.0
海联讯先行赔付案	95.7	4.3
欣泰电气先行赔付案	95.1	4.9

资料来源:《万福生科虚假陈述事件投资者利益补偿专栏》,载中国证券投资者保护基金有限责任公司2013年5月13日,http://www.sipf.com.cn/sy/ttzyxw/2013/05/1746.shtml;《海联讯虚假陈述事件投资者利益补偿专项基金》,载中国证券投资者保护基金有限责任公司2014年7月18日,http://www.sipf.com.cn/hlx/index.html;投资者保护基金有限责任公司:《欣泰电气欺诈发行先行赔付专项基金》,载中国证券投资者保护基金有限责任公司2017年9月14日,http://www.sipf.com.cn/investor/index.html。

表 3-3 三起先行赔付案中的受偿主体获得的赔偿金额

单位:亿元

案名	赔偿额
万福生科先行赔付案	约1.79
海联讯先行赔付案	约0.89
欣泰电气先行赔付案	约2.42

资料来源:《万福生科虚假陈述事件投资者利益补偿专栏》,载中国证券投资者保护基金有限责任公司2013年5月13日,http://www.sipf.com.cn/sy/ttzyxw/2013/05/1746.shtml;《海联讯虚假陈述事件投资者利益补偿专项基金》,载中国证券投资者保护基金有限责任公司2014年7月18日,http://www.sipf.com.cn/hlx/index.html;《欣泰电气欺诈发行先行赔付专项基金》,载中国证券投资者保护基金有限责任公司2017年9月14日,http://www.sipf.com.cn/investor/index.html。

受损适格投资者获得赔偿的主要流程如下:其一,属于基金赔偿范围的受损适格投资者需要在2013年6月11日23时前,在专项补偿基金网(网址:http://www.wfskjj.com)进行注册并查询可以获得赔偿的金额。如果接受"万福生科投资者专项基金"的补偿,需在此时间点之前完成和解承诺函并确认成功。其二,投资者必须在2013年6月17日至28日,进入"网络投票系统"(网址:http://wltp.cninfo.com.cn),发出对其进行补偿金额的有效确认指令。受损的适格投资者必须同时完成上述两项,才可视为与平安证券就损失赔偿达成和解,获得赔偿成为受偿主体。

(2)海联讯先行赔付案中获得赔偿成为受偿主体的赔付对象范围

通过作为"海联讯投资者专项基金"管理人的投资者保护基金公司向作

为基金托管人的中国建设银行下达划款指令,2014 年 9 月 15 日,“海联讯投资者专项基金”已经将赔偿给受损适格投资者的资金支付到其个人的证券交易结算资金账户上,其中获得赔偿的受损适格投资者人数约为 9823 人,获得的赔偿占总额的 98.81% 。①

受损适格投资者获得赔偿的主要流程如下:属于基金补偿范围内的受损适格投资者只需要在 2014 年 8 月 1 日至 9 月 10 日,通过托管证券公司的交易系统或者深交所的互联网投票系统发出接受补偿的方案并自愿达成和解指令,就可视为与海联讯的主要股东就损失赔偿达成和解,获得赔偿成为受偿主体。与“万福生科先行赔付案”中的投资者申报流程相比,海联讯案中取消了对赔付对象的和解承诺函的网上确认,降低了补偿成本,大大提高了补偿效率,使成为受偿主体的赔付对象获得赔偿的申报流程更为简单易行。

(3)“欣泰电气先行赔付案”中获得赔偿成为受偿主体的赔付对象范围

通过作为“欣泰电气投资者专项基金”管理人的投资者保护基金公司向作为基金托管人的中国兴业银行下达划款指令,2017 年 8 月 3 日与 10 月 26 日,“欣泰电气投资者专项基金”已经将赔偿给受损适格投资者的资金支付到其个人的证券交易结算资金账户上,其中获得赔偿的受损适格投资者人数约为 11,727 人,获得的赔偿占总额的 99.46% 。②

根据欣泰电气先行赔付案的分配计划方案,由于欣泰电气并非直接退市,而是在退市整理期间暂停上市,因此分别把一级市场的受损适格投资者与二级市场的受损适格投资者列为“欣泰电气投资者专项基金”的赔付对象。一级市场与二级市场的受损适格投资者获得赔偿的主要流程如下:其

---

① 截至 2014 年 9 月 10 日,完成有效申报的受损适格投资者人数为 9823 人,占受损适格投资者总人数的 95.7%;对受损适格投资者支付的补偿金额约为 0.89 亿元,占应赔付总金额的 98.81%。参见《中国证券投资者保护基金有限责任公司关于海联讯虚假陈述事件投资者利益补偿专项基金的终止公告》,载中国证券投资者保护基金有限责任公司 2014 年 9 月 19 日,http://www.sipf.com.cn/hlx/notice_detail_6.html。

② 截至 2017 年 10 月 20 日,完成有效申报的受损适格投资者人数为 11,727 人,占受损适格投资者总人数的 95.16%。受损适格投资者获得的赔付金额约为 2.42 亿元,占应赔付总金额的 99.46%。参见《欣泰电气欺诈发行先行赔付专项基金》,载中国证券投资者保护基金有限责任公司 2013 年 5 月 13 日,http://www.sipf.com.cn/investor/index.html。

一,作为欣泰电气先行赔付第一阶段的赔付对象,即一级市场的受损适格投资者,自2017年6月14日可登录证券投保基金公司网站(网址:http://www.sipf.com.cn),注册并查看可以从专项基金中获得的赔付金额。如果赔付对象接受赔付金额,必须在2017年6月19日至7月28日通过托管证券公司的交易系统或者深交所的互联网投票系统或者手工申报的方式,[①]发出对其进行补偿金额的有效确认指令,确认接受"欣泰电气投资者专项基金"中给付的赔偿金额,视为自愿达成和解。作为欣泰电气先行赔付第一阶段的赔付对象,只有完成上述申报并经审查通过,才可获得赔偿金额,成为受偿主体。其二,作为欣泰电气先行赔付第二阶段的赔付对象,即二级市场的受损适格投资者,同样需要采取登陆证券投保基金公司网站(网址:http://www.sipf.com.cn),注册并查看可以从"欣泰电气专项基金"中获得的赔付金额。通过托管证券公司的交易系统或者深交所的互联网投票系统或者手工申报的方式进行申报,申报经过审核后从"欣泰电气投资者专项基金"中获得赔付,成为受偿主体。只是二级市场受损适格投资者需要同意先按照欣泰电气股票暂停上市收盘价计算其首次赔付金额。待欣泰电气股票退市后,"欣泰电气投资者专项基金"工作组按照欣泰电气股票暂停上市后终止上市前这段期间的二级市场受损适格投资者的实际卖出价格或者欣泰电气股票退市价格,补充计算二级市场受损适格投资者的二次赔付金额。[②]

2. 赔付对象范围与受偿主体范围的分离阐释

前述三起先行赔付案件,每一起案件都没有对受损的适格投资者进行百分之百的有效赔偿。虽然在每一起先行赔付案件中,获得赔偿的受损适格投资者占比都为95%以上,但是仍旧存在不到5%的受损适格投资者没有实际获得赔偿,发生赔付对象与受偿主体的身份分离的现象。

---

① 通过手工方式进行申报适用于证券账户注销、账户变更、信用账户等特殊的情况。参见《适格投资者的赔付申报如何操作?》,载中国证券投资者保护基金有限责任公司2017年6月29日,https://zxjj.sipf.com.cn/investor/faq/faq45.do。

② 《欣泰电气欺诈发行先行赔付专项基金》,载中国证券投资者保护基金有限责任公司2017年9月14日,http://www.sipf.com.cn/investor/index.html。

(1)“万福生科先行赔付案”中没有获得赔偿的赔付对象范围

平安证券考虑到万福生科虚假陈述案件的大多数受损适格投资者已经在“万福生科投资者专项基金”存续期间获得赔偿,为了避免“万福生科投资者专项基金”存续期间过长,继续由管理人存管也会面临成本与效率不成正比,发生资源浪费的风险,因此在 2013 年 7 月 11 日“万福生科投资者专项基金”存续期间届满后,转入清算与审计阶段。“万福生科投资者专项基金”的剩余资金返还给先行赔付主体平安证券。[①] 为了最大限度地维护受损适格投资者的利益,使受损适格投资者获得赔偿,平安证券并没有放弃对在“万福生科投资者专项基金”存续期间没有进行有效申报的受损适格投资者的赔偿。凡是在 2013 年 7 月 11 日至 9 月 11 日,属于“万福生科投资者专项基金”赔偿范围的受损适格投资者,可以通过公证方式或者通过受损适格投资者所属证券公司营业部等方式办理关于有效申报赔偿的补充资料申请。[②] 如果在“万福生科投资者专项基金”存续期间届满后,在上述平安证券规定的有效补偿后续工作的期间,受损投资者仍旧没有进行和解承诺函的确认以及其他赔偿补充资料的申请,将视为没有意愿与平安证券就赔偿事宜达成和解,不能成为受偿主体。即使属于“万福生科投资者专项基金”的赔付对象,也不可能及时获得赔偿,发生赔付对象与受偿主体的身份的分离。

(2)“海联讯先行赔付案”中没有获得赔偿的赔付对象范围

先行赔付主体考虑到海联讯虚假陈述案件的大多数受损适格投资者已经在“海联讯投资者专项基金”存续期间获得赔偿,为了避免“海联讯投资者专项基金”存续期间过长,继续由管理人存管也会面临成本与效率不成正比,发生资源浪费的风险,因此在“海联讯投资者专项基金”存续期间届满后,转入清算与审计阶段。“海联讯投资者专项基金”的剩余资金返还给先行赔付主体,即“海联讯投资者专项基金”的出资人。[③] 为了最大限度地维护受损适

---

① 《关于万福生科虚假陈述事件投资者利益补偿专项基金的终止公告》,载中国证券投资者保护基金有限责任公司 2013 年 7 月 12 日,http://www.sipf.com.cn/zt/2013/07/3345.shtml。

② 《平安证券有限责任公司关于万福生科虚假陈述事件投资者利益补偿后续工作的公告》,载中国证券投资者保护基金有限责任公司 2013 年 7 月 12 日,http://www.sipf.com.cn/zt/2013/07/3346.shtml。

③ 《关于海联讯虚假陈述事件投资者利益补偿专项基金的终止公告》,载中国证券投资者保护基金有限责任公司 2014 年 9 月 19 日,http://bcjj.sipf.com.cn/notice_detail_6.html。

格投资者的利益,使受损适格投资者获得赔偿,“海联讯投资者专项基金”出资人并没有放弃对在“海联讯专项基金”存续期间没有进行有效申报的受损适格投资者的赔偿。凡是在2014年9月20日至11月20日,属于“海联讯投资者专项基金”赔偿范围的受损适格投资者,可以通过公证方式或者通过受损适格投资者所属证券公司营业部等方式办理关于有效申报赔偿的补充资料申请。① 如果在“海联讯投资者专项基金”存续期间届满后,在上述“海联讯投资者专项基金”出资人规定的有效补偿后续工作的期间,受损投资者仍旧没有发出有效接收补偿方案并自愿达成和解的指令以及其他赔偿补充资料的申请,将视为没有意愿与“海联讯投资者专项基金”的出资人就赔偿事宜达成和解,不能成为受偿主体。即使属于“海联讯投资者专项基金”补偿范围的赔付对象,也不可能获得赔偿,发生赔付对象与受偿主体的身份的分离。

(3)“欣泰电气先行赔付案”中没有获得赔偿的赔付对象范围

兴业证券考虑到欣泰电气欺诈发行案件的大多数受损适格投资者已经在“欣泰电气投资者专项基金”存续期间获得赔偿,为了避免“欣泰电气投资者专项基金”存续期间过长,继续由管理人存管也会面临成本与效率不成正比,发生资源浪费的风险,因此自2017年11月9日“欣泰电气投资者专项基金”将转入清算与审计阶段。“欣泰电气投资者专项基金”的剩余资金返还给先行赔付主体兴业证券,即“欣泰电气投资者专项基金”的出资人。② 为了最大限度地维护受损适格投资者的利益,使受损适格投资者获得赔偿,“欣泰电气投资者专项基金”出资人并没有放弃对在“欣泰电气投资者专项基金”存续期间没有进行有效申报的受损适格投资者的赔偿。凡是在2017年11月9日至12月31日,属于“欣泰电气投资者专项基金”赔偿范围的受损适格投资者,可以通过公证方式或者通过受损适格投资者所属证券公司营业部等方式办理关于有效申报赔偿的补

---

① 《深圳海联讯科技股份有限公司股东章锋、孔飙、邢文飚、杨德广关于海联讯虚假陈述事件投资者利益补偿后续工作的公告》,载深圳证券交易所2014年7月18日,http://bcjj.sipf.com.cn/notice_detail_7.htmll。

② 《关于欣泰电气欺诈发行先行赔付专项基金的终止公告》,载中国证券投资者保护基金有限责任公司2017年11月9日,https://zxjj.sipf.com.cn/investor/notice/notice63.do。

充资料申请。[1] 如果在“欣泰电气投资者专项基金”存续期间届满后，在上述“欣泰电气投资者专项基金”出资人规定的有效补偿后续工作的期间，受损投资者仍旧没有发出有效接收补偿方案并自愿达成和解的指令以及其他赔偿补充资料的申请，将视为没有意愿与“欣泰电气投资者专项基金”的出资人就赔偿事宜达成和解，不能成为受偿主体。即使属于“欣泰电气投资者专项基金”补偿范围的赔付对象，也不可能获得赔偿，发生赔付对象与受偿主体的身份的分离。

（四）我国证券市场先行赔付确定的赔付对象范围存在的问题

虽然我国2019年《证券法》确定了“法定”的证券市场先行赔付范围，但是并没有详细规定需要进行先行赔付的赔付对象范围。[2] 从2019年《证券法》之前的几次修订草案稿可以看出，立法者把先行赔付主体的资金实力以及在参与证券市场发行阶段所处的角色及其地位等因素考虑了进来。[3] 按照这一立法思路彰显的对特定主体范围的倾斜，以及结合我国已经发生的证券市场先行赔付案件来看，在没有经过司法裁判确定民事赔偿责任分配的情况下，先行赔付主体可以“选择”，也可以“不选择”对受损的适格投资者履行先行赔付行为。此时，在本来对受损适格投资者承担证券民事赔偿就有限的资金来源渠道上，如果对受损的适格投资者类型过于扩大化，则先行赔付主体会因面对的受损适格投资者人数众多，需要承担巨额的先行赔偿资金，而降低其作为先行赔付主体的积极性。故而，如果不对赔付对象进行类型化区分，势必会影响先行赔付主体的主动性。结合已经发生的三起证券市场先行赔付案件来看，我国证券市场先行赔付确定的赔付对象范围，并没有得到严格的受损适格投资者类型化区分。

首先，在“万福生科虚假陈述案”中，作为万福生科虚假陈述案件的法定责任主体，即使因购买万福生科股票产生实际的直接损失，成为受损的投资者，也不属于先行赔付主体平安证券对其进行先行赔付的赔付对象，其被排

---

① 《兴业证券股份有限公司关于欣泰电气欺诈发行先行赔付后续工作的公告》，载中国证券投资者保护基金有限责任公司2017年11月8日，https://zxjj.sipf.com.cn/investor/notice/notice62.do。

② 参见我国2019年《证券法》第93条。

③ 参见肖宇、黄辉：《证券市场先行赔付：法理辨析与制度构建》，载《法学》2019年第8期。

除在需要“万福生科投资者专项基金”进行赔偿的受损适格投资者范围之外。[①] 只要投资者因进行股票交易行为而遭受的损失符合万福生科事件投资者补偿公告中规定的赔偿范围，不管是何种证券投资者类型都可以成为受损的适格投资者，属于该案的赔付对象。

其次，在“海联讯虚假陈述案”中，作为海联讯虚假陈述案件的法定责任主体，即使因购买海联讯股票产生实际的直接损失，成为受损的投资者，也不属于先行赔付主体对其进行先行赔付的赔付对象，其被排除在需要“海联讯专项基金”进行赔偿的受损适格投资者范围之外。[②] 只要投资者因进行股票交易行为而遭受的损失符合海联讯事件投资者补偿公告中规定的赔偿范围，不管是何种证券投资者类型都可以成为受损的适格投资者，属于海联讯的主要股东对其进行先行赔付的赔付对象。

最后，在“欣泰电气欺诈发行案”中，先行赔付主体兴业证券通过欣泰电气事件投资者补偿公告确定受损适格投资者范围的方式不同于“万福生科”与“海联讯”先行赔付案中关于受损适格投资者范围确定的方式。[③] 欣泰电气事件投资者补偿公告不仅把二级证券交易市场中因欣泰电气虚假陈述遭受损失的适格投资者列为赔偿对象，而且把一级证券欺诈发行市场中因欣泰电气欺诈发行遭受损失的新股投资者也列为赔付对象。虽然该案对确定受损适格投资者范围的方式更为优化，即可以最大化划定可以获得先行赔偿的赔付对象范围，确保遭受损失的适格投资者的合法权益得到维护，又避免不适当的受损投资者被划入赔付对象的范围，给先行赔付主体造成一定程度上的赔付压力，但是仍旧没有类型化区分受损投资者的类型。发行人对因“其他重大违法行为”的适用范围的扩张，在一定程度上会给先行赔付主体积极主动地承担对受损适格投资者的赔付，平添一份困扰。

上述三起先行赔付案件在对符合受损适格投资者条件确定的赔付对象

---

① 《万福生科虚假陈述事件投资者利益补偿专栏》，载中国证券投资者保护基金有限责任公司2013年5月13日，http://www.sipf.com.cn/sy/ttzyxw/2013/05/1746.shtml。

② 《关于〈设立海联讯虚假陈述事件投资者利益补偿专项基金的公告〉问答》，载中国结算网2014年7月8日，http://www.chinaclear.cn/zdjs/fxjs1/201409/d44a210038ae47718674aa29473897d0.shtml。

③ 《欣泰电气欺诈发行先行赔付专项基金》，载中国证券投资者保护基金有限责任公司2013年5月13日，http://www.sipf.com.cn/investor/index.html。

进行先行赔付时，并没有严格按照证券投资者的类型进行区分。只要投资者遭受的损失符合投资者补偿公告中规定的赔付范围，不管是专业投资者还是普通投资者，都可以成为受损的适格投资者，并不是仅仅把处于弱势地位的中小投资者列为可以获取先行赔偿的赔付对象。

二、我国证券市场先行赔付对象需要类型化区分的立法完善

证券市场先行赔付把“先行”作为制度发挥功能的核心，虽然从法律层面“直接”规定了先行赔付主体范围，但是与之相对应的赔付对象范围，证券市场先行赔付制度并没有从法律层面予以确认。[①] 如何使法定先行赔付主体能够主动承担起对赔付对象的先行赔付，是开展证券市场先行赔付工作面临的首要问题。那么在确定先行赔付主体范围的同时，如果对赔付对象范围没有进行合理的界定，证券市场先行赔付制度的贯彻落实也将受到一定程度的阻碍。故而，按照证券市场先行赔付制度本应遵循的适当性原则，对赔付对象范围的确定也是实施证券市场先行赔付制度的关键。需要注意以下几点：

（一）赔付对象确定标准应细化

赔付对象确定标准的细化，不代表着对确定赔付对象范围的压缩，即先行赔付制度不能以“一刀切”的方式，将专业投资者排除在赔付对象的范围之外。虽然对受损的适格投资者类型过于扩大化，先行赔付主体会因面对的受损适格投资者人数众多，需要承担巨额的先行赔偿金，而降低作为先行赔付主体的积极性，但是专业投资者在依据发行人披露的招股说明书或者保荐机构及其他证券服务机构作出的专业性的承诺或者意见书进行投资时，也同样面临投资风险。前文中强调，不宜对赔付对象范围进行投资者类型扩大化的划分，不是说将专业投资者纳入赔偿对象范围，就是受损适格投资者类型过于扩大化的表现。如果专业投资者没有投资风险，那么我国证券市场将不存在至今仍旧占据高位数量的中小投资者或者散户，因为中小投资者或者散户完全可以直接委托专业投资者投资从而获取收益。

故而，在专业投资者也因发行人实施的重大证券违法行为遭受损失，并

---

① 参见我国2019年《证券法》第93条。

且符合受损适格投资者判定条件的情况下,专业投资者可以提供符合客观实际以及正常逻辑的投资依据,而先行赔付主体又不能提供专业投资者承担“风险自负”后果的证据时,则不能将专业投资者排除在赔付对象范围之外。专业投资者不能提供符合客观实际以及正常逻辑的投资依据,即专业投资者无法提供对引起先行赔付主体怀疑,逃避“风险自负”责任自圆其说的依据,而先行赔付主体又能提供专业投资者承担“风险自负”后果的证据时,可以由先行赔付主体决定是否将专业投资者划入赔付对象范围之内。

(二)确定对受损适格普通投资者范围的优先赔付

2019 年《证券法》第 89 条第 2 款①只规定证券公司对普通投资者承担过错推定的责任,而没有规定证券公司对专业投资者承担过错推定的责任,则当专业投资者与证券公司发生纠纷时,其不能以 2019 年《证券法》第 89 条第 2 款的规定,要求证券公司对其承担民事赔偿责任。由此可以看出,就证券公司对普通投资者承担的民事赔偿责任而言,对普通投资者的倾斜性保护已然明显。

而且,由于我国证券市场先行赔付制度并非强制性的规定,并没有要求作为法定先行赔付主体的发行人的控股股东、实际控制人或者相关的证券公司必须对受损投资者进行先行赔付。当相关的证券公司没有主动、自愿地做出先行赔付的意思表示时,至少不能绝对的以已经提供了不存在非法、误导、欺诈等情形为由,拒绝履行对受损适格普通投资者的先行赔付。当先行赔付主体设立的“投资者专项基金”不能满足全部的受损适格专业投资者与受损适格普通投资者的实际损失时,从倾斜性保护原则以及 2019 年《证券法》对普通投资者与专业投资者获得证券民事赔偿的倾向性来看,先行赔付制度应该优先保障专门对受损的适格普通投资者进行的先行赔偿,但并非意味着任何情形下先行赔付制度都是专门对受损的适格普通投资者进行的先行赔偿。当先行赔付主体设立的“投资者专项基金”完全可以满足对全部的受损适格专业投资者与受损适格普通投资者的实际损失进行先行赔偿时,受损的专业

① 我国 2019 年《证券法》第 89 条第 2 款规定:“普通投资者与证券公司发生纠纷的,证券公司应当证明其行为符合法律、行政法规以及国务院证券监督管理机构的规定,不存在误导、欺诈等情形。证券公司不能证明的,应当承担相应的赔偿责任。”

投资者应该获得与受损适格普通投资者同样的先行赔付。

值得注意的是，或有责任主体以其自有资金主动参与的先行赔付模式，受制于资金来源渠道的有限性。当先行赔付主体设立的“投资者专项基金”不能满足全部的受损适格投资者时，参照投资者保护基金参与的先行赔付模式，主要是对处于弱势地位的中小投资者的保护，因此，也应确定优先对受损适格普通投资者的保护。同时，为了避免赔付对象范围与受偿主体范围的分离，遭受损失的适格普通投资者没有及时、有效地获得证券民事赔偿救济，结合公平基金参与的先行赔付模式与美国集团诉讼中的退出式机制，[①]可以提高现代化自动技术，避免本是获赔对象的受偿主体不能及时获得赔付。例如，提高通过投资者保护专项基金管理人根据投资者以往的交易数据和其他相关资料，就可识别整理出可以获赔的受损适格投资者范围的现代化自动技术。除非受损的适格投资者在规定的期限内主动明示地提出不接受和解赔偿方案，一般都将投资者的默示行为视为即便不进行主动有效的申报同样可以获得赔偿的权利。此时，在与其他证券纠纷解决方式并行不悖的前提下，由专项基金管理人向其主动寄送的赔偿款支票，最大限度扩展可以获得赔偿成为受偿主体的赔付对象范围，即最大限度扩展受偿主体与受损适格投资者的重合范围，不失为最终使受损的适格投资者获得赔付的一种尝试。

本章小结

证券投资者作为证券投资、证券交易以及证券收益的主要证券市场主体，[②]受到证券市场信息不对称与自身理解信息差异的影响，呈现证券投资者类型多样化的特征。[③] 从对证券市场上投资者的类型划分及其分类参数

---

① 美国是典型的退出式集团诉讼，除非投资者主动明示的退出，一般都将投资者的默示行为视为即便不参加诉讼同样可以享受诉讼成果。参见黄江东、施蕾：《中国版证券集团诉讼制度研究——以新〈证券法〉第 95 条第 3 款为分析对象》，载《财经法学》2020 年第 3 期。

② 参见何德旭、周宇：《中国证券投资者创新机制的创新方向实现路径》，载《金融评论》2015 年第 1 期。

③ 参见彭晓洁、李梦蝶：《国外证券投资者适当性制度及其对我国的启示》，载《贵州社会科学》2015 年第 11 期。

的分析入手,对公平基金参与的先行赔付模式与投资者保护基金参与的先行赔付模式下的受损投资者与受损适格投资者进行辨析,得出在证券市场上遭受违法行为侵害并遭受损失的投资者,并不是在任何场合都可以成为证券市场先行赔付的受损适格投资者的结论。要想成为证券市场先行赔付的受损适格投资者,受损投资者必须满足一定条件,才成为具有“资格”的受损投资者,成为可以先行获得赔付的对象。如果是仅仅遭受损失的投资者,并不能一概被认定为证券市场先行赔付模式下的赔付对象。

由于证券市场先行赔付的模式不同,因此需要厘清不同先行赔付模式下确定的赔付对象范围。依据投资者保护的差异性原则以及弱者倾斜性保护的理论,投资者保护基金参与的先行赔付模式确定的受损适格投资者,基本上都属于处于弱势地位的无投资经验的中小投资者。如我国香港特区设立的投资者赔偿基金,作为投资者保护基金参与的先行赔付模式的典型,主要是对散户投资者的保护,机构投资者被排除在外。为了避免发生投资者的道德风险,在公平基金参与的先行赔付模式下,确定的赔付对象范围需要建立在如何处理“投资者利益保护”与“投资者风险自负”两者关系的基础之上。参照美国已经发生的涉事案件成立的公平基金,只要是与证券违法行为主体具有关联关系或者利害关系的专业投资者或者普通投资者,即使受到损害,也不能成为可以获得赔偿的受损适格投资者。相反,不管是专业投资者,还是普通投资者,只要与证券违法行为主体不具有关联关系或者利害关系,因证券市场违法主体实施的重大违法行为而受到损害,在可以设立公平基金用于分配受损适格投资者的情况下,就有通过公平基金参与的先行赔付模式成为获得赔偿的受损适格投资者的可能。

证券市场先行赔付的赔付对象就是遭受损失的适格投资者。然而,通过细微分析发现,在公平基金参与的先行赔付模式与投资者保护基金参与的先行赔付模式中,受损的适格投资者是否在规定的时间内进行有效的主动申报赔偿以及提供其他赔偿资料的申请,是区别赔付对象范围与受偿主体范围重合与分离的关键。值得注意的是,公平基金参与的先行赔付模式下,还存在受损投资者一旦被确定为赔付对象就可获得赔偿,达成赔付对象范围与受偿主体范围重合的现象。

通过对我国已经发生的先行赔付案例的分析,我国证券市场先行赔付对象没有进行类型化区分，一定程度上会给先行赔付主体对遭受损失的适格投资者主动承担赔付带来一定的消极影响。参考投资者保护基金参与的先行赔付模式设定的严格的赔付对象条件，与公平基金参与的先行赔付模式具体的确定赔付对象的标准，考虑从赔付对象确定标准的细化与确定对受损适格普通投资者范围的优先赔付等方面，来对我国证券市场先行赔付对象的类型化区分进行立法完善。

第四章　证券市场先行赔付的资金来源的法律考量

证券市场先行赔付制度要想得到实施，需要有主动担负起先行赔付功能的先行赔付主体的存在，以及确定的可以获得先行赔偿的赔付对象，否则其作为解决证券民事赔偿纠纷的一种模式也将是空谈。更为重要的是，如果没有证券市场先行赔付的资金来源作为连接先行赔付主体与赔付对象的桥梁，那么证券市场先行赔付制度最终也会被其他证券民事赔偿纠纷解决方式所替代。故而，证券市场先行赔付资金来源的考量，对证券市场先行赔付制度的实施也极为重要。

第一节　证券违法行为主体的罚没款作为先行赔付资金的考量

就如温里布认为，在原告提起的损害赔偿侵权诉讼中，被告是得到了与原告遭受的损失相关的所得，被告承担的损失,应该也是原告的所得。[①] 该原理在证券法领域的体现,应该为证券违法行为主体实施欺诈发行、虚假陈述或者其他重大证券违法行为,使其财产增加的部分甚至全部可能都来源于证券投资者的损失。[②] 换句话说,证券违法行为主体承担的罚金、罚款及违法所得,最初直接源于投资者因上述证券违法主体实施的违法行为而遭受损失的财产,这些财产理应返还给遭受损失的投资者。

一、证券违法行为主体的罚没款纳入先行赔付资金的逻辑起点

一般来讲,由政府层面设立的公共执法机构对违法行为主体进行的罚款、罚金,主要是为了惩罚违法行为主体以及对其形成一种威慑,以便抵制利益集团为进行的商业活动采取的侵蚀社会正义的违法行为。[③] 如 SEC 自诞生之日起,到如今建立起的社会威望就源自其通过积极的执法来制止行为主体的违法行为。[④] 然而,公共执法机构在积极执法的同时,不可避免地受制于追求自身政治利益的因素,其完全服务于投资者,以保护投资者合法权益为最终目的的出发点时常受到羁绊。对投资者而言,无论公共执法机构如何强化对违法行为主体的打击力度,其更多还是关注享有的投资收益权的落实,以及其遭受的损失是否能够获得及时有效的赔偿。

证券市场上的投资者获取收益的权利,是建立投资者对证券市场信心的基本前提,也是投资者享有投资权利的主要内容。投资者会因证券价格发生不合理的偏移而遭受不公平的收益。当投资者因证券市场违法行为而遭受不公平的收益时,健全的证券欺诈赔偿责任机制,可以要求违法行为主体承担对受损适格投资者的赔偿。这不仅是对证券立法实现正义价值的基本要求,也是对受损投资者享有收益权的根本保障。故而,健全的证券欺诈

---

① 参见[加]欧内斯特·J. 温里布:《私法的理念》,徐爱国译,北京大学出版社 2007 年版,第 11 页。

② 参见陈洁:《证券民事赔偿责任优先原则的实现机制》,载《证券市场导报》2017 年第 6 期。

③ See Edward L. Glaeser & Andrei Shleifer, *The Rise of the Regulatory State*, Journal of Economic Literature, Vol. 41:2, p. 401 – 425(2003).

④ See Rroberta S. Karmel, *Creating Law at the Securities and Exchange Commission: The Lawyer as Prosecutor*, Law & Contemporary Problems, Vol. 61:1, p. 33 – 46(1998).

赔偿责任机制，是各国证券立法保护投资者合法权益、彰显证券立法实现正义价值的基本要求，也是保障投资者收益权获得救济的有效途径。主要依赖于以下两方面。

(一)矫正正义原则

矫正主义强调所得与所失之间此消彼长的结构趋于平衡。[①] 根据亚里士多德(Aristotle)对“矫正正义”的解释，矫正性的正义主要在交往中产生，哪怕是非自愿的交往。此类正义是裁判者运用惩罚或者剥夺加害人得利的方式，对不均等加以矫正；[②]此类非自愿包括欺诈或者虚假陈述而导致的交往。[③] 也有学者认为，“矫正正义对行为人施加的义务应以对结果承担责任为基础”。[④] 可以说，人们之所以对矫正正义予以关注，是由于行为人一旦实施加害行为，就违反了不得实施加害行为的法律规范。该行为人需要向受害人履行损害赔偿的义务就根源于对这一规范的违反。[⑤] 故而，矫正正义构成了侵权制度、赔偿、合同法和刑事司法的基础。[⑥]

在证券民事赔偿诉讼案件中，证券违法行为主体与受损适格投资者之间是一种侵权法律关系。[⑦] 根据各国在侵权规范方面的立法，侵权行为主体应当赔偿因其侵权行为而使受侵权主体遭受的损失。也就是说，侵权行为主体在实施了侵权行为之后，需要向受侵权主体支付填补性的损害赔偿金，而受侵权主体确实也能够从导致其遭受损失的侵权行为主体那里获得赔偿，哪怕是部分赔偿。因此，从形式上来讲，侵权责任规范就是矫正正义

---

① See Emest J. Weinrib, *Corrective Justice*, Iowa Law Review, Vol. 77:2, p. 404(1992).

② 参见[古希腊]亚里士多德:《尼各马可伦理学》，苗力田译，中国社会科学出版社1990年版，第95页。

③ 参见[美]劳伦斯·索伦:《法理词汇》，王凌皞译，中国政法大学出版社2010年版，第93页。

④ [美]格瑞尔德·J. 波斯特马主编:《哲学与侵权行为法》，陈敏、云建芳译，北京大学出版社2005年版，第248页。

⑤ 参见阳庚德:《矫正正义:侵权责任正当性论证的必要条件》，载《学术研究》2013年第6期。

⑥ 参见[美]布赖恩·H. 比克斯:《牛津法律理论词典》，邱昭继等译，法律出版社2007年版，第47页。

⑦ “侵权行为”不是对合同的违反，而是因为损害事实的发生使受害人获得了一项法律救济(一般是金钱赔偿)。参见F. 帕特里克·哈伯德:《美国侵权法改革运动的本质与影响》，王晓明译，载梁慧星主编:《民商法论丛》(第43卷)，法律出版社2009年版。

规范。

正因为矫正正义蕴含了损害赔偿的要求,[①]主要是为了赔偿合同当事人之间的所得与所失,所以在他们之间建立以惩罚和补偿为主要内容的联系,[②]其内涵主要体现在以下两个方面:其一,“结构”。为了体现一种平等,在结构上主要存在对应的关系,如一方当事人与另一方当事人的关系、矫正所得与矫正所失的关系。[③] 其二,“权利”。[④] 加害方需要承担责任,因其引起了损害的发生,而这个损害就是受害方享有的权利受到的侵犯。保护投资者收益权是矫正正义原则在证券法领域的具体化,是对实施证券违法行为主体不当获利的矫正。[⑤]

当投资者因违法行为遭受投资损失,由投资者或者公共机构提起侵权诉讼,是为了寻求对作为受害人的投资者的赔偿,因此,在评估作为受害人的投资者遭受的实际损失时,矫正正义永远无法将诸如惩罚、遏制等拒绝门外。[⑥] 投资者购买股票的行为,视为与发行人、上市公司签订合同。当发行人、上市公司因实施的违法行为给投资者造成实际的损失,视为证券违法行为主体产生的不当侵害构成对投资者合法权益或者权利的侵犯,就决定了受损投资者的损失可以基于矫正正义得到损害赔偿。[⑦]

(二)不当获利返还原则

德国学者赫德曼(Headman)认为,不当获利返还请求权承担着调节器

---

① See Coleman, Jules, *Risks and Wrongs*, Oxford University Press, 2003, p. 380.

② 参见[美]亨利·马瑟:《合同法与道德》,戴孟勇、贾林娟译,中国政法大学出版社2005年版,第174页。

③ 如“加害人与受害人”就是一方当事人与另一方当事人关系的体现,“剥夺加害人所得与补偿受害人所失”就是矫正所得与矫正所失关系的体现。参见陈皓:《侵权法矫正正义论中的个人主义》,载《法制与社会发展》2014年第5期;杜乐其:《消费民事公益诉讼损害赔偿请求权研究》,载《法律科学(西北政法大学学报)》2017年第6期。

④ See Richard A. Epstein, *Causation and Corrective Justice: A Reply to Two Critics*, Journal of Legal Studies, Vol. 8:3, p. 477 – 504 (1979); Richard A. Epstein, Nuisance Law: Corrective Justice and Its Utilitarian Constraints, Journal of Legal Studies, Vol. 8:1, p. 49 – 54(1979).

⑤ 参见张春丽:《论我国证券欺诈赔偿责任机制的完善》,载《法律科学(西北政法大学学报)》2014年第3期。

⑥ 如矫正性的惩罚是一种为求导正目标偏差之行为的合法反应。See Goldberg John C. P. & Zipursky Benjamin C., *Unrealized Torts*, Virginia Law Review, Vol. 88:8, p. 1625 – 1720(2002); [美]迈克尔·瑞斯曼:《看不见的法律》,高忠义、杨婉苓译,法律出版社2007年版,第105页。

⑦ See Coleman, Jules, *Risks and Wrongs*, Oxford University Press, 2003, p. 335.

的作用。[①] 不当获利返还原则是以“同一利益”为研究对象。[②] 如果基于同一利益,转让利益与获得利益的方式存在瑕疵,势必会发生收益的不合理转移。此时,基于衡平救济的原理,为转让利益的一方创设赔偿请求权;而获得利益的一方需要承担返还义务。[③] 由此可以看出,该原则包含了矫正正义的内涵。

通常情况下,不当获利返还原则主要适用于不当占有财产案件。[④] 在证券市场因欺诈行为而对遭受损失的投资者进行赔偿的过程中,发现不当获利不仅是证券领域欺诈行为案件的典型特征,[⑤]而且在此基础上形成的不当获利返还原则,作为一项连结违法行为造成损失、责任和救济的结构性原则,成为完善因欺诈行为而对遭受损失的投资者进行赔偿的主要依据。在不当获利返还原则中,行为人通过给他人造成损失而获得收益是其承担责任的基础。

1. 违法行为主体不当获利的来源

从存在于证券市场的参与主体来看,发行人、上市公司及其控股股东、实际控制人及其他有助于证券发行的管理人,是管理和运行投资者资金的实际主体,可以视为投资者的委托代理人。[⑥] 从公司治理的角度,投资者将其资金委托给代理人管理与运作,是基于两者之间存在信义关系。代理人不应辜负投资者的信任,应积极履行对投资者的信义义务。然而,基于公司所有权与控制权的分离、契约的不完全性以及信义关系的脆弱性等因素,不仅是投资者委托的代理人存在外部性,而且投资者委托的代理人的行为也

---

① 参见王泽鉴:《不当得利》,台北,三民书局2000年版,第14页。

② See Gerhard Dannemann, *Defenses and Objections to Liability in Restitution, Is Unjust Enrichment Law an Officious Intermeddler*, Boston University Law Review, Vol. 92:3, p. 991 – 1008 (2012).

③ See Barker, Kit, *Understanding the Unjust Enrichment Principle in Private Law: A Study of the Concept and Its Reasons, in Understanding Unjust Enrichment*, Hart Publishing, 2004, p. 70.

④ See Ernest J. Weinrib, *The Structure of Unjustness, Boston University Law Review*, Vol. 92:3, p. 1067 – 1079 (2012).

⑤ 参见张春丽:《论我国证券欺诈赔偿责任机制的完善》,载《法律科学(西北政法大学学报)》2014年第3期。

⑥ See Michael C. Jensen & William H. Meckling, *Theory of the Firm: Managerial Behavior, Agency Costs and Ownership Structure*, Journal of Financial Economics, Vol. 3:4, p. 305 – 360 (1976).

始终伴随外部性的存在,以致发生侵害投资者收益权的行为。[①] 此时,通过创设完备的投资者委托的代理人应承担责任的相关法律,来规范代理人的行为。

发行人、上市公司及其内部人员基于信义关系作为投资者的代理人,不仅需要承担对公司的内部结构进行治理、忠实于投资者可以依赖合理的证券价格获取投资收益的责任,还需要承担对公司在经营治理过程中披露的财务、交易状况等重大信息,及其形成过程是否真实、准确、完整、及时的责任。结合矫正正义的内涵,可以通过审视投资者是否实现投资收益权,来判断代理人是否积极履行了对投资者的信义义务。在证券市场因违法行为主体实施欺诈行为而需要承担对遭受损失的投资者的赔偿,就是基于投资者委托的代理人违反信义义务,产生了代理人获取不当获利、投资者丧失收益的结果。发行人、上市公司实施的欺诈发行或者其他重大违法行为;发行人、上市公司的内部治理结构出现漏洞;发行人、上市公司的内部人员对公司违法行为的积极作为或者治理漏洞的不作为,都归因于这些主体没有积极履行对投资者的信义义务。此时,投资者因代理人违反信义义务而使自己购买的证券价格发生不合理的偏移而遭受不公平的收益,代理人则获取收益。由此可以看出,违反信义义务,坐收渔利是投资者委托的代理人基于信任关系获得不当收益的主要方式。因此,不当获利返还原则,对完善因欺诈或者其他重大违法行为而对遭受损失的投资者进行赔偿发挥着重要的作用。

2. 不当获利返还原则的强制性

美国《SOX 法案》确定的公平基金制度将对证券违法行为主体收缴的违法所得、民事罚款纳入涉案成立的公平基金,分配给遭受损失的适格投资者。我国则是由公共执法机构将对违法行为主体处以没收的违法所得、行政罚款上缴国库,并没有分配给因证券违法行为而遭受损失的适格投资者。结合矫正正义的内容,对证券违法行为主体收缴的罚没款,很大可能直接来

---

① Oliver D. Hart, *Incomplete Contracts the Theory of the Firm*, *Journal of Law*, Economics & Organization, Vol. 4:1, p. 119 – 140(1988).

源于投资者遭受的财产损失。[①] 证券违法行为主体缴纳的违法所得、民事罚款纳入涉事案件成立的基金,分配给因证券违法行为而遭受损失的适格投资者,正好是不当获利返还原则在实践中的具体适用。

美国不仅从立法上给予投资者因证券违法行为主体而遭受损失的救济功能的落实,而且在司法实践中,从设立公平基金的违法案件来看,也是将投资者因证券违法行为而遭受损失的救济功能落到实处。只要违法案件设立公平基金,SEC 都将收缴的违法所得、民事罚款用于分配给遭受损失的适格投资者。我国也从立法上给予投资者因证券违法行为而遭受损失的救济功能优先保护,从我国 1998 年颁布《证券法》伊始,至 2019 年新修订的《证券法》颁布,其间不管《证券法》经历多少次的修订与修正,都没有动摇或者更改确立的民事赔偿责任优先原则。[②] 当证券违法行为主体同时承担的不同性质、相互冲突的以财产罚为标的的法律责任难以全部实现时,民事赔偿责任优先于其他法律责任。然而,从证监会对证券违法行为主体处罚的天价罚单来看,受损投资者比较重视的、可以从证券违法行为主体处获得的民事赔偿几成空文。[③] 由此可以看出,作为保护投资者合法权益重要抓手的民事赔偿责任优先未能落实。

此时,不当获利返还原则——一项内含"矫正正义"的结构性原则,既能够审视考察证券市场上遭受损失的投资者与违反信义义务的代理人之间存在的事实关系,也能够基于违反信义义务的代理人存在的过错和不当获利的事实为受损投资者创设衡平救济,强制证券违法行为主体履行返还义务。同时,该原则强制性的适用可以授权证券监督管理部门参与先予执行,保证法定责任主体向受损适格投资者履行证券民事赔偿责任,这已经超越了行为人需依据的过错与责任相匹配原则严格的因果关系。故而,不当获利返还原则对违法主体不当获利返还和对受害主体赔偿的强制性要求,可

---

① 参见邢会强:《内幕交易民事诉讼与投资者保护:制度比较与模式选择》,载《投资者》2018 年第 2 期。

② 参见我国 1998 年《证券法》第 207 条、我国 2014 年《证券法》第 232 条以及我国 2019 年《证券法》第 220 条。

③ 参见陈洁:《证券民事赔偿责任优先原则的实现机制》,载《证券市场导报》2017 年第 6 期。

以促使违法行为主体对遭受损失的投资者进行的赔偿的广泛应用。为了保障投资者因重大证券违法行为而遭受的损失,可以顺利获得赔偿,或有责任主体的事后追偿,也应借助不当获利返还原则被广泛应用。①

综上可见,在证券法领域,借助矫正正义和不当获利返还原则适用的原理,证券违法行为主体对遭受损失的投资者进行赔偿可以成为投资者收益权救济的有效渠道,也是将对证券违法行为主体收缴的罚没款纳入先行赔偿资金的主要依据。

二、证券违法行为主体的罚没款纳入先行赔付资金的实践检视

美国 2002 年通过的《SOX 法案》确立了公平基金制度,自此开启了美国首个设立公平基金用于分配给受损适格投资者的 SEC v. World Com Inc. 案件之后的大多数证券欺诈案件对不当获利返还原则的实际适用。②虽然《SOX 法案》规定对证券欺诈行为主体收缴的民事罚款可以纳入公平基金的适用范围,不再上缴美国财政部,但是要和对证券违法行为主体收缴的违法所得一起纳入公平基金适用范围,不能只将对证券违法行为主体收缴的民事罚款纳入涉案成立的公平基金。2010 年美国《多德 - 弗兰克法案》的颁布,直接规定了即便只有对证券违法行为主体收缴的民事罚款,也可以将其纳入涉案成立的公平基金。③ 可以说,《多德 - 弗兰克法案》扩大了不当获利返还原则的适用范围。这在一定程度上,不仅保障了投资者的收益权,而且完善了基于代理人对投资者履行信义义务而承担的责任,为受损适格投资者的证券民事赔偿请求权的实现提供了坚实有力的保障。④

(一)证券违法行为主体的罚没款规模是作为涉案成立公平基金的充分条件

美国证券市场违法行为主体违法违规成本高,受美国证券立法的处罚

① 参见张春丽:《论我国证券欺诈赔偿责任机制的完善》,载《法律科学(西北政法大学学报)》2014 年第 3 期。

② See Levmore Saul, *Rethinking Ponzi-Scheme Remedies in and out of Bankruptcy*, Boston University Law Review, Vol. 92:3, p. 969 – 990(2012).

③ 参见《多德 - 弗兰克法案》第 929B 条。

④ See Levmore Saul, *Rethinking Ponzi-Scheme Remedies in and out of Bankruptcy*, Boston University Law Review, Vol. 92:3, p. 969 – 990(2012).

较重,例如,通过财务造假等行为构成欺诈发行的公司及其主要高管、相关的证券公司还有证券服务机构,会被罚得倾家荡产。《SOX 法案》中规定,对构成故意的证券欺诈违法行为主体最高处以 25 年监禁,对构成故意证券欺诈违法行为的个人及公司最高分别可以处以 500 万美元和 2500 万美元。如安然(Enron)财务造假案中,①安然不仅被宣告破产,还被 SEC 罚款 5 亿美元;其公司其他相关人员,如 CEO 斯基林在被判处 24 年有期徒刑的同时并被处以罚款 4500 万美元;安达信会计师事务所因帮助安然进行财务造假,不仅被判处妨害司法公正罪,还被宣告破产;因安然财务造假遭受损失的投资者通过证券集体诉讼,最终获得 71.4 亿美元的赔偿金。

美国公平基金是衔接没收违法所得与民事损害赔偿责任的国外实践,②是对证券市场违法行为主体没收违法所得与民事赔偿相衔接的有益探索,其作为证券公共执行的投资者损害补偿手段,资金主要源于对证券违法行为主体没收的违法所得、民事罚款等。一般情况下,SEC 对证券欺诈发行违法行为主体收缴的违法所得、民事罚款、行政和解罚金都并入涉事案件设立的公平基金中,用来分配给遭受损失的适格投资者。与证券集团诉讼的处置效率相比,公平基金更能快速地确定受损适格投资者,使受损适格投资者在短时间内获得补偿款,③发挥对受损适格投资者先期执行与赔付的功能。在 2015 年至 2018 年,SEC 通过对证券违法主体追缴违法所得与民事罚款获得的资金分别为 41.94 亿美元、40.83 亿美元、37.89 亿美元、39.45 亿美元。④ 从以上 SEC 对证券违法主体追缴的罚没款总量来看,美国对证券违法主体的处罚力度比较大,是在具有足够规模的收缴的罚没款组成的资金可以承担起对遭受损失的投资者进行先期赔付的基础上,才将赔付主体上缴的违法所得和民事罚款纳入赔偿投资者的资金来源。然而,

---

① 参见熊锦秋:《提高证券违法成本 让"割韭菜的"无路可逃》,载新华网 2019 年 3 月 12 日,http://www.xinhuanet.com/fortune/2019-03/12/c_1210079538.htm。

② 参见张东昌:《证券市场没收违法所得与民事赔偿责任制度的衔接》,载桂敏杰总编:《证券法苑》(第 17 卷),法律出版社 2016 年版。

③ See Urska Velikonja, *Public Compensation for Private Harm: Evidence from the SEC's Fair Fund Distributions*, Stanford Law Review, Vol. 67:2, p. 331-395(2015).

④ See SEC, Division of Enforcement 2018 Annual Report (December 12, 2019), https://www.sec.gov/files/enforcement-annual-report-2018.pdf.

并非所有案件中对证券违法主体追缴的违法所得和民事罚款都可以纳入涉事案件设立的公平基金。一定规模的违法所得与罚款资金总量是设立公平基金对受损适格投资者进行有效分配的前提。[①] 当证券监督管理机构认为设立公平基金分配计划的管理成本高于对证券违法行为主体收缴的违法所得与民事罚款,或者对证券违法行为主体收缴的违法所得与民事罚款总额小,而潜在的受损适格投资者数量比较大时,证券监督管理机构并不会以设立公平基金的方式对受损适格投资者进行救济。出于成本与效率的考量,SEC 会将该笔罚没资金上缴财政部。[②]

综上可见,对证券违法主体进行收缴的罚没款只有达到一定的规模,足以对遭受损失的投资者进行赔偿时,才会将对证券违法主体收缴的罚没款纳入赔偿投资者的资金。可以说,美国证券立法对证券市场违法行为主体实施的财务造假、欺诈发行等证券市场违法行为,具有较高的处罚,是将对证券违法行为主体收缴的罚没款纳入赔偿投资者的资金的主要考量。相反,如果仅有用于对受损适格投资者进行分配的小规模的罚没款,即使可以将其纳入赔偿投资者的资金中,但是在面对不特定的受损适格投资者需要及时获得的救济时,也难以发挥先期执行与赔付的功能。

(二)证券违法行为主体的罚没款纳入先行赔付资金的必要性分析

美国纽约南区法院对科特瑞恩斯(Contorinis)内幕交易案的审理,很好地呈现了违法所得、民事罚款与刑事财产罚责任之间的关系。科特瑞恩斯作为基金管理人员,没有履行对投资者的信义义务而实施内幕交易违法行为,导致其管理与运作的基金组合获得约 730 万美元的利润以及避免了约 535 万美元的投资损失。虽然纽约南区法院对内幕交易违法行为主体科特瑞恩斯判处 6 年的监禁并没收约 1265 万美元(是上述获得利润与避免投资损失的总和),但是从科特瑞恩斯不服纽约南区法院所作判决提出上诉的情形看,二审法院并没有判处对其没收 1265 万美元。二审法院只是最终确认了科特瑞恩斯的罪名及其有期徒刑,撤销了对其没收约 1265

---

① 参见郭雳:《证券执法中的公共补偿——美国公平基金制度的探析与借鉴》,载《清华法学》2018 年第 6 期。

② 同上。

万美元的认定，并要求纽约南区法院对内幕交易违法行为主体科特瑞恩斯的违法所得重新判决。[①] 该判决认为内幕交易违法行为主体科特瑞恩斯获得利润与避免投资损失的约 1265 万美元，并非其实施违法行为获得的违法所得。

纽约南区法院后来判决没收内幕交易违法行为主体科特瑞恩斯约 43 万美元的违法所得，证实了违法行为主体获得利润与避免投资损失的总和并非违法行为主体实际上获得的违法所得。此后，由 SEC 代表受损投资者提起对内幕交易违法行为主体科特瑞恩斯的民事诉讼，请求纽约南区法院判处由科特瑞恩斯管理与运作的基金组合缴出约 726 万美元（基金组合获得利润减去交易成本后的金额）的违法所得，以及其他民事罚款。虽然最终纽约南区法院判处该基金组合缴出约 726 万美元的违法所得，以及由科特瑞恩斯个人承担的约 100 万美元的民事罚款，[②]但是从 SEC 最终选择将对内幕交易违法行为主体科特瑞恩斯的罚款承担限定在最高 100 万美元，[③]而非获得利益或者避免损失额度的三倍来看，终究是将违法行为主体个人获得的实际收入的极限作为了主要考量因素。[④] 科特瑞恩斯即使后来不服纽约南区法院对其作出承担的违法所得、民事罚款数额等判决，提起了上诉，二审法院仍旧维持了原判。

通过上文结合案例对违法行为主体的违法所得、民事罚款与刑事财产罚责任之间存在关系的辨析，可以看出美国 2002 年通过的《SOX 法案》确立的公平基金主要由违法行为主体承担的损害赔偿金与违法行为主体的不当获利返还组成。与《SOX 法案》创立公平基金之前，对违法行为主体处以的民事罚款主要纳入政府财政收入存在很大不同。可以说，《SOX 法案》与《多德 - 弗兰克法案》关于将收缴的证券欺诈行为主体的罚没款纳入分配给受损适格投资者的损害赔偿基金的规定，是违法行为主体遵循不当获利

① See U. S. v. Contorinis, 696 F. 3d 136 (2d Cir. 2012).

② See SEC v. Contorinis, 12 – 1723 – cv, NYLJ 1202643604256 (2d Cir. 2014).

③ 美国 1984 年《内幕交易处罚法》(Insider Trading Sanction Act of 1984)授权 SEC 可以提起民事诉讼，有权对内幕交易主体及其连带责任主体征收民事罚款。

④ See Samidh J. Guha & Christopher M. Egleson & Julia P. Cohen, *The Financial Consequences of Insider-trading Cases*, National Law Journal, November 19, 2012.

返还原则在立法与实践中的具体应用，贯彻落实了对投资者收益权的保障。当基于信义关系，投资者委托的代理人在治理公司的过程中出现程序、行为上的过错时，则需要以该代理人获得的不当利润为纽带，审视构成违法行为主体与投资者之间的关系，即投资者可以主张违法行为主体返还其不当获利用于弥补其遭受的实际损失。《SOX 法案》与《多德－弗兰克法案》在对遭受损失的投资者享有的请求违法行为主体返还损害赔偿的请求权进行规定的同时，也对实际的法定责任主体，即投资者委托的代理人施加及时返还不当获利的义务。该义务由涉案成立的公平基金先为履行。因而，遭受损失的投资者享有的请求违法行为主体返还损害赔偿的请求权，一方面来自美国证券法律的创设，另一方面也是基于 SEC 强大的公共执法权力。换言之，上述规定是以保障投资者收益权为前提，以分配给受损投资者的涉案成立的公平基金为核心，使 SEC、法院都积极参与对投资者的损害赔偿。公平基金这种“先罚后赔”的模式，实际是将用于赔偿受损适格投资者的基金对真正责任主体的追偿权，以罚没款的形式先予执行。

SEC v. Texas Gulf Sulphur Co. 案是美国法院判处内幕交易违法行为主体需要对受损投资者返还违法所得的典型判例，① SEC v. First City Financial Corp. ,Ltd. 案再次将对投资者造成投资损失需要返还违法所得的违法行为范围扩展至虚假陈述领域。② 此外，结合 SEC 对 AIG 基金公司处以民事罚金，由 AIG 基金公司通过成立的赔偿基金和返还不当获利对遭受损失的投资者进行赔偿等违法案件来看，③遭受损失的投资者可以从涉案成立的公平基金中获得实际补偿。美国证券市场因欺诈或者其他重大违法行为而导致实际损失的投资者，可以通过涉案成立的专项基金获得救济的实践证明，借助不当获利返还原则的原理，将对证券违法行为主体收缴的罚没款分配给因欺诈或者其他重大违法行为而遭受实际损失的适格投资者已

---

① See SEC v. Texas Gulf Sulphur Co. ,401 F2d 833,2A. L. R. Fed. 1902d Cir. ,1968.

② See Federal Register, SEC v. First City Financial Corp. , Ltd. (April 13, 2019) , https://www.ftc.gov/system/files/documents/public_statements/410451/030804policystatementequitable.pdf.

③ See SEC, SEC v. American International Group Inc. (November 25, 2019) , https://www.sec.gov/litigation/litreleases/lr19560.htm.

经取得了良好的效果。

总之，通过上述对证券违法行为主体的罚没款作为先行赔付资金来源的逻辑起点与实践检视的考察，将证券违法行为主体的罚没款纳入先行赔付的资金，对保护投资者合法权益具有一定的可行性与必要性。

1.是实现投资者私权与救济的保障

违法行为主体对遭受损害的主体进行赔偿是其承担民事责任的主要方式，而且在大多数情况下也是唯一的责任承担方式，具有不可替代性。结合证券法领域的特殊性，证券违法行为主体承担民事责任是对遭受损失的投资者私权实现和救济的保障。证券市场的违法行为一般同时侵犯两种客体，一种是证券市场的管理秩序，另一种是投资者的合法权益。① 很多国家刑事财产刑责任与行政财产罚责任的执行结果是将收缴的责任主体违法所得、罚款、罚金全部上缴国家财政。由于证券市场上的违法行为主体实施的欺诈发行、虚假陈述或者其他重大违法行为给证券投资者造成严重损害，涉案范围广、人数多，而刑事责任及行政责任确定的效率一般要高于民事赔偿责任的实现效率，②在对证券违法行为主体处以行政财产罚和刑事财产刑之后，一定程度上会影响证券违法行为主体对遭受损失的投资者进行民事赔偿。

美国设立的公平基金制度将对证券违法行为主体收缴的违法所得和民事罚款纳入赔偿投资者的资金，是对遭受损失的投资者进行民事救济的落实。从国家依法保护投资者民事权利的角度出发，根据上述证券市场违法行为同时侵犯的客体来看，如果要落实对遭受损失的投资者的证券民事赔偿，需要其他部门就证券违法行为主体承担的刑事财产刑责任与行政财产罚责任进行协调，如财政部门对证券违法行为主体上缴的罚没款的处置。同时，对遭受损失的投资者而言，民事赔偿责任的实现不像刑事财产刑责任与行政财产罚责任的实现那样具有可替代性。③ 如果遭受损失的投资者没

---

① 参见陈洁：《证券民事赔偿责任优先原则的实现机制》，载《证券市场导报》2017 年第 6 期。

② 同上。

③ 参见李明发：《民事赔偿责任优先的理论基础及其法律构建》，载《江淮论坛》2014 年第 6 期。

有从证券违法行为主体处获得民事赔偿,对其来讲是不公平的。[①] 此时将对证券违法行为主体收缴的罚没款纳入赔偿投资者的资金,专门用于对遭受损失投资者的民事赔偿,给予遭受损失的投资者以充分的救济和保障,才是国家依法保护投资者民事权利在证券市场的落实和体现。

2. 是对公平正义理念的贯彻落实

责任主体承担民事赔偿责任的基础是其自有财产。[②] 在证券法领域,证券违法行为主体实施欺诈发行、虚假陈述或者其他重大证券违法行为,使其财产增加的部分甚至全部可能都来源于证券投资者的财产损失。[③] 换句话说,证券违法行为主体承担的罚金、罚款及违法所得,可能最初直接源于投资者因上述证券违法主体实施的违法行为而遭受损失的财产,这些财产理应返还给遭受损失的投资者。如果因为执行对证券违法主体的刑事财产刑责任与行政财产罚责任而使遭受损失的投资者的财产损失无法得到赔偿,相当于将本应用于赔偿受损投资者的财产收归国有,客观上造成本来已经遭受损失的投资者的财产权再次被剥夺。或者说,将面临用对遭受损失的投资者进行赔偿的财产来替代证券违法主体承担公法上的财产责任的可能,这样势必有违公平公正理念。若将对证券违法主体的违法所得和民事罚款纳入赔偿投资者的资金,专门用于对遭受损失投资者的民事赔偿,才是对公平正义理念最大限度的贯彻落实。

3. 是对保护投资者合法权益这一宗旨的根本落实

证券立法的灵魂是对投资者权益的保护,在立法过程中对其他配套制

---

① 对受损适格投资者进行证券民事赔偿的范围如果建立在证券违法行为主体的非法获利基础上,而并非投资者遭受的实际损失,这样有违侵权法的原理。在对因面临投资者的损失赔偿数额巨大的情况下,应从检视法律规定的义务范围,而不是通过压缩责任范围的角度考虑,否则不管是通过诉讼还是非诉讼解决证券民事赔偿纠纷问题,即使确定了受损适格投资者理应获得的赔偿,受损适格投资者仍旧也会面临因证券违法行为主体违法但没有获利而无法获得证券民事赔偿的惨败局面。See William K. Sanders, *Measure of Damages for Insider Trading: Elkind v. Liggett & Myers, Inc.*, St. John's Law Review, Vol. 56:1, p. 143 (1981);参见[意] F. D. BUSNELLI & G. COMMANDE:《意大利法中的损害赔偿》,载[德]U. 马格努斯主编:《侵权法的统一:损害与损害赔偿》,谢鸿飞译,法律出版社 2009 年版,第 178 页。

② 参见李明发:《民事赔偿责任优先的理论基础及其法律构建》,载《江淮论坛》2014 年第 6 期。

③ 参见陈洁:《证券民事赔偿责任优先原则的实现机制》,载《证券市场导报》2017 年第 6 期。

度的安排也都应该以此为中心进行合理地设计。[①] 国际证监会组织在其相关文件中就将投资者保护列为其监管目标之首。[②] 如何科学有效的保护证券投资者的权益已然列入各国资本市场发展的重要课题。从金融与法律的相关研究成果来看,保护投资者的权益,特别是对中小投资者权益的保护,对于资本市场的健康发展至关重要。投资者,特别是普通投资者因其金融财产状况、金融风险识别能力以及其他能力处于相对弱势的地位,在资本市场上的合法权益更容易遭受损害。如果证券违法行为主体的民事责任制度缺位,或者虽有民事责任制度却无具体落实的制度设计,而仅仅通过加大对证券违法行为主体的处罚力度,利用对赔付主体的违法所得和民事罚款,追究其刑事财产刑责任与行政财产罚责任,发挥对赔付主体的惩罚与预防功能,而忽视证券违法主体对遭受损失的投资者承担赔偿责任这一救济功能。这样势必会从客观上使遭受损失的投资者不能从证券违法行为主体处及时获得充分的民事赔偿,最终也会导致从根本上无法落实证券市场先行赔付对投资者合法权益的充分保护。

第二节　投资者保护基金作为先行赔付资金的考量

无救济则无权利。[③] 如果遭受利益损失的投资者得不到充分有效的救济,就不可能形成成熟的资本市场。纵观境外成熟的证券市场,也都寄希望通过完善投资者保护机制,来巩固在国际证券市场中的地位,[④]保障其证券市场更好地发展运行。证券投资者保护基金是证券投资者保护制度的重要

---

① 参见信春鹰:《我国〈证券法〉的发展历程及其修改完善》,载黄红元、徐明主编:《证券法苑》(第 10 卷),法律出版社 2014 年版;IOSCO, *Objectives and Principles of Securities Regulation*, IOSCO Public Document, 2002, p. 16 – 27.

② See IOSCO, *Objectives and Principles of Securities Regulation*, IOSCO Public Document, 2002, p. 1 – 3.

③ 参见刘裕辉、沈梁军:《境内外证券市场投资者赔偿补偿机制比较研究》,载《证券市场导报》2017 年第 8 期。

④ 参见陈红:《设立我国证券投资者保护基金法律制度的思考》,载《法学》2005 年第 7 期。

组成部分。[①] 不同国家或地区通过设立的证券投资者保护基金，来发挥对因证券公司发生风险而遭受利益损失的投资者进行救济的功能。[②] 然而，投资者因欺诈发行、虚假陈述或者其他重大证券违法行为而遭受的实际损失，并没有纳入多数国家或地区设立的证券投资者保护基金的范围。同样，也没有全部否定证券投资者保护基金用于赔偿因上述证券违法行为给投资者造成的损失。下文将结合投资者保护基金参与的先行赔付模式，对投资者保护基金纳入先行赔付资金进行研究。

一、投资者保护基金纳入先行赔付资金的逻辑起点

（一）矫正正义与不当获利返还原则的适用

证券投资者保护基金，一般是在证券公司发生风险时，为了阻却证券公司或其债权人以完成债务清偿或者其他非法占有为目的，不当转移投资者的财产和资金而承担返还义务的专项基金。该基金主要是用来对因证券公司发生风险而遭受利益损失的投资者进行救济，并非对因证券市场发生波动而遭受损失的投资者进行救济。纵观各国证券投资者保护基金的资金来源，其筹集途径广泛，有来源于财政拨款、会员的征费、负责运作与管理基金的机构的借贷、基金的投资（包括债券或者其他方式的投资）等。虽然证券投资者保护基金在筹集资金的方式，保护受损投资者的范围等方面，均与公平基金存在很大不同，但是证券投资者保护基金与公平基金在投资者损害进行救济方面，都遵循了矫正正义原则与不当获利返还原则。

矫正正义蕴含了损害赔偿的要求，[③]行为人一旦实施加害行为，就违反了不得实施加害行为的法律规范，需要对其证券违法行为进行不当获利的矫正。若投资者将自身的财产和资金通过证券公司进行投资，在证券公司

---

① 参见唐士亚：《香港证券投资者保护机制发展动向及其经验启示》，载《亚太经济》2018年第1期。

② 多数国家设立投资者保护基金的目标并不是充当证券公司实施有关欺诈行为的工具，如在SIPA下，投资者以证券公司在交易中的欺诈或者违约为由提出的证券民事赔偿就不属于投资者保护基金的适用范围。See Michael E. Don & Wang Josephine, *Stockbroker Liquidations under the Securities Investor Protection Act and Their Impact on Securities Transfers*, Cardozo Law Review, Vol. 12:2, p. 509 – 556 (1990).

③ See Coleman Jules, *Risks and Wrongs*, Cambridge University Press, 1992, p. 380.

发生破产、倒闭或有其他重大违法行为给投资者的财产和资金造成损失时，就需要对证券公司或其债权人非法占有投资者的财产和资金进行矫正。同时，根据不当获利返还原则的适用，如果基于同一利益，转让利益与获得利益的方式存在瑕疵，势必会发生收益的不合理转移。此时，基于衡平救济的原理，为转让利益的一方创设赔偿请求权；而获得利益的一方需要承担返还义务。[①] 证券公司或其债权人为了完成债务清偿而非法占有投资者的财产和资金，是一种不合理的转移投资者财产和资金的方式。正是基于这种“不合理”的转移，即证券公司或其债权人存在主观上的过错，行为上的违法，因此需要对遭受损失的适格投资者赋予证券投资者保护基金救济的请求权，证券公司或其债权人也成为需要向受损适格投资者承担赔偿义务的真正或者最终责任主体，需要履行对受损适格投资者返还不当获利的义务。由于证券投资者保护基金先行代证券公司或其债权人履行了对受损适格投资者的赔偿义务，因此也获得了对证券公司或其债权人的追偿权。至此，可以看出投资者保护基金与公平基金对遭受实际损失的投资者进行救济时，对矫正正义、不当获利返还原则在适用方面十分相似，为受损适格投资者的有效救济提供了可能性。

（二）弱者倾斜性保护理论的适用

证券投资者保护基金与证券市场先行赔付都以保护投资者的合法权益作为制度发展的理念。既然证券投资者保护基金是以保护投资者的合法权益为出发点与最终目的，那么在证券市场上的投资者，特别是中小投资者的持股市值总值仍旧占据高位的情况下，[②]就不应该过于局限确定的受损适格投资者范围。因为在需要利用证券投资者保护基金获得救济的投资者类型中，基本上已经将专业的投资者排除，所以在适用证券投资者保护基金对投资者遭受的损失进行赔偿时，不能因考虑资金规模是否足以应对投资者遭受的实际损失，而“绝对”地将证券投资者保护基金排除在对因重大证券违法行为而遭受实际损失的投资者赔偿范围外。由于现行证券市场先行赔付的资

---

① See Barker Kit, *Understanding the Unjust Enrichment Principle in Private Law: A Study of the Concept and Its Reasons, in Understanding Unjust Enrichment*, Hart Publishing, 2004, p. 70.

② 参见袁淼英：《证券中小投资者权益保护制度的构建路径》，载《暨南学报（哲学社会科学版）》2018 年第 11 期。

金来源渠道狭窄,如果证券投资者保护基金到证券市场先行赔付,受损的适格投资者就能获得证券投资者保护基金及时、主动地救济,这势必有助于扩大证券市场先行赔付有效实施的发展空间。无疑,这种取长补短、呵护共进的结合,注定了以证券投资者保护基金构建的证券市场先行赔付模式,需要在遵循证券投资者保护基金制度与证券市场先行赔付制度的基础上,确定用于受损适格投资者的资金来源。

结合实践中的注册证券公司数量与被撤销、关闭或者破产的证券公司的数量,虽然不排除利用证券投资者保护基金用于对因证券公司破产、倒闭而遭受利益损失的投资者进行的赔偿,但是因撤销、关闭或者破产的证券公司占比不高,导致证券投资者保护基金难以发挥功效,被搁置的现象并不罕见。故而,在证券投资者保护基金取之于市场,而又没有完全运用于市场,以及遭受损失的中小投资者的民事赔偿救济又难以落实的情形下,弱者倾斜性保护理论奠定了对证券市场中小投资者保护的理论基础。我国香港特区设立的投资者赔偿基金可以用于对证券市场上遭受各种损失的散户的保护,[①]这种方式就是依据弱者倾斜性保护理论,将投资者赔偿基金与证券市场先行赔付进行有益结合的典型范例。在利用投资者赔偿基金向遭受损失的投资者支付赔偿金后,可以依据代位求偿权向违责经纪商追讨欠款,[②]机构投资者不享有利用投资者赔偿基金进行因中介人违责而遭受损失的索赔的资格。也就是说,香港投资者赔偿基金不仅局限于对因证券公司发生风险给投资者造成损害的赔偿,还可以对散户投资者因中介人违责而遭受损失时进行赔偿,专门强调对散户投资者因证券违法行为主体原因导致各种损失进行的赔偿,更能实现对中小投资者合法权益的保护。

二、投资者保护基金纳入先行赔付资金的实践检视

我国香港特区通过颁布《证券及期货条例》,规定设立的市场失当行为

---

① 参见王坤、王泽森:《香港证券投资者赔偿基金制度改革评析》,载《证券市场导报》2005年第9期;杨光:《我国证券投资者保护基金的界定及立法模式》,载郭锋主编:《证券法律评论》(2018年卷),中国法制出版社2018年版。

② 参见唐士亚:《香港证券投资者保护机制发展动向及其经验启示》,载《亚太经济》2018年第1期。

审裁处(Market Misconduct Tribunal,MMT),具有对损害投资者合法权益的内幕交易、虚假交易、操纵价格等证券市场失当行为的管辖权。当发生内幕交易、操纵价格等证券市场失当行为时,MMT 可以公开研讯程序,对违法主体进行民事制裁。由 MMT 对违法主体实施的“归入令”制裁措施,是规定对构成市场失当行为,违法主体需要向政府缴付不超过其因实施市场失当行为而获利润或者避免的损失金额的额度。可以说该项制裁措施相当于美国 SEC 对证券欺诈行为主体收缴的民事罚款。然而,我国香港特区 SFO 并不像美国 SEC 具有强大的证券执法权力,可以在公平基金中发挥主导的作用。同时,MMT 在审理案件时采取的研讯程序虽然是按照“民事裁处”的程序,但是并没有如美国确定的公平基金一样,将违法主体向政府缴付的违法所得分配给受损的适格投资者。因此,MMT 对被判处的违法主体进行的制裁属于行政制裁,其将对被判处的违法主体缴付的金额上缴了国家财政。这种制裁措施的操纵,没有结合矫正正义与不当获利返还原则的适用,由证券监督管理机构或者其他公共执法机构对违法行为主体作出的各项行政处罚,是由于受到行政处罚的违法行为主体损害了投资者的合法利益而遭受的处罚,本应用于分配给受损适格投资者来保障其合法权益。

我国香港特区通过颁布《证券及期货条例》对证券投资者赔偿基金进行了规定,主要是对因持牌的中介人或者认可财务机构的“违责”行为导致的散户投资者在香港证券交易所买卖商品的过程中遭受的损失进行赔偿。“违责”的含义也比较广泛,既包括因证券公司发生的破产、无偿债能力等情形,也包括欺诈或者违反信托、有不当行为等情形。① 这种对持牌的中介人或者认可财务机构实施的“违责”行为的界定,直接决定着证券投资者赔偿基金对因“违责”行为而遭受损失的投资者的保护范围。一言以蔽之,香港的证券投资者赔偿基金,其适用范围不仅局限于由于证券公司发生的风险给投资者造成财产和资金损失的赔偿,还包括因持牌的中介人或者认可财务机构的“违责”行为给投资者造成损失进行赔偿的情形。我国香港特

① 参见香港 2003 年《证券及期货条例》第 179 条、第 182 条、第 214 条、第 381 条。同时,此处“信托”是指起源于英国,被衡平法认可的一种关系。这种关系因财产归属于受托人而产生,并且信托关系使受托人有义务为受益人的利益而拥有这些财产。See Jull E. Martin, *Modern Equity*, Sweet & Maxwell Ltd. ,2005, p. 47.

区设立的证券投资者赔偿基金,实现了证券投资者赔偿基金更广泛意义上的对投资者的保护。自 1986 年至 2004 年,香港特区投资者赔偿基金就 22 起中介人违责事件,对获投资者赔偿基金赔付的作为申索人的受损投资者的累计率就达 76%。[①] 由此可以看出,香港特区设立的投资者赔偿基金已经最大限度地发挥了对证券投资者合法权益的保护作用。

投资者保护基金进行先期执行与赔付的条件和标准与其资金来源密切相关。纵观投资者保护基金的资金主要是来自作为会员的证券公司缴纳的费用,此外还有少部分来自信用等级相对较高的政府债券投资收益。而香港特区设立的投资者赔偿基金的主要来源以投资收益为主,可以对因持牌的中介机构或者财务公司违责而遭受损失的投资者进行赔偿,正是其设立的投资者赔偿基金适用范围广泛的原因所在。我国香港特区设立的投资者赔偿基金,不仅局限于由于证券公司发生风险给投资者造成财产和资金损失的赔偿,还将其他证券市场主体发生的证券违法行为造成投资者合法权益遭受损失的情形也纳入基金保护范围。值得注意的是,出于证券市场的复杂性以及避免投资者赔偿基金背负过重的赔偿,以弱者倾斜性保护理论作为指导,本着投资者赔偿基金取之于市场,用之于市场的筹集原则,根据投资者遭受的损失程度以及违法主体违法行为的严重性,香港特区投资者赔偿基金对处于弱势地位的受损普通投资者的最高赔偿额度进行了限制。以每名投资者而不是在经纪行开设的户口计算,且每名投资者获得赔偿上限的额度不能超过 50 万港元。[②] 目前一部分国家为了提高投资者保护基金的使用效率比,根据投资者遭受的损失程度以及违法主体违法行为的严重性,来确定对单个受损适格投资者的最高赔付限度,如美国。[③]

根据我国香港特区颁布的《证券及期货条例》对证券投资者赔偿基金进行的规定,在对作为申索人的受损适格投资者进行赔付的最高赔付限额认定时,需要严格遵循以下要求:第一,考虑利用投资者赔偿基金先行赔付

① 参见王坤、王泽森:《香港证券投资者赔偿基金制度改革评析》,载《证券市场导报》2005 年第 9 期。

② 《赔偿基金》,载 IFEC2020 年 3 月 8 日,https://www.ifec.org.hk/web/tc/investment/market-intermediaries/financial-market/investor-protection/compensation-fund.page。

③ See Investor Protection and Securities Reform Act of 2010.

投资者,需要综合评估对造成投资者利益损失的重大证券市场违法行为的影响,是否明显符合证券领域甚至资本市场系统性风险处置机制的特征,这是启动投资者赔偿基金参与先行赔付的前提条件。第二,当可以启动利用投资者赔偿基金先行赔付投资者时,也仅是对遭受损失的普通投资者的先行赔付,并不是对所有的受损适格投资者都进行先行赔付,受损适格的专业投资者被排除在外。第三,即使遭受损失的普通投资者,可以通过投资者赔偿基金得到先行赔付,但是获得的赔偿不能超过最高限额。为了提高投资者赔偿基金的使用效率及扩大先行赔付的资金来源,在将投资者赔偿基金及其基金投资收益纳入先行赔付投资者的资金时,不可忽视其作为投资者保护基金原有的主要功能。

第三节　我国证券市场先行赔付资金来源的实证分析及其立法完善

我国发生了三起先行赔付案件,“万福生科虚假陈述先行赔付案”中,对受损适格投资者进行先行赔付的资金来源是由先行赔付主体平安证券以自有资金主动出资 3 亿元人民币设立“投资者专项基金”,专门用于先行赔偿因万福生科虚假陈述而遭受投资损失的适格投资者。[①]“海联讯虚假陈述先行赔付案”中,对受损适格投资者进行先行赔付的资金来源是由先行赔付主体,即发行人的控股股东及其他主要股东以自有资金主动出资 2 亿元人民币设立“投资者专项基金”,专门用于先行赔偿因海联讯虚假陈述而遭受投资损失的适格投资者。[②]“欣泰电气欺诈发行先行赔付案”中,对受损适格投资者进行先行赔付的资金来源是由先行赔付主体兴业证券以自有资金主动出资 5.5 亿元人民币设立“投资者专项基金”,专门用于

① 《关于设立万福生科事件投资者补偿基金公告的问答》,载新浪财经 2013 年 5 月 10 日,http://finance.sina.com.cn/stock/y/20130510/165215422771.shtml。

② 《关于〈设立海联讯虚假陈述事件投资者利益补偿专项基金的公告〉问答》,载中国结算网 2014 年 7 月 8 日,http://www.chinaclear.cn/zdjs/fxjs1/201409/d44a210038ae47718674aa29473897d0.shtml。

先行赔偿因欣泰电气欺诈发行而遭受实际损失的适格投资者。[①] 由此可以看出，我国证券市场先行赔付的资金主要来自先行赔付主体以其自有资金主动出资设立“投资者专项基金”，专门用于对受损适格投资者的先行赔偿。

一、我国证券市场先行赔付资金来源的实证分析

（一）先行赔付主体的自有资金纳入资金来源的逻辑起点

就如梅迪库斯指出：“法律关系是法律制度赋予特定的人的一种自由空间，所有其他人都不得加以干涉。”[②]这种要求特定的人之外的任何主体负有的不作为义务，在物权领域被称为对世权或者绝对权。[③] 证券市场上投资者的权益同样享有对世权，即任何主体负有不得侵害投资者合法权益的义务。如果投资者的合法权益遭受证券违法行为主体的侵害，遭受损失的投资者有权请求违法行为主体返还其证券权益或者请求相应的证券民事损害赔偿。[④] 同时，不论在公法还是在私法上，证券违法行为主体承担财产责任的基础一般应当是其自身财产，而不能殃及他人。证券市场上投资者的民事权利是私人权利。当这些权利遭受证券违法行为主体的侵害而产生受损投资者的侵权请求权时，法律应当依法提供保障。

有损失，才会有赔偿。证券市场投资者因证券市场违法行为主体实施的欺诈发行或者其他重大证券市场违法行为而遭受损失的，理应“受其害，得其偿”。证券市场遭受损失的适格投资者也更关心证券市场违法主体对其损失赔偿的落实。任何一个国家涉及证券投资者保护的法律，都没有明确指出对证券市场违法主体收缴的罚没款不能纳入赔偿投资者的资金。

当证券违法行为主体给投资者的权益造成实际损害，以赔偿为中心的违法主体责任承担将顺理成章地成为保护受损适格投资者权益的重要法律

---

① 参见兴业证券：《关于设立欣泰电气欺诈发行先行赔付专项基金的公告》，载网易网 2020 年 2 月 26 日，http://quotes.money.163.com/f10/ggmx_601377_3481204.html。

② ［德］迪特尔·梅迪库斯：《德国民法总论》，邵建东译，法律出版社 2000 年版，第 51 页。

③ 参见苏艳英：《论债权的绝对性》，载《学习与实践》2012 年第 4 期。

④ 参见李东方：《证券登记结算的法理基础研究》，载《中国政法大学学报》2018 年第 5 期。

武器。[1] 虽然作为保护投资者合法权益重要抓手的民事赔偿责任优先未能落实,但是一直都遵循着对受损投资者进行赔偿的资金来源于证券违法行为主体这一基本准则。同时,按照2019年《证券法》第220条,[2]将证券违法行为主体的"违法所得"纳入民事赔偿责任的资金,扩展了专门用于对受损适格投资者进行赔偿的资金来源。

我国《行政处罚法实施细则》与2019年《证券法》规定,对证券违法主体收缴的罚款和没收的违法所得,全部上缴国库。而在将证券违法主体承担的罚款、违法所得上缴国库后,证券市场违法主体对受损的适格投资者承担的民事赔偿能力会受到一定程度的影响。[3] 民事赔偿责任优先缺少程序性的法律保障,以及将对证券违法主体承担的罚款和违法所得全部上缴国库,成为可以将对证券市场违法主体收缴的罚没款纳入赔偿投资者的资金,向受损的适格投资者承担民事赔偿责任的最大制约因素。立法者并不是排斥将赔付主体的罚没款纳入赔偿投资者的资金,如若寻求合理的方式,促使其他相关部门进行协调配合,对证券违法行为主体收缴的违法所得和罚款真正用到对受损适格投资者的赔偿中,成为赔偿投资者资金的一种来源,无疑是更实际有效的尝试。

我国学术界一直呼吁对证券违法主体收缴的罚款和没收的违法所得的处置,可以采取公平基金的方式,用对证券违法主体收缴的违法所得与罚款设立专门用于对涉案受损适格投资者进行赔偿的基金,而不是上缴国库。可是,我国证券市场违法行为主体违法违规成本低,受法律的处罚较轻,相比对不特定的受损适格投资者承担的证券民事赔偿金来说,可谓是杯水车薪。在此情形下,我国并不具备将对证券违法行为主体缴纳的罚没款,用于

① 参见翁晓健:《证券市场虚假陈述民事责任研究:美国证券法经验的反思与借鉴》,上海社会科学院出版社2011年版,第4页;翁晓健:《美国证券法中欺诈市场理论及其实践评析》,载陈安主编:载《国际经济法论丛》(第5卷),法律出版社2002年版,第423页。

② 我国2019年《证券法》第220条规定:"违反本法规定,应当承担民事赔偿责任和缴纳罚款、罚金、违法所得,违法行为人的财产不足以支付的,优先用于承担民事赔偿责任。"

③ 参见张东昌:《证券市场没收违法所得与民事赔偿责任制度的衔接》,载桂敏杰总编:《证券法苑》(第17卷),法律出版社2016年版。

满足遭受损失的适格投资者获得救济的客观条件。① 从2019年《证券法》的颁布来看,该建议一直被搁置。然而,2019年《证券法》不仅加重了对证券违法行为主体的行政处罚力度,而且对实施虚假陈述、内幕交易、操纵市场等证券违法行为的主体实施"双罚制"。证监会对实施欺诈发行违法行为的发行人处以非法募集金额的10%以上1倍以下的罚款,②这种按比例罚款的形式比对实施欺诈发行违法行为的发行人处以200万元以上2000万元以下的罚款更重。③ 这些制度规定只有真正得到落实,证券市场才会出现对实施欺诈发行或者虚假陈述等行为的证券违法主体给予加重处罚的情景。在对证券违法行为主体收缴的罚没款具有一定规模的基础上,参照美国当初设立公平基金的设想,结合财政部门,思量如何将对证券违法行为主体收缴的罚没款纳入赔偿投资者的资金来源,才有可能真正落实将赔付主体缴纳的违法所得和罚款用于对受损适格投资者进行的赔偿。

(二)先行赔付主体的自有资金纳入资金来源的实践检视

截至2021年,我国证券市场先行赔付主体是在尚未经行政裁决或者司法判决确定其责任分配的具体情况下,以其自有资金主动用于对受损适格投资者的先行赔偿。下面按照我国确定的证券市场先行赔付制度从法律层面"直接"规定的赔付主体范围,来分别检视这些主体以其自有资金主动地作为先行赔付资金来源的考量。

1. 发行人的控股股东以自有资金作为资金来源的考量

发行人的欺诈发行、虚假陈述或者其他重大证券市场违法行为归根结底,是由自然人或者团队来决策和具体行使的。鉴于发行人的控股股东享有强大的表决权,并且对公司在经营事实上的决议有重大影响力,证券市场上一直存在发行人的控股股东以侵犯公司或者少数股东的合法权益为代价为自己谋取私利的风险。④ 按照2019年《证券法》之前的规定,发行人的控

---

① 在我国2019年《证券法》正式实施之前,证券市场违法行为主体的顶格处罚为60万元。参见《证券法》(2014年修正)第189条、第190条、第191条。

② 参见我国2019年《证券法》第181条。

③ 王翔:《新证券法进一步完善了证券市场的禁入制度》,载凤凰网2020年3月4日,http://finance.ifeng.com/c/7sls3Jj3MFe。

④ 参见朱大明、[日]行冈睦彦:《控制股东滥用影响力的法律规制——以中日公司法的比较为视角》,载《清华法学》2019年第2期。

股股东仅在存在过错的前提下，才与发行人一起对遭受损失的投资者承担民事赔偿责任。我国海联讯先行赔付案中，当证监会立案调查后，尚未对海联讯虚假陈述案的调查结果盖棺定论之前，由海联讯的控股股东及其他股东主动出资2亿元人民币设立“投资者专项基金”，用于对此案中遭受实际损失的适格投资者的赔偿，一度得到证监会的支持。此案也成为我国资本市场上控股股东主动出资对受损适格投资者进行先行赔偿的典型范例。①

相比之前“万福生科先行赔付案”中的保荐人平安证券，作为先行赔付主体以“先赔后追”的方式对受损适格投资者先行赔偿而言，由发行人的控股股东作为先行赔付主体，减少了对中小投资者的“二次伤害”，在保护投资者合法权益方面又迈了一步。发行人实施的重大证券违法行为大多数与控股股东有直接的关系。在我国司法实践中，对于投资者的证券民事损害赔偿诉讼，多以发行人、上市公司为被告，来承担对遭受损失的适格投资者的民事损害赔偿。这一由发行人、上市公司承担的民事损害赔偿，最终可能由股东承担，造成发行人、上市公司的控股股东犯错，中小投资者“买单”的情形，势必会间接损害中小股东的利益，②从而影响《证券法》对中小投资者权益的保护。发行人、上市公司的控股股东主动出资赔偿受损投资者，减少或者尽量避免了上述涉及的控股股东犯错，中小投资者跟着买单的情形。同时，2019年《证券法》将以往对发行人的控股股东规定承担的“过错责任”更改为“过错推定的责任”，③意味着将对受害投资者提起的证券民事赔偿诉讼，由受害投资者承担对发行人的控股股东过错责任的举证，转变为由发行人的控股股东需要就自己没有过错进行举证，否则推定为有过错。此项责任归责的变化极大地促进了投资者通过提起证券民事赔偿诉讼来解决证券民事赔偿纠纷的合理利用，也间接促使发行人的控股股东在衡量与受

---

① 张炜：《大股东主动承担 民事赔偿责任值得提倡》，载东方财富网2020年2月27日，http://finance.eastmoney.com/news/1374,20140721403052195.html；中国证券投资者保护基金有限责任公司：《创新调解机制推动违法责任主体先行赔付投资者》，载《上海证券报》2016年7月15日，第13版。

② 参见马其家、王淼：《上市公司及其关联方公开承诺履行制度的构建》，载《法律适用》2015年第8期。

③ 参见我国2019年《证券法》第24条、《证券法》(2014年修正)第26条。

损投资者就民事赔偿纠纷处理时的成本之后,利用先行赔付方式解决证券民事赔偿纠纷的合理性与便利性。

相比"万福生科先行赔付案",在"海联讯先行赔付案"中,最终由海联讯控股股东及其他股东作为先行赔付主体对受损适格投资者进行先行赔偿,也是为了符合和贯彻落实国务院在当时的宏观经济环境下对资本市场改革发展的决策部署。海联讯的控股股东及其他股东作为先行赔付主体对受损适格投资者进行先行赔偿的做法正好符合了国务院发布的《关于进一步促进资本市场健康发展的若干意见》(国发〔2014〕17号,以下简称《新国九条》)对证券违法涉案的当事人主动赔偿投资者的要求。①

2014年7月,证监会发布关于上市公司退市问题的公开征求意见,标志着新一轮退市制度制定的启动。② 海联讯的控股股东及其他股东在证监会立案调查后,尚未对海联讯虚假陈述案的调查结果盖棺定论之前,已经承认发行人存在财务造假、欺诈发行上市的客观现实。虽然其主动对受损适格投资者承担民事赔偿并不能抵消证监会作出的行政处罚,但是按照《退市意见》的规定,对遭受损失的投资者做出民事赔偿责任的妥善安排,是恢复重大违法信息披露行为公司股票上市交易的前提条件之一。③ 海联讯的控股股东及其他股东对遭受损失的适格投资者主动承担先行赔付的民事赔偿责任,也是为了避免海联讯因虚假陈述退市而主动采取的补救方式。④ 根据海联讯对其欺诈发行进行的一系列补偿以及承担的赔偿责任,最终逃脱了被强制退市的客观现实来讲,海联讯的控股股东及其他股东主动进行先行赔偿的目的"醉翁之意不在酒"显而易见。以上海联讯控股股东及其他股东作为先行赔付主体对受损适格投资者进行先行赔偿,既契合了自身

---

① 国务院2014年5月8日印发了《关于进一步促进资本市场健康发展的若干意见》,其中强调要"规范上市公司控股股东行为"与"健全多元化纠纷解决和投资者损害赔偿救济机制"等内容。

② 2014年7月,证监会发布《关于改革完善并严格实施上市公司退市制度的若干意见(征求意见稿)》(以下简称《退市意见》)。

③ 《关于改革完善并严格实施上市公司退市制度的若干意见(征求意见稿)公开征求意见答问》,载证监会2014年7月7日,http://www.scio.gov.cn/xwfbh/gbwxwfbh/xwfbh/zjh/Document/1374632/1374632.htm。

④ 皮海洲:《海联讯主动赔偿何太急》,载中新网2014年7月21日,http://finance.chinanews.com/stock/2014/07-21/6405447.shtml。

具有先行赔偿的资金规模实力,又符合了《新国九条》与《退市意见》对发行人欺诈发行没有被强制退市的宏观经济决策部署。然而,随着2019年《证券法》确定了因发行人的虚假陈述行为,对发行人的控股股东处罚加重的严格规定,以及全面推进注册制改革的要求,不可避免地要面临打破以往发行人或者其控股股东通过"补救措施"(如满足恢复上市条件)带来的负面影响。发行人的控股股东在因发行人的虚假陈述承担先行赔偿时,不得不考虑既要面临严重的处罚,又要面临发行人被强制退市风险时,是否还能够以其自有资金承担起对受损适格投资者进行的先期执行与赔偿。此时与2019年《证券法》之前作为先行赔付主体的发行人的控股股东面临的进行先行赔付的宏观经济决策部署环境已经不同。在2019年《证券法》对全面推进注册制改革作出重要部署的背景下,仅有发行人的控股股东以其自有资金作为先行赔付的资金来源是否足以承担对受损适格投资者先期执行与全面的赔偿,值得商榷。

2. 发行人的实际控制人以自有资金作为资金来源的考量

发行人实施的重大证券市场违法行为归根结底,是由发行人中的自然人主体或者其团队来决策和具体行使的。实际控制人虽然不一定必须是公司的股东,但是作为实际支配公司实施经营活动行为的主体,对发行人进行的欺诈发行或者其他重大证券违法行为具有不可推脱的责任。实践中,多数发行人的证券欺诈或者虚假陈述等证券违法行为都是在实际控制人的许可、积极配合、操纵下完成的,获取的非法收益自然也落入实际控制人的腰包。[①] 然而,结合司法实践,鲜有发行人的实际控制人向受损投资者承担民事赔偿的案件,这归因于"谁主张,谁举证"的举证责任分配原则以及发行人的实际控制人承担的过错责任。

在证券民事赔偿诉讼中,提出民事赔偿诉讼请求的原告,以受损投资者的身份及其所处客观情况,很难搜索到发行人的实际控制人在发行人实施欺诈发行或者虚假陈述等重大证券市场违法行为时,存在主观过错确凿有力的证据。2019年《证券法》第24条与第85条规定了发行人的实际控制

---

① 参见叶承芳:《证券市场虚假陈述民事责任归责原则研究》,载《中国市场》2011年第5期。

人承担过错推定的连带责任。[①] 除非发行人的实际控制人能够证明在发行人实施的欺诈发行或者虚假陈述等重大证券市场违法行为中,自己没有主观过错,否则将与发行人就投资者的损失承担连带赔偿责任。这是2019年《证券法》对发行人的实际控制人承担过错推定责任规定的重大突破。实践中,发行人的实际控制人提出证据证明自身对发行人实施的欺诈发行或者虚假陈述等证券违法行为没有过错,存在一定难度。2019年《证券法》规定的发行人的实际控制人承担过错推定的连带责任,使举证责任分配倒置,加强了发行人的实际控制人对发行人实施欺诈发行或者虚假陈述等重大证券市场违法行为的兜底责任。[②] 2019年《证券法》将发行人的实际控制人列入先行赔付主体范围,与将发行人的控股股东列入先行赔付主体范围的立法思路一致,都是结合我国证券市场的实践经验以及发行人的实际控制人的赔付能力作出的规定。[③] 从发生在我国的先行赔付案件来看,我国鲜有发行人的实际控制人作为先行赔付主体对受损适格投资者进行先行赔偿的案例。结合发行人的实际控制人在我国一些特殊场合的地位与赔偿能力,以及上述与发行人的控股股东同样面临的宏观经济决策部署环境不同来看,如果仅从只有发行人的实际控制人作为先行赔付主体对受损适格投资者进行先行赔偿来看,在2019年《证券法》对全面推进注册制改革作出重要部署的背景下,发行人的实际控制人以其自有资金作为先行赔付的资金来源是否足以承担对受损适格投资者的先期执行与全面的赔偿,也值得怀疑。

股权分置改革后,发行人的控股股东与实际控制人并不一致,而且按照《公司法》对实际控制人的含义界定,其并不是公司的股东。[④] 结合我国证券市场制度背景下特殊的政治、社会、历史、文化和利益等因素,实际控制人并不是像控股股东一样,占有公司绝对高比例的股份。当对公司经营支

---

① 参见我国2019年《证券法》第24条第1款、第85条。

② 参见石铁军等:《证券虚假陈述民事赔偿诉讼制度性重建——写在〈证券法(2019年修订)〉实施后》,载君合网2020年3月1日,http://www.junhe.com/legal-updates/1115。

③ 参见金杜律师事务所:《新〈证券法〉"投资者保护"专章系列研读之一:先行赔付制度的理解与思考》,载LEXOLOGY2020年1月9日,https://www.lexology.com/library/detail.aspx?g=8519cebc-6f66-4fcc-a78c-9d7755ab233e。

④ 《公司法》第216条规定:"……实际控制人,是指虽不是公司的股东,但通过投资关系、协议或者其他安排,能够实际支配公司行为的人……"

配的实际控制人在所有者缺位或社会连接情形下确定时，实际控制人的赔付能力也是值得质疑的。

3. 相关的证券公司以自有资金作为资金来源的考量

按照2019年《证券法》第121条，证券公司经营不同的证券业务，其应当实缴的注册资本额度不同，至少5000万人民币。[①] 从我国证券业协会公示的关于我国成立的证券公司信息看，截至2020年2月底，我国证券公司数量增加到132家，每一家证券公司注册的实缴资本都在5亿元人民币之上。[②] 证券公司作为我国资本市场参与主体中最为重要的组成部分，具有强大的资金规模。在信息披露环节，保荐人以其“声誉资本”保证发行人的相关信息真实、准确、完整，是保障证券市场秩序稳定发展的第一道门槛。根据2019年《证券法》第10条第1款，[③]在证券发行过程中，尽管经过由证券公司作为保荐人的审核与保证，也不排除存在由信息披露引起的虚假陈述等问题。此时，证券公司作为保荐人应对在上述信息披露环节存在的虚假陈述问题，承担过错推定责任，与发行人承担连带赔偿责任，除非举证可以免责。[④] 2019年《证券法》第93条确定的“相关的证券公司”作为法定先行赔付主体可以对遭受损失的适格投资者，予以先行赔付。按照上述推理，此处“相关的证券公司”并非指“全部的证券公司”都可以作为法定的先行赔付主体，可以理解为主要指向必须是从事的业务与发行人实施的欺诈发行或者虚假陈述或者其他重大违法行为具有密切关系的证券公司，否则大可除去“相关”而更替为“证券公司”。[⑤]

---

① 我国2019年《证券法》第121条第1款规定：“证券公司经营本法第一百二十条第一款第（一）项至第（三）项业务的，注册资本最低限额为人民币五千万元；经营第（四）项至第（八）项业务之一的，注册资本最低限额为人民币一亿元；经营第（四）项至第（八）项业务中两项以上的，注册资本最低限额为人民币五亿元。证券公司的注册资本应当是实缴资本。”

② 参见中国证券业协会：《证券公司基本信息公示》，载中国证券业协会2020年2月26日，https://jg.sac.net.cn/pages/publicity/securities-list.html#。

③ 我国2019年《证券法》第10条第1款规定：“发行人申请公开发行股票、可转换为股票的公司债券，依法采取承销方式的，或者公开发行法律、行政法规规定实行保荐制度的其他证券的，应当聘请证券公司担任保荐人。”

④ 参见席涛：《〈证券法〉的市场与监管分析》，载《政法论坛》2019年第6期。

⑤ 参见郭艳芳：《探析证券市场先行赔付主体的确定——以新〈证券法〉第93条为切入点》，载岳彩申、盛学军主编：《经济法论坛》（第24卷），法律出版社2020年版。

从“万福生科先行赔付案”，作为保荐人的平安证券以先行赔付主体身份设立3亿元人民币的“投资者专项基金”对受损适格投资者进行先行赔偿，到“欣泰电气先行赔付案”，作为保荐人的兴业证券以先行赔付主体身份设立5.5亿元人民币的“投资者专项基金”对受损适格投资者进行先行赔偿来看，先行赔付主体平安证券、兴业证券具备以自有资金先行赔付受损适格投资者的资金规模与实力。截至2019年11月末，兴业证券总资产1650亿元，净资产374亿元，管理资产超过2万亿元。[①] 截至2018年12月31日，平安证券注册资本为138亿元，净资产290.01亿元，总资产1184.4亿元。[②] 然而，虽然作为保荐人的平安证券、兴业证券有资金规模实力，可以独立承担起对受损适格投资者的先行赔付，但是单一化的先行赔付资金来源也一度引发了先行赔付主体承担的风险责任以及多方证券市场参与主体之间的“诉讼混战”。“万福生科先行赔付案”中，作为先行赔付主体的平安证券在对受损适格投资者履行完毕先行赔偿后，在对因面临多方主体之间就证券民事赔偿责任承担大小问题而需耗费的时间与获取效益的成本考量后，对受损适格投资者承担的超额民事赔偿金并没有完全追回，最后不了了之。[③] 在“欣泰电气先行赔付案”中，作为先行赔付主体的兴业证券还尚未完全对受损的适格投资者先行赔付完毕，就遭到欣泰电气以及一部分因欣泰电气欺诈发行行为而遭受损失的投资者提起的证券虚假陈述民事赔偿诉讼；兴业证券向欣泰电气及其他连带责任主体提起超过自身本应承担的民事赔偿责任的追偿诉讼；一部分因欣泰电气欺诈发行行为而遭受损失的投资者向欣泰电气及其他连带责任主体提起证券虚假陈述民事赔偿诉讼。由此可以看出，相关的证券公司以其自有资金主动地设立基金，专门用于该案中遭受实际损失的适格投资者的赔付后，并非使引发的证券民事赔偿纠纷息事宁人。

美国公平基金的资金，除了来源于对发行人或者上市公司进行的直接

---

① 兴业证券：《公司简介》，载 https://www.xyzq.com.cn/xysec/aboutus/11084。

② 平安证券：《公司简介》，载 https://stock.pingan.com/static/info/notice/noticedetail.html?noticeType=1&id=10756038。

③ 参见黄帆：《先行赔付细节未定 五方协议引热议》，载《证券日报》2016年3月4日，第A11版。

处罚,还源于对发行人或者上市公司的高管、投资银行、会计师事务所等进行的直接罚没款处罚。然而,并不是每一案件都可以设立涉事案件的公平基金。当案件中专门用于赔偿受损投资者的罚没款数额不多,而受损适格投资者人数众多时,出于成本与效率的考量,不会在涉事案件中设立公平基金。① 相对美国公平基金的资金来源,我国证券市场先行赔付模式专门用于先行赔偿受损适格投资者的资金明显来源较少。随着证券市场先行赔付制度的确定,在现阶段用于先予执行与赔偿给受损适格投资者的资金是由先行赔付主体以其自有资金主动出资而成的情形下,当资金规模数额不多,而受损适格投资者人数众多时,先行赔付的主体也会面临无法通过以其自有资金主动出资的方式承担对受损适格投资者的先行赔偿问题。单一渠道的先行赔付资金来源的局限性问题,不可避免地也会给证券市场先行赔付制度的具体落实带来困扰。

二、我国证券市场先行赔付资金来源的立法完善

综合或有责任主体主动地以其自有资金作为资金来源的实证分析与其他国家将证券违法行为主体的罚没款或者投资者赔偿基金用于分配给受损适格投资者的情形,以我国证券投资者保护基金的使用现状为基础,下面将根据客观情况对先行赔付的资金来源的立法完善进行分析。

(一)或有责任主体的自有资金作为资金来源的立法完善

从我国发生的先行赔付案例看,证券市场先行赔付主体在受损投资者尚未向人民法院提起诉讼之前,已就赔偿事宜与受损适格投资者达成协议,进行先行赔偿的行为,吻合了《民法典》中强调的自愿原则。这种经由双方当事人就民事权利义务关系进行的协商,属于诉讼外的一种和解,②是现代社会中典型的一种民事纠纷解决方式。③ 即使在美国,特别是经过公平基

① 参见郭雳:《证券执法中的公共补偿——美国公平基金制度的探析与借鉴》,载《清华法学》2018 年第 6 期。

② 参见赵舜阳:《证券市场"先行赔付"制度亟待完善》,载《上海金融报》2018 年 3 月 23 日,第 A12 版;郭雳:《证券执法中的公共补偿——美国公平基金制度的探析与借鉴》,载《清华法学》2018 年第 6 期。

③ 在现代社会,和解与诉讼是最为典型的两种民事纠纷解决方式。参见赵秀举:《论民事和解协议的纠纷解决机制》,载《现代法学》2017 年第 1 期。

金与行政和解相互的配合与协调,[①]也有几乎超过50%的案件在正式进入诉讼阶段前或者行政审裁阶段前,以及在诉讼或者行政审裁过程中被和解。[②]

虽然2019年《证券法》规定发行人的控股股东、实际控制人以及相关的证券公司因发行人实施的重大违法行为给投资者造成损失,而应当承担过错推定的责任,减轻了受损投资者的举证责任,但是并没有明文规定作为先行赔付的主体必须以自身存在过错为前提。这就意味着作为先行赔付主体的发行人的控股股东、实际控制人、相关的证券公司不能以自身没有过错为由拒绝履行对受损适格投资者的先行赔付。基于2019年《证券法》确定的先行赔付制度并非强制性的规定,先行赔付主体又不能以没有过错为由拒绝履行对受损适格投资者的先行赔付,可以考虑鼓励法定的先行赔付主体齐头并进实施先行赔付。不过,结合我国实践中已经发生的证券市场先行赔付案件的适用范围只是限定在欺诈发行或者虚假陈述领域来看,为了避免因发行人实施的"其他重大违法行为"的适用范围的扩张,使作为"法定"先行赔付主体的发行人的控股股东、实际控制人以及相关的证券公司齐头并进,积极承担对受损适格投资者的先行赔付的责任过重。故而,才将作为"法定"先行赔付主体的发行人的控股股东、实际控制人以及相关的证券公司齐头并进,积极实施对受损适格投资者的先行赔付的适用范围暂时限定在欺诈发行或者虚假陈述领域。

2019年《证券法》第93条将发行人的控股股东、实际控制人、相关的证券公司从法律层面"直接"明确为可以作为先行赔付的主体,但是没有明确要求三者是否必须同时以其自有资金参与同一先行赔付案,也没有明确规定三者不可以以其自有资金同时参与同一先行赔付案。从发生在我国的证券市场先行赔付案件来看,每一个先行赔付案件的先行赔付主体,都是以个案中的发行人的控股股东、实际控制人或者保荐机构的角色,以其自有资金对受损适格投资者承担先行赔偿的。个案中的发行人的控股股东、实际控

① See Seligman Joel, *Rethinking Private Securities Litigation*, University of Cincinnati Law Review, Vol. 73:1, p. 95(2004).

② 参见赵旭东:《内幕交易民事责任的价值平衡与规则互补——以美国为研究范本》,载《比较法研究》2014年第2期。

制人、相关的证券公司不全是“共同”以其自有资金主动地对受损适格投资者承担先行赔偿。① 根据先行赔付主体对受损适格投资者赔付后享有的对其他证券民事赔偿连带责任主体的追偿权的法律规定,建议在制定相关的规则或者办法时,可以从鼓励的角度支持同案中的法定先行赔付主体以其自有资金同时参与对受损适格投资者实施的先付。换言之,除了发行人的控股股东、实际控制人、相关的证券公司三方主体共同与受损适格投资者达成一致的某一方暂不作为先行赔付主体的协议外,三者应当“同时”作为先行赔付主体将其自有资金,主动地纳入对受损适格投资者进行先行赔付的资金。同时,除了由某一方先行赔付主体主动担负先期执行与全面赔付的情形外,发行人的控股股东、实际控制人、相关的证券公司都应当按照被 2019 年《证券法》直接赋予的先行赔付主体身份,按照三方协商确定的匹配标准,或者三方未达成协议时,以平均分配的匹配标准共同承担向受损适格投资者的先行赔付。在充分尊重每个先行赔付主体主动、自愿地承担先期执行与全面赔付的前提下,每个被 2019 年《证券法》直接赋予充当“先行”赔付主体角色的或有责任主体,都要实际参与到先行赔付中去,还要确保先行赔付资金的具体落实。

(二)确定资金池模式的先行赔付资金来源的立法完善

与确立以“资金池”模式的用于对受损适格投资者进行先行赔付的资金来源相比,我国证券市场先行赔付确立的投资者专项基金与美国确立的公平基金都是以“一案一设”的“专项基金”模式用于对受损适格投资者进行先期执行与赔付。② 唯独存在差异的是,美国确立的以“一案一设”的公平基金与我国确立的以“一案一设”的投资者专项基金的资金来源不同。美国确立的以“一案一设”的公平基金的主要资金来源是对证券违法行为主体收缴的罚没款,而我国确立的以“一案一设”的投资者专项基金的资金来源是或有责任

① 《关于〈设立海联讯虚假陈述事件投资者利益补偿专项基金的公告〉问答》,载中国结算网 2014 年 7 月 8 日,http://www.chinaclear.cn/zdjs/fxjs1/201409/d44a210038ae47718674aa29473897d0.shtml;《万福生科虚假陈述事件投资者利益补偿专栏》,载中国证券投资者保护基金有限责任公司 2013 年 5 月 13 日,http://www.sipf.com.cn/sy/ttzyxw/2013/05/1746.shtml;《欣泰电气欺诈发行先行赔付专项基金专栏》,载中国证券投资者保护基金有限责任公司 2013 年 5 月 13 日,http://www.sipf.com.cn/investor/index.html。

② 参见郭艳芳:《证券市场先行赔付主体的法律界定》,载《法治论坛》2020 年第 4 期。

主体的自有资金。在对或有责任主体主动的以其自有资金作为先行赔付的资金来源进行立法完善时，上文提出应鼓励作为“法定”先行赔付主体的发行人的控股股东、实际控制人以及相关的证券公司齐头并进，积极实施对受损适格投资者的先行赔付。但是，从扩大我国现行证券市场先行赔付资金来源的角度出发，该项立法完善只是在现有证券市场先行赔付资金来源的基础上，从督促作为“法定”先行赔付主体的发行人的控股股东、实际控制人以及相关的证券公司的立场出发，积极参与到先行赔付的实际行动中，落实对受损适格投资者的先行赔付。随着2019年《证券法》中规定的发行人因“其他重大违法行为”的适用范围的扩张，在给投资者造成实际损失时，上述由作为“法定”先行赔付主体的发行人的控股股东、实际控制人以及相关的证券公司齐头并进，积极实施对受损适格投资者的先行赔付的资金来源途径不免受限。因此，结合设立投资者保护基金的初衷，确立“资金池”模式的用于对受损适格投资者进行先行赔付的资金来源非常必要。

1. 将证券违法行为主体罚没款纳入投资者保护基金作为先行赔付的资金来源

我国证券投资者保护基金主要是由作为会员的证券公司缴纳资金以及通过其他方式筹集的资金组成。[①] 从我国证券投资者保护基金的资金来源来看，是将组合的资金以“资金池”的模式，来发挥证券投资者保护基金对因防范和处置证券公司风险而遭受损失的投资者的保护作用。这种以“资金池”模式存在的证券投资者保护基金并不对因证券市场发生波动或者因任何原因引起的投资产品发生价值变化而遭受投资损失的投资者进行保护。从2017年至2019年我国投资者保护基金在实践中的适用情况来看，我国证券投资者保护基金每年的筹集金额远远大于使用的金额，有大量的资金在用于因防范和处置证券公司风险而遭受损失的投资者的赔偿之后，被暂时搁置。准确地说，用于因防范和处置证券公司风险而遭受损失的投资者的受偿比例，只占证券投资者保护基金总额的很少部分(具体见表4-1)。从我国设立证券投资者保护基金的理念与目标，以及从其名称来看，该基金并没有发挥对投资者合法利益的彻底保护作用。虽然证券市场先行赔付制度的目标与

① 参见我国《证券投资者保护基金管理办法》第14条。

理念也是为了保护投资者的利益,维持良好的证券市场秩序,但是因先行赔付的资金来源途径有限,这成为羁绊证券市场先行赔付尚未形成常态化的主要原因之一。至此,将具有广泛资金来源的证券投资者保护基金与缺乏广泛资金来源的证券市场先行赔付结合起来,[①]在保持证券投资者保护基金的资金来源的基础上,通过进一步扩展其资金来源,来支撑因“其他重大违法行为”给投资者造成损失而进行的先行赔付,不失为一种尝试。

表 4-1 我国证券投资者保护基金在 2017~2019 年度的情况统计

单位:亿元

项目	2017 年度	2018 年度	2019 年度
筹集	56.61	90.72	88.70
使用	22.04	21.98	21.73

资料来源:《基金资金监控》,载投资者保护基金有限责任公司 2020 年 8 月 10 日,http://www.sipf.com.cn/zjjk/tjsj/index.shtml。

当考虑将对证券违法行为主体上缴的罚没款纳入投资者保护基金时,投资者保护基金作为先行赔付的资金来源就可以用于因发行人欺诈发行、虚假陈述或者其他重大违法行为给投资者造成实际损失时进行的先行赔偿。这种设计的出发点是将我国投资者保护基金能在保持现有对投资者合法权益的保护范围的基础上,以扩充资金来源的方式,确立“资金池”模式,用于对受损适格投资者的先行赔付。

结合矫正正义原则和不当获利返还原则成为将对证券违法行为主体收缴的罚没款纳入先行赔偿给受损适格投资者的资金的逻辑起点,与将对证券违法行为主体收缴的罚没款纳入先行赔偿给受损适格投资者的资金的典型制度的实践检视,可以看出,将对证券违法行为主体收缴的罚没款分配给因欺诈或者其他重大违法行为而遭受实际损失的适格投资者已经取得良好的效果。投资者的收益权是投资者实现权利的基本要求,要求证券违法行为主体承担对受损投资者的赔偿责任是法律实现正义的基本要求。[②] 虽然我国当下对证券违法

---

① 参见张东昌:《证券市场先行赔付制度的法律构造——以投资者保护基金为中心》,载《证券市场导报》2015 年第 2 期。

② 参见张春丽:《论我国证券欺诈赔偿责任机制的完善》,载《法律科学(西北政法大学学报)》2014 年第 3 期。

行为主体的行政处罚力度不像美国对证券违法行为主体的处罚那样大,但是我国立法与实践逐渐加大的对证券欺诈领域的违法行为主体的处罚的经验积累,已经为我国现有先行赔付模式借鉴公平基金制度,将对证券违法行为主体收缴的罚没款用于先行赔偿给受损适格投资者的改革奠定了基础。在证券市场民事赔偿维权难的背景下,当下业界已经意识到对证券违法行为主体的处罚力度不足以威慑证券违法行为主体,需要大幅度提高欺诈发行的违法成本。① 依赖于证监会的行政执法权限,以及从对受损投资者进行赔偿的资金源于证券违法行为主体这一基本准则来讲,证监会对证券违法主体追缴的巨额违法所得和罚款,应该用于赔偿投资者的损失。在用于赔偿受损的适格投资者之后若还有剩余的款项,才予以上缴国库。② 此外,2019 年《证券法》第 220 条规定,③将证券违法行为主体的"违法所得"纳入承担民事赔偿责任的资金来源,扩展了专门用于对受损适格投资者进行赔付的资金来源,为将证券违法行为主体的"违法所得"纳入投资者保护基金作为先行赔付资金来源的可行性与合理性提供了立法上的支撑。

2. 将刑事罚金纳入投资者保护基金作为先行赔付的资金来源

美国公平基金的资金来源主要是 SEC 对证券违法行为主体收缴的违法所得、民事罚款,其中民事罚款并不等同于我国的行政罚款或者民事赔偿金,而是美国 SEC 在行政裁审与司法程序中作出的罚款。由于我国证监会与美国 SEC 的证券执法权力存在差异,因此此处对我国证券违法行为主体的罚没款作为先行赔付资金来源进行的分析,主要是针对证券违法行为主体的违法所得与行政罚款。

上文所述的纽约南区法院对科特瑞恩斯内幕交易案的审理,很好地呈现了违法所得、民事罚款与刑事财产罚责任之间存在的关系,三者之间并不是包含与被包含的关系。若违法行为主体实施的行为给投资者造成严重的损失,其在被判处监禁的同时,不排除仍需同时承担违法所得、民事罚

① 参见胡蓉:《对证券欺诈行为既要罚也要赔》,载《深圳商报》2019 年 3 月 14 日,第 A01 版。

② 全国人大代表、深圳证券交易所总经理王建军在审议两高报告时建议,大幅提高欺诈发行股票的违法成本,修改罚没制度,并认为违法所得来源于投资者受骗上当的损失,应该优先还给投资者。参见胡蓉:《对证券欺诈行为既要罚也要赔》,载《深圳商报》2019 年 3 月 14 日,第 A01 版。

③ 参见我国 2019 年《证券法》第 220 条。

款与刑事财产罚责任。根据我国2019年《证券法》、《刑法》及《证券市场虚假陈述侵权民事赔偿若干规定》关于对行政责任的处罚幅度和刑事责任的量刑范围的规定,需要结合违法行为损害程度及其不同时期金融监管、司法对违法行为的打击态度综合裁量证券违法主体的责任。而民事责任是不管任何时期,只要客观存在投资者遭受的实际损失,违法行为主体就理应对其承担以赔偿为中心的责任,给予投资者实际损失范围内的合理赔偿。虽然证券违法行为主体可能同时承担民事责任、行政责任与刑事责任,但是基于我国刑事责任及行政责任确定的效率要高于民事赔偿责任的实现效率的现实,①势必在对证券违法行为主体处以行政罚款和刑事罚金之后,一定程度上会影响证券违法行为主体对遭受损失的投资者的民事赔偿。按照2019年《证券法》与《刑法》的规定,行政罚款和刑事罚金需一律上缴国库,而将对证券违法行为主体处以的行政罚款和刑事罚金上缴国库后,若由证券违法行为主体对遭受损失的投资者进行的民事赔偿不足以弥补投资者损失,则无法充分保护受损适格投资者的合法权益。

投资者保护对于资本市场的健康发展至关重要。可以说,对投资者合法权益的保护程度决定了证券市场的发展程度。② 根据前文对证券违法行为主体收缴的违法所得与行政罚款纳入先行赔付资金来源时的逻辑起点的分析,结合矫正正义与不当获利返还原则的适用,证券违法行为主体承担的罚金、罚款及违法所得,最初直接源于投资者因上述证券违法主体实施的违法行为而遭受损失的财产。为了保障投资者的合法权益,当对实施证券违法行为的责任主体处以行政罚款或者刑事罚金时,理应将这些财产先予返还给遭受损失的投资者。将对证券违法行为主体处以的行政罚款、刑事罚金纳入投资者保护基金作为先行赔付的资金,既是对违法行为主体的惩罚与威慑,又兼顾了对受损适格投资者的权益保护。最为重要的是,这样的方式是对我国作为典型传统文化历史悠久的国家,一直倡导的"国不与民争利"文化的延

---

① 参见陈洁:《证券民事赔偿责任优先原则的实现机制》,载《证券市场导报》2017年第6期。

② See La Porta Rafael & Lopez-De-Silanes Florencio & Shleifer Andre & Robert W. Vishny, *Legal Determinants of External Finance*, The Journal of Political Finance, Vol. 52:3, p. 1131 – 1150 (1997).

续与传播,[1]不仅充分平衡了私权与公权的冲突,还体现了以人为本的法治理念。[2]

虽然我国确定了民事责任优先原则,但是确定违法行为主体承担刑事责任及行政责任的效率要高于民事赔偿责任的实现效率。[3] 在刑事罚金、行政罚款与违法所得依法需要上缴国库时,不管是依据财政回拨抑或暂缓入库,都会引发资金管理成本与资金执行期限等方面的争议。[4]

需要注意的是,在扩大资金来源对受损适格投资者进行先行赔付的同时,投资者保护基金参与的先行赔付模式与将罚没款与刑事罚金纳入投资者保护基金作为先行赔付的资金来源至少有以下不同之处:

其一,在启动条件方面。投资者保护基金参与的先行赔付模式是以具有重大性与社会性的违法行为作为考量标准,从维护社会公共利益的角度出发,强调对系统性金融风险的重视等,综合多种因素决定是否对受损适格投资者进行先期执行与赔付。如果将罚没款与刑事罚金纳入投资者保护基金作为先行赔付的资金,出于对因证券市场违法行为而遭受损失的投资者的保护,必然不能有上述复杂的启动条件要求,否则将失去将罚没款与刑事罚金纳入投资者保护基金作为先行赔付资金来源的意义。

其二,受损适格投资者获得赔偿的最高限额。投资者保护基金参与的先行赔付模式结合了“充分补偿”与“最高赔付”限额对遭受损失的适格投资者进行先行赔付。如香港的“投资者赔偿基金”,作为申索人的受损投资者的最高受偿限额不得超过50万港元。[5] 如果将罚没款与刑事罚金纳入投资者保护基金作为先行赔付的资金,至少不会有最高限额,而是将借鉴公平基金参与先行赔付的模式,确定受损适格投资者获得赔偿的计算方式。

---

① 参见苏舆:《春秋繁露义证》,中华书局1992年版,第246页。

② 参见李明发:《民事赔偿责任优先的理论基础及其法律构建》,载《江淮论坛》2014年第6期。

③ 参见陈洁:《证券民事赔偿责任优先原则的实现机制》,载《证券市场导报》2017年第6期。

④ 张东昌:《证券市场没收违法所得与民事赔偿责任制度的衔接》,载桂敏杰总编:《证券法苑》(第17卷),法律出版社2016年版。

⑤ 《赔偿基金》,载IFEC2020年3月8日,https://www.ifec.org.hk/web/tc/investment/market-intermediaries/financial-market/investor-protection/compensation-fund.page。

本章小结

证券市场先行赔付的资金来源,作为连接先行赔付主体与赔付对象的桥梁,对于促使证券市场先行赔付制度在投资者保护领域形成一项长效机制,发挥了重要的作用。通过对矫正正义原则与不当获利返还原则的适用性进行分析,发现矫正正义原则与不当获利返还原则作为将证券违法行为主体的罚没款纳入先行赔付资金来源的逻辑起点,是将对证券违法行为主体收缴的罚没款纳入先行赔偿给受损适格投资者的资金的依据。同时,通过实践检视,将证券违法行为主体的罚没款纳入先行赔付的资金不仅是对投资者私权与救济的保障,也是对公平正义理念的贯彻落实,更是对以保护投资者合法权益的宗旨的根本落实。

矫正正义原则与不当获利返还原则也可以作为投资者保护基金纳入先行赔付资金来源的逻辑起点。实践表明,大多数国家设立投资者保护基金主要是对中小投资者的保护,这就注定了以投资者保护基金参与的证券市场先行赔付模式,需要在遵循证券投资者保护基金制度与证券市场先行赔付制度的基础上,依赖弱者倾斜性保护理论,确定用于受损适格投资者的资金范围。在提高投资者保护基金的使用效率及扩大先行赔付的资金来源,考虑将投资者保护基金及其基金投资收益纳入先行赔付的资金时,不可忽视投资者保护基金原有的主要功能。

我国证券市场先行赔付模式的资金来源主要是先行赔付主体的自有资金主动出资设立的“投资者专项基金”,专门用于对受损适格投资者的先行赔偿。通过对我国证券市场先行赔付主体主动地以其自有资金纳入先行赔付资金的逻辑起点,以及发行人的控股股东、实际控制人、相关的证券公司分别主动地以其自有资金作为先行赔付资金的实践检视的分析,发现我国证券市场先行赔付资金来源单一,不可避免地会给证券市场先行赔付制度的具体落实带来困扰。在坚持先行赔付主体主动地以其自有资金作为先行赔付的资金来源的基础上,需要通过寻求其他扩大先行赔付资金的来源,来保障对受损适格投资者的先期执行与赔付。因此,在充分尊重每个先行赔付主体自愿、主动地承担全面先行赔付责任的前提下，可以鼓励每个被2019年《证券法》赋予充当“法定”先行赔付主体角色的或有责任主体，同时参与对受损适格投资者承担的先行赔付。随着2019年《证券法》中规定的发行人因“其他重大违法行为”的适用范围的扩张，在由作为“法定”先行赔付主体的发行人的控股股东、实际控制人以及相关的证券公司应齐头并进，实施对受损适格投资者的先行赔付的资金来源不免受限时，应结合设立投资者保护基金的初衷，确立以“资金池”模式的用于对受损适格投资者进行先行赔付的资金。

第五章 证券市场先行赔付在赔付程序上的法律考量

证券市场先行赔付把“先行”作为该模式发挥功能的核心，是通过实践的创新。对于那些对商品市场感兴趣的投资者而言，法律在程序中的可预见性，是其在经济活动中存在的重要条件。没有法律的保障，这一切都不可想象，[①]“程序是法律的中心”，与其对应的是“结果”。[②] 证券市场先行赔付作为一种投资者保护模式，其程序上的正义在一定程度上影响着投资者获得赔偿这样一种结果上的正义。作为“看得见的正义”，投资者保护模式在程序上的正义至少包括程序的启动，程序主体的行为，方案的制作与审查以及程序的终结等。[③]

---

① 参见[德]马克斯·韦伯:《论经济与社会中的法律》，张乃根译，中国大百科全书出版社 1998 年版，第 307 页。

② 参见陈瑞华:《程序正义理论》，中国法制出版社 2010 年版，第 2 页。

③ 同上书，第 4 页。

第一节 证券市场先行赔付启动的主体探析

结合证券市场先行赔付主体范围与赔付对象范围的法律界定，证券市场先行赔付作为一种投资者保护模式，其涉及的主体至少包括先行赔付主体与遭受损失的适格投资者。哪些证券市场参与主体可以启动先行赔付模式对受损适格投资者进行赔偿，这与可以纳入先行赔付的资金有密切关系。故而，需要结合先行赔付资金来源的考量方式，探析可以启动证券市场先行赔付的主体。

一、证券违法行为主体的罚没款作为资金来源的先行赔付启动主体探析

证券监督管理机构对证券违法行为主体收缴的违法所得、民事罚款等各种财产罚，本质上是因为证券违法行为主体损害了投资者利益。证券违法行为主体实施重大证券违法行为，使其财产增加的部分甚至全部可能都来源于投资者因上述证券违法主体实施的违法行为而遭受损失的财产，这些财产理应返还给遭受损失的投资者。[①] 按照此种推理，如果先行赔付主体就是实施上述证券违法行为的主体，那么将对先行赔付主体收缴的违法所得与罚款纳入先行赔付的资金时，涉及的先行赔付主体、遭受损失的适格投资者与纳入先行赔付资金的赔付主体的违法所得和民事罚款有直接的利益关系。此时，遭受损失的适格投资者与发生身份竞合的先行赔付主体与证券违法行为主体，可以成为启动先行赔付模式的主体。对证券违法行为主体收缴的罚没款被纳入先行赔偿的资金时，遭受损失的适格投资者基于证券民事赔偿的索求，可以向设置先行赔付基金的管理人提出申请，也可以通过发生身份竞合的先行赔付主体与证券违法行为主体向设置先行赔付基金的管理人提出申请。然而，就美国确立的公平基金制度来看，实施证券违

---

① 参见陈洁：《证券民事赔偿责任优先原则的实现机制》，载《证券市场导报》2017 年第 6 期。

法行为的主体或者遭受损失的投资者并非成立公平基金的启动主体。① 公平基金是 SEC 在行政裁审程序中设立或者诉讼中经 SEC 提出请求,法院决定设立的。换言之,在行政裁审程序中,启动涉案成立公平基金的主体是 SEC;在 SEC 作为原告代表投资者向法院提起对证券违法行为主体的证券民事赔偿诉讼中,则是经 SEC 提出请求,联邦法院最终决定是否成立涉案的公平基金,即启动涉案成立公平基金的主体是联邦法院。

《SOX 法案》与《多德 - 弗兰克法案》在对遭受损失的投资者享有的请求违法行为主体返还损害赔偿的请求权进行规定的同时,也对证券违法行为主体施加了即时返还不当获利的义务,由涉案成立的公平基金先为履行。换言之,这两部法案是以保障投资者收益权为前提,以对遭受损失的投资者进行分配的涉案成立的公平基金为核心,使 SEC 与法院都积极参与到对投资者的损害赔偿中来。因而,遭受损失的投资者享有的请求违法行为主体返还损害赔偿的请求权,一方面来自美国证券法律的创设,另一方面则基于 SEC 强大的公共执法权力。公平基金这种“先罚后赔”的模式,实际是将先行赔付主体对真正责任主体的追偿权,以罚没款的形式先予执行。

结合实践中发生的涉事案件成立的公平基金来看,公平基金的启动一般按照以下流程进行:法院审查决定是否批准 SEC 关于设立公平基金和任命分配管理人的提议——分配管理人协助制定的分配方案经法院批准(分配管理人并不一定是投资者保护机构,并且分配管理人整理出的受损适格投资者名单需要交由 SEC 与法院审查)——公告(设立的公平基金分配方案)——查询(投资者查询具体赔付金额)——申报(受损适格投资者索赔申请)——法院发出分配指令——资金划拨受损适格投资者账户。如“戴尔”公平基金。② 美国 SEC 作为原告代表投资者向法院提起对作为被告的实施虚假陈述行为的戴尔公司和时任高级管理人员的证券民事赔偿诉讼,由作为原告的 SEC 与作为被告的戴尔公司和时任高级管理人员达成协议。该协议强调由证券违法行为主体戴尔公司支付 1.1 亿美元及利息给 SEC。

---

① See SEC, *Performance and Accountability Report*, 2009, p. 109.

② See GCG, The Dell SEC Fair Fund (November 19, 2019), http://www.dellsecsettlement.com/.

随后 SEC 向法院提交设立“戴尔”公平基金，并制订公平基金分配计划对涉案遭受损失的适格投资者进行补偿。由此可以看出，“戴尔”公平基金的设立源于 SEC 向法院提交申请，并经法院批准确立。如果 SEC 提交涉案成立的公平基金没有得到法院的批准，那么涉案的公平基金将不予成立。在“SEC v. Citigroup Global Mkts 案”中，美国法院法官杰德·拉科夫（Jed Rakoff）就拒绝了 SEC 提起的关于批准设立 2.85 亿美元的和解协议。①

此外，在“SEC v. CR Intrinsic Investors 案”中，作为原告的 SEC 与作为被告的 CR 基金公司达成协议，该协议强调由证券违法行为主体 CR 基金公司支付约 6 亿美元给 SEC。② 此协议经法院批准后，SEC 设立了约 4.98 亿美元的公平基金分配给受损适格投资者。③ 在“SEC v. J. P. Morgan 案”中，经法院批准后，SEC 随后设立约 2 亿美元的 J. P. Morgan 基金分配给受损适格投资者。④ 上述案件，主要是发生在虚假陈述、内幕交易领域的案件，SEC 通过诉讼程序追缴的证券违法行为主体缴纳的罚没款总额比较大。相对而言，并不是每一件证券欺诈案件，SEC 通过诉讼程序追缴的证券违法行为主体缴纳的罚没款总额都很大。如果总额不大，面对的受损适格投资者人数又众多的情况，SEC 会选择将对证券违法行为主体收缴的罚没款上缴美国财政部，而不是以设立公平基金的形式分配给受损的适格投资者。⑤

将证券违法行为主体的罚没款纳入先行赔付资金时，具有强大公共执法权力的 SEC 以及具有司法权的联邦法院的参与是涉案成立公平基金的关键因素。由公平基金参与的先行赔付模式将证券违法行为主体的罚没款纳入先行赔付的资金可以看出，该模式的启动主体主要是 SEC 和法院。

二、投资者保护基金作为资金来源的先行赔付启动主体探析

投资者保护基金启动的条件，是指只要符合了需要投资者保护基金进

---

① See SEC v. Citigroup Global Mkts., Inc., 827 F. Supp. 2d 328, 329 – 30, 335, S. D. N. Y., 2011.

② See SEC v. CR Intrinsic Investors, LLC, 939 F. Supp. 2d 431, S. D. N. Y., 2013.

③ See SEC v. CR Intrinsic Investors, LLC, eta., No. 12-cv-8466, S. D. N. Y., 2013.

④ See Vaughn K. Reynolds, *The Citigroup and J. P. Morgan Chase Enron Settlements: The Impact on the Financial Industry*, North Carolina Banking Institute, Vol. 8, p. 256 (2004).

⑤ See 15 USC 7246 – SEC. 308: “FAIR FUNDS FOR INVESTORS”.

行赔偿的确定条件,就可以启动投资者保护基金赔偿程序。根据各国制定的投资者保护基金制度设计,虽然负责赔付的机构或者赔偿程序不尽相同,但是其赔偿程序一般都遵循以下流程:证券监督管理主体通过对被监管主体财务状况的调查,确定该被监管主体已经存在无法偿还投资者资金或者财产的实际状态——投资者保护基金的执行主体一般通过报纸或者其他公告形式告知可以获得赔偿的投资者资格——投资者提出获得赔偿的申请——基金的实施主体依法对投资者提出的赔偿申请进行审查——审查之后确定是否对提出赔偿申请的投资者进行赔偿——确定符合获赔资格的投资者,依法计算出应予赔偿的金额——基金的实施主体向符合获赔资格的投资者拨付赔偿金额——如果投资者对获赔的金额或者计算获赔金额的方法持有异议或者不赞同,可以申请仲裁,或者提起诉讼。①

各国的法治发展和资本市场发展程度的不同,使投资者保护基金赔偿程序也存在例外情形。② 例如,美国 SIPC 的会员证券公司确实出现了无法偿还投资者的资金或者财产的情况,即只要满足了需要投资者保护基金进行赔偿的条件,就可以启动投资者保护基金赔偿程序。此处,投资者保护基金赔偿程序的启动不是要求行政机关必须介入,也不是要求行政机关对作为会员的证券公司必须采取行政接管等强制性措施后,才启动投资者保护基金赔偿程序。③ 我国即使出现作为会员的证券公司因违法、违规对投资者造成的损失无法偿还的确定情形,但是若尚未被证监会采取行政接管等强制性措施,则不能启动投资者保护基金赔偿程序。④ 相比而言,美国投资者保护基金赔偿程序的启动,是由赔偿程序条件是否达到决定的,并不受制于 SEC 的强制性措施。这样不仅彰显了其赔偿程序的便捷性,而且从基于此而设计的投资者保护基金参与先行赔付模式的角度出发,正好吻合了需要遵循的先行赔付制度的效率性的基本原则,为先行赔付发挥及时的救济功能奠定了基础。

---

① 参见傅浩:《证券投资者赔偿制度国际比较研究》,载《证券市场导报》2002 年第 1 期。

② See David L. Ratner & Thomas L. , Hazen, *Securities Regulation*, St. Paul, West Group, 2002, p. 191 – 195.

③ Ibid.

④ 参见我国证监会 2016 年《证券投资者保护基金管理办法》第 7 条、第 9 条。

此外,从一些国家和地区确定投资者保护基金的组织模式来看,一般分为两种:一种是以美国、英国为代表,成立独立的投资者赔偿公司,负责基金的日常管理和运作。如美国证券投资者保护公司(SIPC)、英国金融服务补偿计划有限责任公司(Financial Services Compensation Scheme Limited)。另一种是以我国台湾地区、香港特区等为代表,依附于证券交易所或者统一的自律性监管组织,负责基金的日常管理和运作。在以独立公司模式对投保基金进行管理与运作的过程中,并不是没有证券监督管理机构参与进来。比如,美国SIPC作为投资者保护基金的赔付机关,其作为独立的法人机构,也是在依赖SEC或者其他自律性监管组织的监管措施下进行活动的。在以附属模式对投资者保护基金进行管理与运作的过程中,证券监督管理机构的参与则更为明显。如我国台湾地区成立的"财团法人证券投资人及期货交易人保护中心"(以下简称"投资者保护中心"),[①]该中心作为公益性质的财团法人,也是在依赖金管局、证期局的监管措施下进行活动的。[②] 虽然美国与我国台湾地区在成立投资者保护基金的组织模式上存在差异,但是美国SIPC与我国台湾地区"投资者保护中心"都是非营利性的机构,不具备行政机关的性质,在可以独立行使自身职权的基础上,在其他机构的监管措施下进行活动。这说明在成立投资者保护基金时,通过合理分工,避免权力的过度集中,更有助于从程序上实现正义。[③] 此举不仅彰显了其赔偿程序的便捷性,也正好从基于此而设计的投资者保护基金参与先行赔付模式的角度出发,为先行赔付尽快实现对投资者的救济功能奠定了基础。

各国设立的投资者保护基金,由负责运作和管理的投资者保护基金机构担负切实维护投资者合法权益的职责,不存在与发行人或者相关证券公司或者其他主体利益上的往来,其日常工作与受损适格投资者赔付紧密相

---

① 2002年,我国台湾地区通过了"证券投资人及期货交易人保护法",其中规定了成立"财团法人证券投资人及期货交易人保护中心"。

② 参见王文宇:《台湾地区投资人保护中心的法制与实践》,载郭锋主编:《证券法律评论》(2015年卷),中国法制出版社2015年版。

③ 参见彭真明、方妙:《论我国证券投资者保护基金赔偿程序的完善》,载《海南大学学报(人文社会科学版)》2009年第6期。

关。为了防止投资者保护基金被滥用,投资者保护基金一般也都是委托第三方银行进行专户管理。当需要启动投资者保护基金赔偿程序时,一般都离不开证券监督管理机构或者其他行政机关的介入,但是并非必然需要证券监督管理机构或者其他行政机关的介入。

结合上述投资者保护基金赔偿程序的启动主体,以及投资者保护基金参与的先行赔付模式的资金来源的复杂性,不仅要对“保护谁”等实体问题进行准确性的考虑,而且也要对“怎么保护”等程序性问题进行科学的设置。一般看来,投资者保护基金在保障其主要功能的基础上,还要考虑对特殊赔偿对象进行最高限制额度的先期执行与赔付。鉴于投资者保护基金参与的先行赔付模式的启动限制条件比较高,也涉及证券监督管理机构及其他机构对造成投资者利益损失的重大证券市场违法行为影响的综合评估,不是仅由遭受损失的适格投资者基于证券民事损害赔偿的索求,就可以向设置先行赔付基金的管理人提出申请或者由对投资者保护基金负有管理、运作职责的机构依据职权就可以成为启动先行赔付模式的主体的。故而,可以通过设置对需要投资者保护基金参与的先行赔付模式进行赔偿的条件。只要达到启动条件,就可以启动投资者保护基金参与的先行赔付模式的赔偿程序。如果投资者保护基金参与的先行赔付模式的赔偿程序的启动,依赖于满足特定的赔偿条件,那么启动投资者保护基金参与的先行赔付模式的主体,一般情形下当属投资者保护基金的实施主体。这样的“怎么保护”投资者的赔偿程序的启动设置,从科学性与及时性的角度,不仅可以有效地保护投资者的合法权益,而且也有利于保障被监督主体的权利。简言之,科学的投资者保护基金参与的先行赔付模式的赔偿程序的启动,不仅要实现对受损适格投资者的正义,而且也要尽快实现正义。① 须知在证券市场对投资者合法权益进行保护的同时,同样也要讲究效率,因为“迟到的正义非正义”。

---

① 参见彭真明、方妙:《论我国证券投资者保护基金赔偿程序的完善》,载《海南大学学报(人文社会科学版)》2009 年第 6 期。

第二节　证券市场先行赔付启动的时间探析

证券市场先行赔付把“先行”作为制度发挥功能的核心,其中对“先行”赔付主体范围的界定、“先行”赔付对象范围的界定以及“先行”赔付金额的资金来源的考量,都是围绕着如何优先落实对遭受损失的适格投资者进行证券民事赔偿的合理建构。至此,证券市场先行赔付模式的启动时间,是开展证券市场先行赔付工作面临的关键问题。下面结合上述关于探讨先行赔付资金来源的考量方式,探析证券市场先行赔付的启动时间。

一、证券违法行为主体的罚没款作为资金来源的先行赔付的启动时间探析

公平基金是 SEC 在行政裁审程序中设立或者诉讼中经 SEC 提出请求,法院决定设立的。换言之,决定公平基金成立的启动主体是 SEC 或者法院。除此之外,影响公平基金成立的因素还包括受损适格投资者的数量和 SEC 将来设立公平基金的总额。① 如果可以确定遭受损失的适格投资者的数量,及预期收缴的罚没款资金规模完全可以弥补通过分配计划确定的受损适格投资者,那么就可以设立公平基金。如果难以确定遭受损失的适格投资者的数量,及预期收缴的罚没款等资金规模不大或者管理运转的公平基金成本过高,难以对适格的受损投资者进行补偿,那么就面临不会设立公平基金的可能。

在公平基金参与先行赔付时,先行赔付主体只有是证券违法行为主体,即先行赔付主体与证券违法行为主体发生身份的竞合时,才存在由证券监督管理机构对先行赔付主体进行收缴罚没款的情况。与公平基金的设立——必须对罚没款纳入基金时的成本与效益进行衡量后,不需要将罚没款上缴财政部时的情形类似。如果对先行赔付主体追缴的罚没款组成的资金规模不大,将无法承担起对遭受损失的适格投资者的先期执行与赔付,也

---

① See Rules of Practice and Rules on Fair Fund and Disgorgement Plans § Rule 1100,1102.

就没有必要将收缴的先行赔付主体的罚没款,作为可以被纳入对遭受损失的适格投资者进行先期执行与赔付的资金。故而,罚没款作为资金来源时的证券市场先行赔付模式的启动时间,只需要探析证券监督管理机构对先行赔付主体收缴的罚没款在具有一定规模的基础上,可以考虑纳入对遭受损失的适格投资者进行先期执行与赔付的资金来源的情况。

结合实践中发生的涉事案件启动的设立公平基金的时间。如在"SEC v. Dell Inc. 案"中,[①]2010 年 7 月 22 日,美国 SEC 作为原告代表投资者向法院提起对作为被告的实施虚假陈述行为的戴尔公司和时任高级管理人员的证券民事赔偿诉讼。在双方参与的诉讼过程中,2011 年 10 月 22 日,SEC 向法院提交了关于设立"戴尔"公平基金的提议。2011 年 11 月 15 日,法院批准了 SEC 提交的设立"戴尔"公平基金的提议,并于 2012 年 12 月 11 日,批准了主要由 SEC 负责制定的"戴尔"公平基金分配计划。2014 年 7 月 28 日,法院发出分配指令,从设立的"戴尔"公平基金中向符合资格的索赔投资者支付相应的金额。在"SEC v. Nortel Networks Corporation 案"中,[②]2007 年 10 月 15 日,SEC 作为原告代表投资者向法院提起对作为被告实施欺诈行为的北电网络公司和时任高级管理人员的证券民事赔偿诉讼。根据最终判决,北电网络公司缴付了 1 美元的赃款与 3500 万美元的罚款。2009 年 10 月 29 日,SEC 向法院提交了关于设立"北电"公平基金的提议。2009 年 11 月 2 日,法院批准了 SEC 提交的设立"北电"公平基金的提议,并于 2011 年 10 月 5 日,批准了主要由 SEC 负责制定的"北电"公平基金分配计划。2015 年 4 月 2 日,法院发出分配指令,从设立的"北电"公平基金中向符合资格的索赔投资者支付相应的金额。

此外,结合一些涉事案件启动的设立公平基金的时间,发现 SEC 在行政裁审程序中,提出设立涉案公平基金的提议并决定公平基金分配计划的通过或者修改后予以通过。[③] 在 SEC 提起的诉讼中,SEC 提出设立涉案公

---

① See Dell Inc. ,Securities Litigation: Case No. A - 06 - CA - 726 - SS(June 7,2020), https://casetext. com/case/in-re-dell-inc.

② See SEC,SEC v. Nortel Networks Corporation(November 19,2019),https://www. sec. gov/divisions/enforce/claims/nortel. htm.

③ 参见汤欣:《公司治理与资本市场法治》,法律出版社 2015 年版,第 220 页。

平基金的提议与制订的公平基金分配计划,都需要法院的批准才予以通过。不管是在行政裁审程序中,由 SEC 作为设立公平基金与通过公平基金分配计划的主体,还是在 SEC 提起的诉讼中,法院作为批准设立公平基金与通过公平基金分配计划的主体,都是在涉案公平基金分配计划通过之后,受损适格投资者才开始真正意义上通过启动的涉案成立的公平基金进入获得补偿的程序。毕竟在 SEC 或者法院批准了涉案设立公平基金的提议后,还需要 SEC 或者法院批准是否通过由 SEC 制订的公平基金分配计划。即使公平基金的分配计划通过了,负责管理与运作分配计划的主体在执行过程中如果一旦发现遭受损失的适格投资者数量过大,而成立的公平基金难以对适格的受损投资者进行充分的补偿,那么此时设立的涉案公平基金也不会用于分配给适格的投资者,而是在折抵相关费用后上缴财政部。只有公平基金分配计划最终通过,并满足成立的涉案公平基金足以对确定的适格受损投资者进行补偿,才会根据公平基金分配计划的内容,以及确定了的受损适格投资者的数量或者范围,启动公平基金对受损适格投资者分配证券违法行为主体缴纳的违法所得、民事罚款,进入受损适格投资者获得赔偿的程序。

综上可见,最早也是在 SEC 或者法院批准了涉案设立公平基金的分配计划后,才在真正意义上启动将证券违法行为主体的罚没款作为资金来源先行对遭受损失的适格投资者进行的先期执行与赔付程序。结合公平基金参与的先行赔付模式,以及证券市场先行赔付制度遵循的基本原则,将证券违法行为主体的罚没款纳入先行赔付资金来源的启动,最早也是发生在 SEC 或者法院批准了涉案设立公平基金的分配计划之后。

二、投资者保护基金作为资金来源的先行赔付的启动时间探析

在对投资者保护基金作为资金来源时启动先行赔付的主体进行探讨时,发现启动投资者保护基金赔偿程序,一般都离不开证券监督管理机构或者其他行政机关的介入,但是启动投资者保护基金赔偿程序不一定必须由证券监督管理机构或者其他行政机关进行。有国家关于投资者保护基金赔偿程序的启动,主要是看是否符合赔偿程序的条件,换言之,只要符合了赔

偿程序的条件,就可启动投资者保护基金赔偿程序,如美国。① 此时,该程序的启动并没有证券监督管理机构或者其他行政机关的直接参与。可以说,此种投资者保护基金赔偿程序的启动模式,不仅对投资者合法权益进行了保护,而且也彰显了对投资者合法权益保护的及时性。

同时,结合各国制定的投资者保护基金制度设计来看,一般都遵循以下流程:调查—通知—申请—审核—确定赔付定额。② 之后进入由投资者保护基金的实施主体向符合获赔资格的投资者发放赔偿金的程序,一言以蔽之,投资者保护基金的实施主体将对符合获赔资格的投资者进行支付。在考虑利用投资者保护基金用于对适格的投资者进行赔偿时,第一步就需要对被监管主体的财务状况进行调查。特别是我国香港特区设立的投资者赔偿基金,不仅仅局限于对由于证券公司发生风险给投资者造成财产和资金损失进行的赔偿,还用于对因持牌的中介机构或者财务公司违责对遭受损失的投资者进行的赔偿。这些赔偿的前提,都是需要对持牌的中介机构或者财务公司违反信托、欺诈或者不当行为进行详细的调查。③ 可以看出,投资者保护基金赔偿程序的启动看似具有便捷的程序,但是在进入"支付"程序环节,即由投资者保护基金的实施主体对符合获赔资格的投资者进行支付之前,仅第一步的"调查"事实就需要耗费涉案参与的各方主体大量的时间。毕竟从各国确定的投资者保护基金制度的历史渊源来看,该制度是以重大性与社会性的违法行为作为考量标准,从维护社会公共利益的角度出发,强调对系统性金融风险的防范。

各国投资者保护基金主要是为了对投资者合法权益进行保护,因此在对启动投资者保护基金赔偿程序用于对适格的投资者进行赔偿时,仅第一步的"调查"事实就可能耗费大量时间的情况下,并不排斥证券市场先行赔付制度需要遵循的效率性原则。在投资者保护基金参与的先行赔付模式启动限制条件比较高的情形下,至少在或有责任主体以其自有资金主动参与

---

① See David L. Ratner & Thomas L. Hazen, *Securities Regulation*, St. Paul, West Group, 2002, p. 191 – 195.

② 详见上文在论述投资者保护基金作为资金来源的启动主体时,对各国制定的投资者保护基金制度在对受损适格投资者进行的赔偿程序一般所遵循的流程的具体阐述。

③ 参见傅浩:《证券投资者赔偿制度国际比较研究》,载《证券市场导报》2002 年第 1 期。

的先行赔付模式足以对遭受损失的适格投资者进行先行赔付时,不会启动投资者保护基金参与的先行赔付模式。只有在或有责任主体主动的以其自有资金作为先行赔付的资金来源不足以对遭受损失的适格投资者进行先行赔付时,才会综合各方主体考虑多种评估因素,作出是否启动投资者保护基金作为先行赔付资金来源时的证券市场先行赔付模式的决定。

第三节　证券市场先行赔付分配方案设计的程序分析

证券市场上存在多种利益主体,不可避免会发生各种主体之间利益的冲突,从而导致利益分配不均衡或者严重失调。① 此时,必须依靠某种机制尽量来消除影响利益不公正分配的消极因素及其造成的后果。② 一般情况下,公正的程序会比不公正的程序产生更加公正的结果。③ 在证券市场先行赔付制度中的主体对遭受损失的适格投资者进行先期赔付的方案设计中,程序的安排与相关主体权益的分配具有密切的关系。先行赔付分配方案设计的程序公正是实现对受损投资者权益保护的关键,决定着受损适格投资者获得赔偿分配秩序在动态上的状况,即受损适格投资者在获得赔偿的分配过程中是否规范、合理和有序。④ 在制定先行赔付方案的过程中,虽然每一个投资者是其自身利益的最佳代言人,但是要求每一位受损适格投资者与先行赔付主体一一协商并签订先行赔付协议不太现实。故而,在制定先行赔付的设计方案时,需要在坚持程序正义的前提下,遵循“公开”“公平”“公正”及“效率”“适当”的原则,以“集体合同”的方式被确定。⑤ 在此

① 参见汤维建:《群体性纠纷诉讼解决机制论》,北京大学出版社 2008 年版,第 92 页。

② 参见赵万一主编:《证券交易中的民事责任制度研究》,法律出版社 2008 年版,第 105 页。

③ 参见陈瑞华:《刑事审判原理论》,北京大学出版社 1997 年版,第 99 页。

④ 参见冯果、李安安:《收入分配改革的金融法进路:以金融资源的公平配置为中心》,法律出版社 2016 年版,第 6 页。

⑤ 证券本身就是一种特殊的合同,因证券欺诈导致不特定的投资者遭受损失,由不特定的受损适格投资者都参与损害赔偿分配方案的制定不太现实,此时需要考虑如何以规范、合理、有序的程序来确定以集体合同的形式达成的损害赔偿分配方案。参见[美]弗兰克·伊斯特布鲁克、丹尼尔·费希尔:《公司法的经济结构》,罗培新、张建伟译,北京大学出版社 2014 年版,第 324 页。

情况下,因为先行赔付的分配设计方案涉及对受损投资者的合法权益进行保护的重大事项,结合以民主为本质,以协商而非投票为核心的协商民主理念,①所以必须设计由投资者参与的调查程序。此程序强调投资者可以以交流、讨论等形式,平等地参与进来,如听证程序。由于发生在我国先行赔付案件中的先行赔付资金来源与其他国家或者地区类似先行赔付模式的资金来源不同,下面结合上述关于探讨先行赔付资金来源的考量方式,展开对证券市场先行赔付分配方案设计过程中的程序分析。

一、证券违法行为主体的罚没款作为资金来源的赔付分配方案设计的程序分析

SEC 提出的公平基金分配方案形式,是将对证券违法行为主体收缴的罚没款用于分配给遭受损失的适格投资者的典型范例。② 此处,主要是结合美国 SEC 对提议的分配方案设计中的程序问题进行分析。不管是按照 SEC 行政审裁程序,还是 SEC 作为原告通过选择向法院提起诉讼的方式,涉案成立的公平基金分配方案主要是由 SEC 负责制定。自《SOX 法案》施行以来,据已有统计资料显示,2002 ~ 2013 年,SEC 约设立了 236 个涉案公平基金,向受损适格投资者大约分配了 143 亿美元。③ 其中 2008 年,SEC 收缴的违法所得与民事罚款约为 10. 3 亿美元,分配给受损适格投资者的资金就占了约 10 亿美元;④2009 年,SEC 收缴的违法所得与民事罚款约为 24 亿美元,分配给受损适格投资者的资金就占了约 21 亿美元;⑤2010 年,SEC 收缴的违法所得与民事罚款约为 28 亿美元,分配给受损适格投资者的资金就占了约 21 亿美元;⑥2011 年,SEC 收缴的违法所得与民事罚款约为 28 亿美

---

① See John S. Dryzek, *Deliberative Democracy and Beyond: Liberals, Critics, Contestations*, Oxford University Press, 2002, p. 32 – 33.

② See Michael J. Missal & Richard M. Phillips, *The Securities Enforcement Manual: Tactics and Strategies*(2), American Bar Association Publisher, 2007, p. 7 – 8.

③ See Urska Velikonja, *Public Compensation for Private Harm: Evidence from the SEC's Fair Fund Distributions*, Stanford Law Review, Vol. 67:2, p. 331 – 395(2015).

④ See SEC, *Performance and Accountability Report*, 2008, p. 12.

⑤ See SEC, *Performance and Accountability Report*, 2009, p. 11.

⑥ See SEC, *Performance and Accountability Report*, 2010, p. 11.

元,分配给受损适格投资者的资金就占了约 14 亿美元;[①]2012 年,SEC 收缴的违法所得与民事罚款约为 31 亿美元,分配给受损适格投资者的资金就占了约 8 亿美元。[②] 2013～2018 年,SEC 通过对证券违法主体追缴违法所得与民事罚款获得的资金分别约为 34 亿美元、41 亿美元、41 亿美元、40 亿美元、37 亿美元、39 亿美元。[③] 由此可以看出,涉案成立公平基金时,由 SEC 收缴的违法所得与民事罚款必须具有一定的规模,才能保证受损适格投资者可以有效获得分配。SEC 对涉案公平基金的成立与成立公平基金后的分配方案的制定发挥了重要作用。

虽然 SEC 对涉案公平基金的成立与成立公平基金后的分配方案的制定发挥了重要作用,但是在制定涉案公平基金分配方案的过程中,也有其他主体的参与。SEC 或者听证官有权任命包括 SEC 的工作人员在内的其他主体作为涉案公平基金分配的管理人。如在"'戴尔'公平基金案"中,联邦法院在批准通过由 SEC 提议的设立"戴尔"公平基金与任命的基金分配管理人的同时,也指定了花园城市集团有限公司作为"戴尔"公平基金分配的管理人,协助 SEC 制定"戴尔"公平基金分配方案。[④] 上述任命其他主体作为涉案公平基金分配的管理人的听证官,可以是独立的自然人,如行政法官或者 SEC 专员,也可以是由特定人数组成的专门小组,[⑤]其不仅有权指定涉案公平基金分配的管理人,还有权对 SEC 主要负责制定的涉案公平基金分配方案进行审定。由此可以看出,涉案公平基金成立之后,在由 SEC 主要负责制定涉案公平基金分配方案的过程中,都有包括受损适格投资者、SEC、听证官或者其他主体的参与。这些主体之间不可能总保持利益的一致性,包括作为证券执法机构的 SEC,也不可能任何时候都完全倾向于对受

① See SEC, *Performance and Accountability Report*, 2011, p. 2.

② See SEC, *Performance and Accountability Report*, 2012, p. 41.

③ See SEC, Division of Enforcement 2018 Annual Report (December 12, 2019), https://www.sec.gov/files/enforcement-annual-report-2018.pdf.

④ See GCG, The Dell SEC Fair Fund (December 19, 2019), http://www.dellsecsettlement.com/index.php.

⑤ See Rule of Practice and Rules on Fair Fund and Disgorgement Plans § Rule 101(a)(5).

损适格投资者利益的维护。[①] 故而,在由 SEC 主要负责制定涉案公平基金分配方案的过程中,本着遵循的"公平""公正"原则,对遭受损失的适格投资者进行补偿的程序正义安排极为重要。

由 SEC 主要负责制定的涉案公平基金,在由 SEC 拟定后,需要在官方网站或者其他经过 SEC 或者听证官指定的出版物上予以公告。不仅需要公开拟定的涉案公平基金的分配方案,而且还要特别强调对 SEC 拟定的涉案公平基金分配方案持有其他建议的主体,可以通过书面形式向 SEC 进行意见反馈。否则,任何主体都不能以涉案公平基金分配方案涉及其合法利益或者属于需要从涉案公平基金中获得分配的适格主体而参与,甚至干预关于涉案公平基金分配方案的决定。由此可以看出,美国证券立法虽然赋予了受损适格投资者通过阅读公告中的涉案公平基金分配方案,可以以书面的方式向 SEC 提出其建议,但是除此以外,没有任何程序可以改变公平基金分配方案的内容或者决定。[②] 此举彰显出美国证券立法对 SEC 证券执法权力的绝对维护。

从形式上看,SEC 拟定的涉案公平基金分配方案通过公告或者其他公开的方式,积极促使遭受损失的适格投资者或者其他参与主体可以通过书面的形式提出建议,彰显了分配方案制作程序的公正性。然而,这种书面的方式并不意味着这一程序可以使遭受损失的适格投资者完全积极有效地参与到公平基金分配方案的制作中来。其一,受损适格投资者只有知道并且理解涉案公平基金分配方案的内容之后,才有可能针对由 SEC 主要负责制定的涉案公平基金分配方案持有异议,提出建议。可是任何公告的形式,都存在特殊期间的限定,再加上受损的适格投资者综合水平参次不齐,都会造成部分适格的受损投资者忽略或者不理解涉案公平基金分配方案的内容。换言之,SEC 仅通过公告这种单一的方式而告知其拟定的涉案公平基金分配方案的形式,使受损的适格投资者知道并且理解涉案公平基金分配方案的内容,则再以书面形式提交其他建议的受损适格投资者范围难免受限。

---

① See Adam S. Zimmerman, *Distributing Justice*, New York University Law Review, Vol. 86: 2, p. 500 - 572(2011).

② 参见汤欣:《公司治理与资本市场法治》,法律出版社 2015 年版,第 219 页。

其二,受损适格投资者仅可以通过书面的形式提交对 SEC 拟定的涉案公平基金分配方案持有的其他意见,间接剥夺了受损适格投资者当面对作出拟定分配方案的分配顾问进行质询的权利。[①] 故而,从实质上看,由 SEC 主要负责制定的涉案公平基金分配方案,仍旧在程序上欠缺正当性、合理性。

二、投资者保护基金作为资金来源的赔付分配方案设计的程序分析

受损适格投资者获得赔偿的赔付分配方案的程序安排与主体的权益保护程度具有密切的关系。受损适格投资者获赔分配方案设计的程序公正是实现对遭受损失的适格投资者权益保护的关键。结合上文对将证券违法行为主体的罚没款纳入资金来源的赔付分配方案的程序分析可知,由 SEC 拟定的涉案公平基金分配方案通过公告的形式予以公布,当存在对载明的涉案公平基金分配方案持有意见者以书面的方式提交建议的情形,SEC 经过审核会考虑将先期拟定的涉案公平基金分配方案进行修改重新公告。[②] 此项程序举措虽然从形式上展现了对遭受损失的适格投资者能够参与到涉及其切身利益的基金分配方案程序的充分尊重,但是从实质上讲,受损适格投资者的这种参与方式存在一定的局限性。那么当确实存在需要启动投资者保护基金赔偿程序的客观事实,同样是以公告的形式通知可以获得赔偿的适格投资者时,是否也展现了对遭受损失的适格投资者能够参与到涉及其切身利益的基金受偿方案设计程序的充分尊重?

从各国投资者保护基金立法的整体情况,以及遵循的赔付流程来看,投资者保护基金赔偿程序的启动,同样是以公告的形式通知可以获得赔偿的适格投资者。只是需要启动的投资者保护基金赔偿程序,不仅没有公平基金参与先行赔付模式下的受损适格投资者可以对已经通过公告的形式予以公布的由 SEC 拟定的涉案基金分配方案提出书面形式建议的程序,而且还需要对提出申请的投资者是否满足利用投资者保护基金对其进行赔偿的受偿投资者资格进行审核。在需要启动投资者保护基金赔偿程序对遭受损失

---

① See Adam S. Zimmerman, *Distributing Justice*, New York University Law Review, Vol. 86: 2, p. 500 – 572(2011).

② 参见汤欣:《公司治理与资本市场法治》,法律出版社 2015 年版,第 220 页。

的适格投资者进行赔偿时,受损适格投资者在作为获得赔偿的重要依据的基金分配方案程序中,相对处于被动的地位。受损适格投资者虽然可以通过“申请—审核—确定赔付金额”等程序获得救济,但是基本上没有参与到涉及其切身利益的基金受偿方案设计的制定程序中。也就是说,在需要启动投资者保护基金赔偿程序对遭受损失的适格投资者进行救济时,并未彰显出对遭受损失的适格投资者参与到涉及其切身利益的基金受偿方案制定程序中的充分尊重。

通过对将证券违法行为的罚没款纳入资金来源时的赔付分配方案,与将投资者保护基金纳入资金来源时的赔付分配方案程序的分析,可以看出无论采用哪一种纳入资金的考量方式,受损投资者是否积极有效地参与到赔付分配方案设计的过程中,是判断程序公正性的关键。是故,在证券市场先行赔付分配方案的制作过程中,无论受害投资者是否积极参与分配方案,受害适格投资者主动放弃享有的发言权、质询权与被间接剥夺被动式的放弃享有的发言权、质询权不存在可比性。

第四节　证券市场先行赔付分配方案设计的复审检视

先行赔付分配方案类似于一份由双方主体合意达成的合同,只要没有违反法律的强制性规定,理应遵从双方主体意愿。然而,证券市场先行赔付分配方案的确立,并不是由完全处于平等地位的主体进行的协商,不可避免地会发生处于劣势地位的受损投资者为了及时获得证券民事损害救济,向处于强势地位的先行赔付主体进行妥协的情形。[①] 此时,由特定机构对先行赔付分配方案设计进行复审实属必要。

先行赔付分配方案设计的复审需要与先行赔付分配方案设计中的程序结合在一起进行分析,不管是哪一种考量方式,都需要充分有效地吸纳受害

① 参见王磊:《完全赔偿原则与侵权损害赔偿之反思及构筑》,载《法律科学(西北政法大学学报)》2019 年第 4 期。

投资者参与进来，这是保证先行赔付分配方案程序公正性的基础环节。[①]至于经过作为主要参与主体的受害投资者与先行赔付主体就赔偿事宜进行协商的结果，先行赔付主体是否完全接纳受害投资者提出的建议，最终达成的先行赔付分配方案仍旧需要相关主体进行复核审查。需要注意的是，这种复核审查遵循以协商而非投票为核心的协商民主理念，[②]只是为了避免或者减少先行赔付分配方案中存在排除受害投资者享有权利或者不合理、不正当的减轻或者免除先行赔付主体依法应当承担的法定义务，是一种形式复审，并不是对先行赔付分配方案制作内容的干预等实质性复审。[③] 结合上述关于探讨先行赔付资金来源的考量方式，在对先行赔付分配方案进行制作时，需要展开对证券市场先行赔付分配方案复审程序的分析。

一、证券违法行为主体的罚没款作为资金来源的赔付分配方案设计的复审检视

SEC 在行政裁审程序中，对其执行部提出设立涉案公平基金的提议与批准涉案公平基金分配计划的通过或者修改后予以通过；在 SEC 作为原告提起的诉讼中，SEC 提出设立涉案的公平基金的提议与制定的公平基金分配计划都需要法院的批准才予通过。结合实践中的“戴尔”公平基金，由 SEC 负责制定的“戴尔”公平基金分配方案，得到了法院的批准才予以正式通过。“北电”公平基金（Nortel Fair Fund）分配方案，也是通过了法院的批准才予以正式启动。由此可以看出，涉案公平基金分配方案需要经过 SEC 或者法院的复审检视之后，才予以正式通过。

为了落实公平基金制度，SEC 制定的《公平基金规则》包括了对公平基金分配方案制定程序产生异议以及进行审核、复议的规定。结合《公平基金规则》的规定以及证券执法的力度，由 SEC 负责制定涉案公平基金的分配方案，主要是考虑 SEC 作为证券执法的机构，比司法机构具有更为强有

---

① 参见汤欣：《公司治理与资本市场法治》，法律出版社 2015 年版，第 222 页。

② See John S. Dryzek, *Deliberative Democracy and Beyond: Liberals, Critics, Cntestations*, Oxford University Press, 2002, p. 32 – 33.

③ See Adam S. Zimmerman, *Distributing Justice*, New York University Law Review, Vol. 86: 2, p. 500 – 572(2011).

力的执法力度,是最适合的补偿执行者,对受损投资者的补偿是可行且有效的。[①] 然而,大型集团或者上市公司的薪酬整体显著高于 SEC,许多在 SEC 或者其执行部工作的人员只是将 SEC 作为一个临时工作平台,在其执法时会衡量为了避免以后进入被监管的大型集团或者上市公司存在的阻碍因素,往往主观上受被监管的大型集团或者上市公司利益的影响。例如,曾经在 SEC 执法部门任职的琳达·汤姆森(Linda Thomsen)、查德·沃克(Richard Walker)、欧文·博莱克(Irving Pollack)在离开 SEC 执法部门后,分别转到律师事务所、投资银行等任职。[②] 据已有数据表明,过去 19 任在 SEC 执法部门任职的总监中,排除斯坦利·斯波金(Stanley Sporkin)后来继续担任公共职位,其他基本上都进入投资银行或者其他被 SEC 监管的大型集团中任职。如此证券执法监管主体与被监管主体的"旋转门"关系,使大型集团或者上市公司的高管一定程度上可以影响 SEC 的行动。如摩根·斯坦利就成功地限制了 SEC 对"Pequot 资本管理公司的内幕交易案"的调查。[③] 这样看来,作为证券执法机构的 SEC 好像并不是任何时候都与遭受损失的适格投资者的利益相同,甚至可能会影响 SEC 负责或者参与制定的涉案公平基金分配方案的正当性与公正性。

此外,SEC 执法人员的工作绩效与其奖金或者职位升迁存在一定的关联。在其执法时为了提高工作绩效,难免存在对棘手问题不严肃的处理态度。如 SEC 为了维护其整体证券执法的权威,当已经发现先期处罚程序中存在不合理的举措,为了避免引起其他纠纷,可能会与被处罚的主体非常唐突、快速地达成和解方案。[④] 为了避免或者减少 SEC 中的执法人员可能受到其监管的大型集团或者上市公司的影响,由其提议的分配方案必须要经过法院的司法审查,[⑤]以此避免或者减少 SEC 恣意作出的分配方案的不公

---

① See Urska Velikonja, *Public Compensation for Private Harm: Evidence from the SEC's Fair Fund Distributions*, Stanford Law Review, Vol. 67:2, p. 331 – 395(2015).

② 参见龙稳全:《投资银行勤勉义务》,法律出版社 2019 年版,第 135 页。

③ 参见[挪威]马德斯·安登斯、[英]弗兰克·伍尔德里奇:《欧洲比较公司法》,汪丽丽等译,法律出版社 2014 年版,第 6 页。

④ See Adam S. Zimmerman, *Distributing Justice*, New York University Law Review, Vol. 86:2, p. 500 – 572(2011).

⑤ 参见汤欣:《公司治理与资本市场法治》,法律出版社 2015 年版,第 224 页。

正性。然而,此种复审检视毕竟存在一定的局限性。

安然(Enron)财务造假案设立的基金分配方案,对遭受损失的投资者进行补偿的金额采用了事件研究法进行计算;北电(Nortel)财务造假案设立的基金分配方案,[①]戴尔(Dell)虚假陈述案设立的基金分配方案,[②]对遭受损失的投资者进行补偿的金额采用了损失计算价差法进行计算;在"Huntinton 基金的分配方案"中,[③]从 SEC 的公告中看,甚至都没有出现其公布的对遭受损失的投资者进行补偿金额计算采用的损失计算标准。结合上述基金分配方案可以看出,这些涉案设立的公平基金分配方案采用的对遭受损失的投资者进行补偿金额的计算方法不尽相同,不能总结出一致的规律,进而也就不能总结出在对遭受损失的投资者进行补偿时的可预测性的损失计算标准。上述涉案的公平基金分配方案,都没有对选用的损失计算方法的合理性进行说明或者释义,这对具有掌握金融及统计知识与经验的人士判断与理解基金分配方案的正当性与合理性都有一定的困难,因此要求遭受损失的适格投资者按照基金分配方案规定的损失计算方法,准确计算出自身的实际损失更是不切实际。这种涉案公平基金分配方案中采用的损失计算方法没有统一的规律性,采用这种方法的合理性也缺乏 SEC 的说明或者论证,导致由 SEC 负责制定的涉案公平基金分配方案,即使经过法院的复审检视,其对基金分配方案中涉及遭受损失的适格投资者的实际损失等实质性内容的合理性与正当性,也只是停留在形式上的审查,不能进行充分的复审检视。

二、投资者保护基金作为资金来源的赔付分配方案设计的复审检视

为了平衡各方主体的利益,投资者保护基金的启动具有严格的条件。从各国设立投资者保护基金的整体情况来看,鉴于启动投资者保护基金以具有重大性与社会性的证券违法行为作为考量标准,从维护社会公共利益

---

① See Nortel Inc. ,Distribution Plan For Nortel SEC Fair Fund(November 21,2019),http://nortelsecsettlement. com/faq. php#Q1.

② See GCG,The Dell SEC Fair Fund(November 19,2019),http://www. dellsecsettlement. com/index. php.

③ See Order Approving a Plan of Distribution of a Fair Fund and Appointing a Plan Administrator(July 28,2020),https://www. sec. gov/litigation/admin/34 -53495. htm.

的角度出发,在强调可能引发金融风险的基础上,重在对适格投资者的合法权益进行保护,势必适格投资者的确定是为投资者保护基金立法的一个先决性的条件。

当启动投资者保护基金用于对适格投资者的赔偿时,需要严格审查"适格投资者"的概念。由于投资者保护基金的最终目的是保护处于弱势地位的适格投资者,那么从美国 SIPA 确定的适格投资者的情况来看,①其立法所要保护的"适格投资者"是基于证券交易和投资而将资金或者证券托管于证券公司的主体,而非出于其他目的将资金或者证券托管于证券公司的主体。在对投资者保护基金进行立法时,需要对投资者保护基金进行保护的"适格投资者"进行识别,不能做出扁平化的处理。世界上部分国家或者地区现有关于投资者保护基金的立法,是在立法中分别附载了"除外条款",将处于强势地位的投资者以及与其具有利害关系的主体排除在外,如我国香港特区设立的投资者赔偿基金通过《证券及期货条例》,从法律层面明确了不具有受偿资格的主体。② 此外,有些国家在实践的具体操作中,结合本国或者地区的证券市场发展情况,对"适格投资者"的界定进行了更为细化的规定,如率先设立投资者保护基金的加拿大,只针对适格投资者属于其会员的进行保护;美国 SIPC 就不对没有依据 1934 年《证券交易法》注册的投资行为进行保护等。③

当启动投资者保护基金用于对适格投资者进行赔偿时,必须有其在解决证券公司或者违责的主体与适格投资者之间所需要的价值,即投资者保护基金的赔偿必须有所"值"与"指"。结合一些国家或地区投资者保护基金的整体情况来看,为了避免或者防范逆向选择而引发的道德风险,启动投资者保护基金用于对适格投资者的赔偿必须是限制赔付,而非全额赔付。如我国香港特区设立的投资者赔偿基金对每名适格投资者的赔偿上限为 50 万港元;欧盟设立的投资者赔偿基金对每名适格投资者的赔偿上限为 2 万欧元,若低于 2 万欧元,则为索赔额的 90% 。此外,从各国投资者保护基

---

① 参见美国 1970 年《证券投资者保护法》第 16(2)条。

② 参见香港《证券及期货(投资者赔偿——申索)规则》第 2 条。

③ 参见黎四奇:《对我国证券投资者保护基金制度之检讨与反思》,载《现代法学》2008 年第 1 期。

金立法的整体情况来看,其主要是对属于一定范围内的散户投资者或者弱势地位的中小投资者进行保护。[①] 故而,“指”是需要确定特定适格投资者的范围。当启动投资者保护基金对适格投资者进行赔偿时,既要考虑对投资者合法权益的保护,又要考虑避免或者防范逆向选择而引发的道德风险。故而,“值”是确定的赔偿限额可以协调好投资者保护与道德风险的关系。

从理论与实践上看,负责运行和管理投资者保护基金的投资者保护机构是以保护投资者为其活动宗旨发挥其公益性。同时,又鉴于投资者保护基金启动的限制性条件较多,在对将投资者保护基金纳入资金的赔付分配方案进行复审时,就需要特殊主体对“适格投资者”与赔偿限额上限进行审查,即需要对投资者保护基金赔偿的“值”与“指”进行审查。通过对将证券违法行为主体的罚没款纳入资金时的赔付分配方案的复审检视,与将投资者保护基金纳入资金时的赔付分配方案的复审检视进行的分析,可以看出无论哪一种先行赔付资金来源的考量方式,相关机构对其先行赔付分配方案的复审程序只是形式复审,不是对分配方案制作内容进行干预等实质性的复审。原因如下:第一,先行赔付只是作为解决证券民事赔偿纠纷众多方式中的一种解决方式。如果经过复审之后的先行赔付分配方案没有满足受损适格投资者认为的最大利益,那么受损适格投资者在综合成本与效率之后,会考虑选择其他证券民事赔偿纠纷解决方式。也就是说,只要受害投资者没有实际得到完全赔偿,就享有对证券民事赔偿提出诉讼的权利或者可以寻求其他证券民事赔偿纠纷解决方式。第二,按照对受损适格投资者充分补偿并不是多重补偿的原则,即使受害投资者在实际得到赔偿之后,仍旧可以行使对证券民事赔偿的诉求或者寻求其他证券民事赔偿纠纷解决方式。即使受损适格投资者因此暂时获得多重补偿,后期也可通过不当得利请求返还。[②] 第三,形式复审注重对受损适格投资者在程序公正上的权利保护,也是遵循了证券市场先行赔付制度的效率、适当等基本原则。

---

① 一定范围一般是指实施违责行为,作为会员的证券公司。

② 彭冰:《解读〈证券法〉中的先行赔付条款》,载北京大学经济法 2020 年 3 月 30 日,economiclaw. pku. edu. cn/xzzz/1323489. htm。

第五节 证券市场先行赔付主体行使追偿权的模式评析

证券市场先行赔付把“先付”作为该纠纷解决制度发挥功能的核心,必然有“后付”与之相对应,势必绕不开实施“先付”的主体享有的追偿权问题的研究。

只有在先行赔付主体对遭受损失的适格投资者履行完一部分或者全部的证券民事赔偿先行赔付后,才可以行使对其他证券民事赔偿连带责任主体的追偿。先行赔付主体在制定先行赔付具体分配方案的过程中,不仅占据重要角色,而且先行赔付主体的担当与先行赔付主体追偿权的落实,这两个问题是一环扣一环。要想使先行赔付在投资者保护领域形成一项长效机制,绕不开先行赔付主体追偿权的实现。先行赔付主体追偿权的实现是保障前期先行赔付分配方案得以贯彻执行的根本。故而,有必要把先行赔付主体行使的追偿权问题放在证券市场先行赔付的基本程序中进行讨论。鉴于前期的公平基金是将对证券违法行为主体收缴的违法所得、民事罚款用于对遭受损失的适格投资者进行分配的专项基金的典型,以及投资者保护基金是对符合一定条件的受损适格投资者进行补偿的专项基金的典型,下面结合探讨先行赔付资金来源的考量方式,来展开对证券市场先行赔付主体行使追偿权模式的研究。

一、证券违法行为主体的罚没款作为资金来源的追偿权模式的评析

《SOA 法案》正式确定的公平基金制度,作为一项证券执法中的公共补偿制度,离不开 SEC 在该制度中发挥的重要作用。SEC 通过制定涉案设立的公平基金分配方案,最终将对证券欺诈行为主体追缴的违法所得、民事罚款、和解金以组成“基金”的形式,对遭受损失的投资者进行补偿。① 可以说,美国确立的公平基金制度,都是以“一案一设”的“专项基金”模式用于对受损适格投资者的先行赔付。该制度中对受损投资者进行补偿的先行

① 参见美国 2002 年《萨班斯 - 奥克斯利法案》第 308 条。

赔付主体,与证券欺诈行为主体紧密相关。结合前文对将证券违法行为主体的罚没款纳入资金时的启动主体探析,虽然启动涉案成立公平基金的主体是 SEC 或者法院,但是结合公平基金制度在立法与实践中对赔付主体范围的界定,只要符合非法活动采用的欺骗性手段等前置性条件的主体,都可以成为公平基金制度中主张的对受损适格投资者进行补偿的最终赔付主体。换言之,在证券发行与交易阶段,实施欺诈行为给投资者造成实际损失的公司、公司的高级管理人员、投资银行、会计师事务所及其他直接负责人员,才是需要对受损适格投资者承担证券民事赔偿的最终责任主体。

在证券市场中,当投资者因违法行为遭受实际损失时,由投资者或者公共机构提起的侵权诉讼,是为寻求对作为受害人的投资者的证券民事赔偿,此时投资者享有对证券违法行为主体的赔偿请求权。结合《SOA 法案》正式确定的公平基金,投资者依法享有的损害赔偿返还请求权,成为公平基金享有对证券违法行为主体主张的返还的权利,这是对最终的责任主体施加的及时返还的义务。该返还的义务由涉案成立的公平基金先予执行。由于公平基金的资金来源主要是由证券违法行为主体的违法所得、民事罚款组成,公平基金先予执行,就是将对证券违法行为主体收缴的违法所得、民事罚款用来赔偿遭受实际损失的适格投资者。公平基金这种“先罚后赔”的模式,实际上是公平基金代最终的责任主体履行了对受损适格投资者的返还义务,利用证券违法行为主体的罚没款先予执行之后,自然享有对最终责任主体的追偿权。①

二、投资者保护基金作为资金来源的追偿权模式的评析

投资者保护基金虽然并非以“一案一设”的“专项基金”模式用于对受损适格投资者进行先期执行与赔付,而以“资金池”的模式设立的基金用于对受损适格投资者进行先期执行与赔付,但是与公平基金对不当获利返还

---

① 参见张春丽:《证券欺诈赔偿责任的理论构成与制度完善》,载《经济法研究》2018 年第 2 期;张春丽:《论我国证券欺诈赔偿责任机制的完善》,载《法律科学(西北政法大学学报)》2014 年第 3 期。

原则与矫正正义原则的适用有相似之处。结合前文对将投资者保护基金纳入资金来源时的启动主体探析,虽然投资者保护基金赔偿程序不一定必须由证券监督管理机构或者其他行政机关介入,但是结合投资者保护基金在立法与实践中对赔付主体范围的界定,不能因投资者赔偿公司负责运行投资者赔偿基金,先行支付投资者赔偿基金给遭受损失的投资者,投资者赔偿公司就被视为先行赔付主体。如果被视为先行支付主体,则更为合适。结合我国香港特区设立的投资者赔偿基金,从投资者赔偿基金拨款,用于赔偿作为申索人的受损适格投资者时,与其对应的支付主体是 ICC 与 SFC。换言之,证券公司或者犯有违责行为的中介人才是最终需要向遭受损失的适格投资者承担赔偿的责任主体。

在证券市场中,当投资者因中介违法行为遭受实际损失,并非受到大多数国家或者地区设立的投资者保护基金的保护。不管设立投资者保护基金的赔付对象范围如何,投资者保护基金是对遭受损失的特定情形下的适格投资者进行补偿的专项基金。当投资者不管是因证券公司发生破产,还是因中介人实施欺诈、不当等违责的行为而遭受损失,证券公司或者中介人因对投资者的资金或者财产发生不公平的转移,就已经存在过错。此时,遭受损失的投资者提起的侵权诉讼,是为寻求证券民事赔偿,享有对证券公司或者中介人等证券违法行为主体的赔偿请求权。投资者依法享有的损害赔偿返还请求权,是投资者保护基金享有的对证券违法行为主体主张的返还权利,这是对作为最终承担赔偿责任主体的证券公司或者犯有违责行为的中介人施加的及时返还的义务,该返还的义务由投资者保护基金先予执行。[①] 投资者保护基金先予执行,实际上就是投资者保护基金代最终承担赔偿责任主体的证券公司或者犯有违责行为的中介人履行对受损适格投资者的返还义务,因此投资者保护基金自然享有对作为最终承担赔偿责任主体的证券公司或者犯有违责行为的中介人的追偿权。

当投资者保护基金用于对受损适格投资者先期执行与赔付后,就应该

---

① 参见张春丽:《证券欺诈赔偿责任的理论构成与制度完善》,载《经济法研究》2018 年第 2 期;张春丽:《论我国证券欺诈赔偿责任机制的完善》,载《法律科学(西北政法大学学报)》2014 年第 3 期。

引入代位求偿权，享有适格投资者就该项损失而享有的一切权利及补救，须在投资者保护基金赔付范围内，由负责运作的投资者保护机构代位享有。这样有利于证券民事赔偿责任的公平分配，是证券市场先行赔付制度可持续化的重要保障。结合我国香港特区设立投资者赔偿基金对证券违责主体造成的投资者损失进行赔偿来看，其制定的《证券及期货条例》第243条，规定了关于从投资者赔偿基金拨款支付给受害投资者后，证监会在申索人权利等方面享有的代位权等事项。也即证监会用投资者赔偿基金赔付受害投资者申索实际损失后，享有受害投资者就该项实际损失的一切权利，须在投资者赔偿基金赔偿范围内由证监会代位受害投资者享有。证监会依据代位求偿权所得的一切资产，须纳入投资者赔偿基金。香港证监会在利用投资者赔偿基金偿付受害投资者后享有的追偿权，以不能超出受害投资者就该项实际损失享有的一切权利的范围为基础。

此外，也有学者认为投资者保护基金公司可以投资者保护基金进行赔偿的范围为限，以自己的名义代为提起求偿诉讼。[1] 同时，如果发生投资者保护基金公司进行追偿时的发行人或者其他连带责任破产的情形，投资者保护基金公司的追偿权与普通债权或者其他担保债权的优先性如何分配？有学者认为，从保护普通债权和投资者保护基金公司积极履行对投资者权益保护的角度来讲，不宜授权投资者保护基金公司代位受害投资者的追偿权。[2] 也有学者认为，为了保障先行赔付制度的可持续性，以及降低先行赔付制度实施过程中的风险，应在仅次于担保债权、劳动债权，并优先于其他普通破产债权的基础上，考虑授权投资者保护基金公司代位受害投资者的追偿权问题。[3] 实际上，不论以何种方式平衡，都是以不能超出受害投资者就实际损失享有的一切权利的范围为基础。当发生发行人或者其他连带责任主体已经没有财产或者已有财产已经不足以承担对投资者保护机构行使追偿权的证券民事赔偿责任时，其不能优先于担保债权、劳动债权。至于与普通债权的优先权问题，并不存在谁先谁后，需要结合证券违法行为的严重

① 参见张东昌：《证券市场先行赔付制度的法律构造——以投资者保护基金为中心》，载《证券市场导报》2015年第2期。

② 同上。

③ 参见陈洁：《证券市场先期赔付制度的引入及适用》，载《法律适用》2015年第8期。

程度具体情况具体分析。为了避免持久不决,需要引进第三方机构或者经人民法院主持,达成具有强制执行力的协议,来尽量避免可能会因优先求偿权经久不绝而产生的其他利益纠纷等问题。

第六节 我国证券市场先行赔付在赔付程序上的实证分析及其立法完善

一、我国证券市场先行赔付在赔付程序上的实证分析

(一)启动主体探析

我国证券市场先行赔付作为一项非强制性的投资者保护措施,仅有处于弱势地位的遭受损失适格投资者的主动申请,而没有证券监督管理机构行政权力的强制性干涉或者其他吸引先行赔付主体眼球的可期待利益,注定遭受损失的投资者不可能成为仅有先行赔付主体主动地以其自有资金作为先行赔付资金时的启动主体。先行赔付主体通过评估遭受损失的适格投资者的人数以及受损程度,衡量以其自有资金主动进行先行赔付的成本,与先行赔付受损适格投资者后的自身声誉资本、受处罚程度以及行使追偿权后的收益,综合证券监督管理机构的宏观经济决策要求,决定是否对受损适格投资者进行先行赔付。

从我国证券市场先行赔付的实践经验来看,兴业证券以发布其拟定的因欣泰电气欺诈发行而遭受损失的适格投资者可以先行获得赔偿的"投资者专项基金"的公告,作为启动需要依赖兴业证券以其自有资金主动参与先行赔付程序的前提。[①] 平安证券以发布其拟定的因万福生科虚假陈述而遭受损失的适格投资者可以先行获得赔偿的"投资者专项基金"的公告,作为启动需要依赖平安证券以其自有资金主动参与先行赔付程序的前提。[②] 海联讯的控股股东及其他主要股东以发布其拟定的因海联讯虚假陈述而遭受损失

---

① 兴业证券:《关于设立欣泰电气欺诈发行先行赔付专项基金的公告》,载网易2020年2月26日,http://quotes.money.163.com/f10/ggmx_601377_3481204.html。

② 《平安证券关于设立万福生科事件投资者补偿基金公告的问答》,载新浪财经2013年5月10日,http://finance.sina.com.cn/stock/y/20130510/165215422771.shtml。

的适格投资者可以先行获得赔偿的“投资者专项基金”的公告,作为启动需要依赖海联讯的主要股东以其自有资金主动参与先行赔付程序的前提。由此可以看出,上述发生在我国的三起先行赔付案件,需要启动先行赔付程序对因发行人的欺诈发行或者虚假陈述而遭受损失的适格投资者进行先行赔付的主体,并非出自涉案的受损适格投资者,而是出自案中需要向受损适格投资者承担先行赔偿的先行赔付主体。

先行赔付主体对其自有资金依法享有绝对的使用权与处分权。结合2019年《证券法》对证券市场先行赔付制度的法律规定来看,①对因发行人实施的重大证券违法行为而遭受损失的投资者进行赔偿,是“先行赔付主体”可以委托投资者保护机构就赔偿事宜与投资者达成协议,而不是“投资者”因发行人的重大证券违法行为而遭受损失,可以委托投资者保护机构就赔偿事宜与先行赔付主体达成协议。由此可以看出,当先行赔付主体主动以其自有资金作为先行赔付资金时,立法者是从鼓励的角度,而非强制性的角度使法定先行赔付主体通过先行赔偿进行对投资者的保护。故而,我国证券市场先行赔付程序的启动主体,也仅是先行赔付主体。

(二)启动时间探析

从已经发生的“万福生科先行赔付案”看,作为先行赔付主体的平安证券在发行人受到行政处罚前成立“投资者专项基金”用于对遭受损失的适格投资者的赔偿。② “海联讯先行赔付案”中,作为先行赔付主体的控股股东及其他主要股东也是在发行人受到行政处罚前成立“投资者专项基金”用于对遭受损失的适格投资者的赔偿。③ 只有“欣泰电气先行赔付案”中,作为先行赔付主体的兴业证券是在发行人受到行政处罚后成立“投资者专项基金”用于对遭受损失的适格投资者的赔偿,④启动先行赔付模式的时间相对迟缓。由此可以看出,通过启动证券市场先行赔付程序对遭受损失的

---

① 参见我国2019年《证券法》第93条。

② 《万福生科虚假陈述事件投资者利益补偿专栏》,载中国证券投资者保护基金有限责任公司2013年5月13日,http://www.sipf.com.cn/sy/ttzyxw/2013/05/1746.shtml。

③ 《海联讯虚假陈述事件投资者利益补偿专项基金专栏》,载中国证券投资者保护基金有限责任公司2014年7月18日,http://www.sipf.com.cn/hlx/index.html。

④ 《欣泰电气欺诈发行先行赔付专项基金》,载中国证券投资者保护基金有限责任公司2013年5月13日,http://www.sipf.com.cn/investor/index.html。

适格投资者进行赔偿的行为,有的发生在证券监督管理机构对实施欺诈发行或者虚假陈述等证券违法行为涉及的相关责任主体的行政处罚之前,也有的发生在其后。

有学者指出,证券市场先行赔付的"先行"是先于发行人、上市公司承担赔偿责任的行政处罚之前、人民法院作出的判决之前。① 结合我国已经发生的"欣泰电气先行赔付案"来看,证券市场先行赔付的"先行"启动时间是在证监会对发行人欣泰电气作出行政处罚之后,人民法院作出承担证券民事赔偿的判决之前。先行赔付主体主动地以其自有资金作为资金来源时的证券市场先行赔付模式的启动时间,或许本不应当受到严格的时间节点的限制。

我国在解决证券民事赔偿纠纷时采取的证券市场先行赔付模式,从宏观层面来讲,主要是为了区别与采用诉讼模式解决的证券民事赔偿纠纷。"先行"旨在从对因发行人实施的重大违法行为而遭受损失的适格投资者进行及时、有效的赔偿的角度考虑。这有别于在我国证券市场"重行(刑)轻民"的法治环境下,以往证券违法行为主体在上缴行政罚款或者刑事罚金之后,面对庞大的受损投资者数量,已经无力承担受损适格投资者的全部实际损失的情况。对于受损的适格投资者来说,证券违法行为主体一旦对其造成实际损害,虽然违法主体可以受到证券监管机构一定程度上的威慑,但是受损适格投资者遭受的实际损失已经无力挽回。② 某种程度上,相比证券监督管理机构或者司法机关对证券违法行为主体的行政处罚或者刑事责任的追究,受损适格投资者更为重视因证券违法行为主体对其造成的实际损失能够及时获得有效的弥补。③ 此时,在证券市场上采取"先行"赔付用来解决证券民事赔偿纠纷,不仅弥补了证券民事赔偿诉讼运行中的缺陷,

① 参见陈洁:《证券市场先期赔付制度的引入及适用》,载《法律适用》2015年第8期。

② 对于受损的适格投资者来说,证券违法行为被揭露,严密的事前监管和事中监管已无力回天,事后监管也只能对违法行为主体构成一定的威慑,无法有效弥补投资者的现实损失。参见赵吟:《证券市场先行赔付的理论疏解与规则进路》,载《中南大学学报(社会科学版)》2018年第3期。

③ See Mclean R. David & Zhang TianYu & Zhao MengXin, *Why Does the Law Matter? Investor Protection and Its Effects on Investment, Finance, and Growth*, The Journal of Finance, Vol. 67:1, p. 313 - 350(2012).

最为重要的是还提高了投资者获得证券民事赔偿的效率。[①] 故而，结合证券市场先行赔付制度本应遵循的原则与其宏观层面的内涵厘定来看，先行赔付主体为了彰显其对投资者合法权益保护的诚意，如果没有合理的理由，最迟也应在对发行人承担赔偿责任的行政处罚之后，人民法院作出判决之前委托投资者保护机构与投资者就先行赔偿事宜进行协商。

（三）赔付分配方案设计的程序分析

从已经发生的先行赔付案件来看，当证券市场先行赔付主体意欲启动先行赔付模式对遭受损失的适格投资者进行先行赔偿时，作为先行赔付主体的平安证券、海联讯主要控股股东及兴业证券都是广泛征求有关财务、法律专家的意见，[②]经过多次反复的论证，才最终确定涉及赔付对象、赔付范围、赔付的计算方法以及先行赔付的基本流程等具体事项内容的先行赔付方案。如海联讯先行赔付方案，是在投保基金公司的协调以及有关主体反复的论证下，由海联讯的主要股东作为先行赔付主体，最初形成了对遭受损失的适格投资者进行先予执行与赔付的三个方案，最后选择对受损适格投资者赔偿金额最高的方案。[③] 由此可以看出，先行赔付分配方案的制定已然表现出较大的程序正义。

结合我国先后发生的三起先行赔付案件来看，后面发生的先行赔付案件都在总结前期案件形成的经验，朝着有利于受损适格投资者的方向出发。如通过简化赔付基本流程以及减少受损适格投资者申报步骤，细化确定赔偿对象标准的方式，尽量使遭受损失的适格投资者被涵盖到先行赔付的赔付范围内。然而，我国发生的三起先行赔付案件，不管从形式上如何简化对受损适格投资者的赔偿程序或者优化受损适格投资者获得最高赔偿的程序，基本上都是由先行赔付主体对先行赔付方案进行设计，并没有向遭受损失的适格投资者广泛征询先行赔付设计分配方案的意见或者召开投资者专题听证会。受损适格投资者积极参与到先行赔付分配方案设计的程序中，是从确保受损适格投资者合法利益得到最大化保护与有利于先行赔付方案

① 参见郭艳芳：《证券市场先行赔付主体的法律界定》，载《法治论坛》2020 年第 4 期。

② 参见陈洁：《证券市场先期赔付制度的引入及适用》，载《法律适用》2015 年第 8 期。

③ 参见赵吟：《证券市场先行赔付的理论疏解与规则进路》，载《中南大学学报（社会科学版）》2018 年第 3 期。

可以得到具体的贯彻落实的角度出发，旨在为投资者提供如下权利：一是了解不利于己方的证据；二是向听证机构提出异议等相关意见。[①]

由于不同主体所处的角色及其地位决定着其追求的利益有轻重或者主次之别，具有专业优势的投资者保护机构或者其他财政、法律专家不可能完全替代受损适格投资者，表达对证券损害赔偿的意愿。毕竟对专家意见和官方意见适用的是合理信赖标准，对非专家意见采用的是合理调查标准，如果虚假陈述出现在招股说明书的其他地方，则应适用更严格的合理调查标准。[②] 同时，鉴于受损适格投资者人数的不特定性，要求每一位受损适格投资者必须参与到先行赔付分配方案设计的程序中，不太现实。投资者与先行赔付主体或者其他参与主体之间存在的信息不对称和金融自身所固有的风险存在的不确定性，因而任何想依赖未来情况并制定完备协议的做法，都难以实现。[③] 故而，受损适格投资者不行使申请参与权利与参与权利被剥夺是两码事，投资者自身掌握主动权与被动权是最主要的区别。

从 2019 年《证券法》中对证券市场先行赔付制度的规定来看，先行赔付主体委托投资者保护基金与受损适格投资者就赔偿事宜最终达成先行赔付方案，需要处理以下问题：其一，当投资者因发行人的欺诈发行或者虚假陈述等证券违法行为遭受损失时，受损适格投资者自身还未曾意识到已经遭受到的损失，而且哪些才属于受损适格投资者范围以及人数都暂未确定。如何才能高效履行就赔偿事宜达成的协议？其二，证券市场对证券民事赔偿纠纷解决方式的实践摸索，并非先行赔付这一种模式，不同的证券民事赔偿纠纷解决方式各有优势与劣势。先行赔付主体在发布设立“投资者专项基金”的公告时，关于揭露日、更正日的确定或者确定几个更正日等事项，都直接关系着先行赔付方案对受损适格投资者的赔偿范围。受损适格投资者在接受先行赔付主体的先行赔付方案，获得先行赔偿金后，将面临对证券

---

① See Leyland Peter & Anthony Gordon, *Textbook on Administrative Law*, Oxford UniversityPress, 2016, p. 388 – 389.

② See William K. Sjostrom Jr., *The Due Diligence Defense under Section* 11 *of the Securities Act of* 1933, Brandeis Law Journal, Vol. 44:3, p. 549 – 610(2006).

③ See John H. Langbein, *The Contractarian Basis of the Law of Trusts*, Yale Law Journal, Vol. 105:3, p. 625 – 676(1995).

民事赔偿诉讼权利的放弃,那么受损适格投资者如何在先行赔付与其他证券民事纠纷解决方式中做出抉择?

虽然在先行赔付主体主动地以其自有资金参与的先行赔付过程中,制定具体的、事无巨细的先行赔付方案不太现实,但是上述两个问题,便直接涉及受损适格投资者的重大权益保护。在与其他证券民事赔偿纠纷解决方式比较之下,投资者做出接受先行赔付方案的抉择,便于先行赔付方案的贯彻落实。受损适格投资者虽然对何种证券纠纷解救方式更适合对自身合法权益的最大化救济的理解达不到"知己知彼,百战不殆"的状态,但是经过由受损适格投资者参与的听证程序确定下来的先行赔偿方案,不仅有利于不特定的受损适格投资者通过听证程序参与到与先行赔付主体就赔偿事宜的协商中,更有利于受损适格投资者完全理解先行赔付方案对维护自身合法权益的最大化民事救济。① 在先行赔付主体委托投资者保护机构与投资者就赔偿事宜达成协议时,出自公正性与公平性的考虑,必须设立由受损适格投资者参与的听证程序。不能为了凸显先行赔付模式区别于其他证券民事赔偿纠纷解决方式的及时、效率特征,就忽视制定先行赔付方案程序的正当性与合理性。毕竟解决证券民事赔偿纠纷的方式并非先行赔付一种,如果以忽视先行赔付方案制定程序的正当性与合理性,来彰显先行赔付模式的及时、效率特点,那么最终这一证券民事赔偿纠纷解决方式在实践中,长期来看并不会得到具体有效地落实。

这种主要由先行赔付主体一方设计的先行赔付分配方案至少从方案制定的程序上来说,缺少公正性。即使三起先行赔付案件中的受损适格投资者普遍接受了先行赔付主体单方设计的赔付分配方案,并没有因欠缺投资者的听证程序而产生实际的社会影响。然而,2019 年《证券法》增加投资保护专章,强化了对投资者合法权益的保护,也提高了投资者对自身合法权益的保护意识。在先行赔付的实践探索中,如果继续主要由先行赔付主体一方设计赔付分配方案,缺少受损投资者参与的听证环节,势必会间接剥夺受损投资者的质询权以及发言权等权利。受损适格投资者也会在与其他证券

① 参见赵吟:《证券市场先行赔付的理论疏解与规则进路》,载《中南大学学报(社会科学版)》2018 年第 3 期。

民事赔偿纠纷解决方式比较之后,对先行赔付分配方案的制定与实施产生质疑,导致先行赔付分配方案因制定程序上存在的缺陷而不能顺利实施。故而,先行赔付分配方案的制作过程需要遵循“公开”“公正”“公平”的原则,促使遭受损失的适格投资者充分地参与进来。如果缺少听证程序这一环节或者缺少其他促使受损适格投资者实现其享有的参与权的程序,势必会导致遭受损失的适格投资者不能就赔偿的计算或者赔付对象范围的界定等问题与先行赔付过程中涉及的其他主体进行充分的协商。

(四)赔付分配方案设计的复审检视

从已经发生的先行赔付案件来看,在证券市场先行赔付主体作为启动先行赔付程序的主体,发布涉案成立的“专项基金”公告之前,都会积极征求财务、法律及其他领域专家的建议,①经过反复的论证后,才将最终确定的涉及赔付对象、赔付范围、赔付的计算方法以及先行赔付程序的基本流程等具体事项公布于众。流程如下:公告(设立投资者专项基金)——查询(投资者查询具体赔付金额)——申报(受损适格投资者索赔申请或者自动化程序接收方案和解,确认指令)——资金划拨受损适格投资者账户。同时,先行赔付主体对没有获得专项补偿基金的受损适格投资者规定了后续补偿的流程,主要是在合理的时间内按照前期先行赔付的流程继续对受损适格投资者进行后续的补偿。

然而,前文对以先行赔付主体主动地以其自有资金纳入资金来源时的赔付分配方案设计的程序进行分析时,已经证明遭受损失的适格投资者并没有充分参与到赔付分配方案的设计程序中,甚至剥夺了受损适格投资者的听证权以及质询权。在以受损适格投资者能否及时、有效地获得赔偿作为重要依据的先行赔付分配方案中,如果没有受损适格投资者的充分参与或者能够完全代表其维护合法权益的主体,只通过先行赔付主体以设立涉案“投资者专项基金”公告的形式,对遭受损失的适格投资者进行救济,那么由受损适格投资者依据已经确定了的先行赔付分配方案进行获得赔偿的申报等程序的正当性与合理性会受到质疑。毕竟不同主体所处的角色及其地位决定着其追求的利益有轻重或者主次之别。与将对证券违法行为主体

① 参见陈洁:《证券市场先期赔付制度的引入及适用》,载《法律适用》2015年第8期。

的罚没款纳入资金时的赔付分配方案的复审检视进行对比来看,我国先行赔付主体主动地以其自有资金纳入资金时的赔付分配方案的复审检视与投资者保护基金纳入资金时的赔付分配方案的复审检视,都是受损适格投资者依据已经确定了的赔付分配方案进行获得赔偿的申报,而不是在赔付分配方案确定之前就充分参与到赔付分配方案的设计程序中。此时,与投资者保护基金纳入资金时的赔付分配方案的复审检视类似,鉴于都有以保护投资者的合法权益为其主要职能的投资者保护机构的参与,在对受损适格投资者申请获得赔偿作为主要依据的已经确定了的先行赔付分配方案的设计程序中,形式上欠缺了对主要由先行赔付主体确定并公告的赔付分配方案进行的复审。

(五)追偿权模式评析

结合2019年《证券法》第93条的内容来看,立法者已经意识到,在证券市场先行赔付制度非强制性的规定下,如果没有对法定的先行赔付主体进行职责划分或者规定赔付主体实施先予执行与赔付的顺序,则可以通过赋予先行赔付主体享有追偿权,来促使其"先行"承担对受损适格投资者的赔偿。故而,先行赔付主体后续是否能够向其他证券民事赔偿连带责任主体追偿超过自身应当担负的民事赔偿金,则是证券市场先行赔付主体更为关注的问题,也是直接影响先行赔付制度是否可以在投资者保护领域形成一项长效机制的关键。

在"万福生科先行赔付案"中,平安证券在其向受损适格投资者进行先行赔付之前,已经事先声明保留对万福生科与其他证券民事赔偿连带责任主体的追偿权,[①]来确保自己先行赔付后追偿权的行使以及超额民事赔偿金的追回。然而,平安证券作为先行赔付主体建立"投资者专项基金"用于对受损适格投资者的赔偿后,并没有向其他证券民事赔偿连带责任主体通过行使追偿权,追回其承担的超额民事赔偿金,最终以平安证券对受损适格投资者承担的超额民事赔偿金并没有完全追回,不了了之。[②] 在"欣泰电气

① 《万福生科虚假陈述事件投资者利益补偿专栏》,载中国证券投资者保护基金有限责任公司2013年5月13日,http://www.sipf.com.cn/sy/ttzyxw/2013/05/1746.shtml。

② 参见黄帆:《先行赔付细节未定 五方协议引热议》,载《证券日报》2016年3月4日,第A11版。

先行赔付案”中，兴业证券作为证券市场先行赔付主体及时对受损适格投资者进行先行赔偿，不仅没有得到发行欺诈行为人欣泰电气的理解，反而被欣泰电气以保荐机构不能只荐不保，没有履行勤勉义务为由，先于兴业证券提起对兴业证券的诉讼。[①] 兴业证券也在完成第一阶段对受损适格投资者的先行赔付后，对欣泰电气、欣泰电气的控股股东及其他证券民事赔偿连带责任主体提起诉讼。同时，一部分因欣泰电气欺诈发行行为而遭受损失的投资者并没有与兴业证券就赔偿事宜达成协议，而是另行提起诉讼。在兴业证券完成对受损适格投资者的损害赔偿后，其他部分证券民事赔偿连带主体即使承认自身在欣泰电气发行中存在一定的民事赔偿责任，但对兴业证券的先行赔付方案并不完全认同，认为因兴业证券自身原因向受损适格投资者承担的超额民事损害赔偿金应由兴业证券自身承担。由此可以看出，本来由兴业证券作为先行赔付主体对受损适格投资者进行先行赔付是为了及时解决证券市场民事侵权纠纷，使证券市场快速恢复稳定的发展，但是从实践来看，此举不仅没有及时稳定证券市场，反而造成了涉及证券市场先行赔付相关主体的“诉讼混战”。

对受损适格投资者进行赔付后向其他连带责任主体进行追偿的问题，多数学者要么只是以一句“向其他连带责任主体追偿”一笔带过，要么是以主体间的责任划分是另外一个问题而回避。从“万福生科先行赔付案”与“欣泰电气先行赔付案”的先行赔付主体对其他连带责任主体追偿受阻的情况来看，[②]正因为先行赔付主体与受损适格投资者达成的先行赔付协议不受制于行政裁决或者司法判决的影响，已经生效并执行完毕的先行赔付方案在没有得到司法裁决确认其强制执行效力的情况下，无法保障作为先行赔付主体的责任主体对受损适格投资者承担的超出其应承担民事赔偿责任的追偿权，成为制约责任主体作为先行赔付主体积极性的主要因素之一。故而，要想使先行赔付制度在投资者保护领域形成一项长效机制，绕不开先行赔付主体追偿权的实现。

---

① 参见朱邦凌：《招股说明书的股份回购条款不是摆设》，载《证券时报》2017 年 9 月 25 日，第 A03 版。

② 参见黄帆：《先行赔付细节未定 五方协议引热议》，载《证券日报》2016 年 3 月 4 日，第 A11 版。

综上,如果立法者从鼓励的角度促使先行赔付主体能够主动地"先行"承担对受损适格投资者的赔偿,至少要排除先行赔付主体的"后顾之忧",即法律上必须为先行赔付主体提供可以追回超过自身应负担的赔偿金额的保障措施,并且该项措施必须具有可行性。从这一角度出发,正是因为证券法律制度未对先行赔付主体提供可靠的保障措施,实践中才会使先行赔付主体不仅为不能完全追回超过自身应负担的赔偿金额而承担较大风险责任,还深陷"诉讼混战"的泥沼,为自身带来额外的纷争。

二、我国证券市场先行赔付在赔付程序上的立法完善

通过与将证券违法行为主体的罚没款纳入资金来源时的启动主体与投资者保护基金纳入资金来源时的启动主体进行探析的对比来看,我国先行赔付主体主动地以其自有资金纳入资金来源时的启动主体相对比较简单,先行赔付主体对其自有资金依法享有绝对的使用权与处分权,由其作为证券市场先行赔付程序的启动主体。同时,结合先行赔付资金来源的三种考量方式比较分析发现,先行赔付资金来源的多元化与先行赔付分配实施方案进程的耗时长短有密切关系。我国先行赔付主体主动地以其自有资金作为资金来源,以及我国在解决证券民事赔偿纠纷时采取的证券市场先行赔付模式,从宏观层面来讲主要是为了与采用诉讼模式解决证券民事赔偿纠纷相区别。故而,我国关于证券市场先行赔付启动主体与启动时间的规定,比较适合现阶段我国证券市场赔付"先行"的内涵厘定与客观背景,不再详述。然而,对于在证券市场先行赔付程序中的其他问题仍旧需要进一步完善:

(一)受损适格投资者参与赔付分配方案设计程序的立法完善

不同主体所处的角色及地位决定着其追求的利益有轻重或者主次之别。由先行赔付主体主要负责设计的先行赔付分配方案至少从方案制定的程序上来说,既然有对遭受损失的适格投资者进行先行赔付的主动意愿,那么在制定先行赔付方案的过程中,就不会总朝着维护自身利益的方向设置条款,当然也不可排除对维护受损投资者利益条款的部分删减或者直接忽略。然而,由于受损的适格投资者的人数是不确定的公众投资者,要实现受损的适格投资者与法定先行赔付主体或者法定先行赔付主体委托的投资者

保护机构能够一对一地进行磋商不具有现实的可行性。公平基金参与的先行赔付模式对分配方案做出的程序设计,如在SEC拟定的基金分配方案通过公告或者其他方式公开时,受损适格投资者可以以书面的方式提出建议,以及SEC遵循正当程序原则对证券违法主体作出处罚时采取的听证程序,①为我国证券市场先行赔付分配方案在程序设计方面的完善提供了借鉴。

法定先行赔付主体可以先行拟定先行赔付"预案",并且载明如果对涉案"投资者专项基金"分配方案内容持有意见者,在特定的时间范围内可以以书面的方式提交其建议。在法定先行赔付主体拟定的先行赔付"预案"通过公告的形式予以公布,得到确定执行之前,确实存在受损适格投资者针对"预案"提出的书面意见,则法定先行赔付主体会审核书面意见,考虑是否将先期拟定的涉案"投资者专项基金"分配方案进行修改并重新公告,展现了对遭受损失的适格投资者参与到涉及其切身利益的"投资者专项基金"分配方案程序中的充分尊重。同时,也可以设置由投资者保护机构或者其他公益性特定机构主持的所证,并经其确认举行听证的时间与地点后,接受投资者、投资者委托的机构或者自然人(包括证券维权律师)在内的申请,允许其参与先行赔付方案的听证。不能因为法定先行赔付主体在制定先行赔付"预案"时,已经征求实务界与学术界的专家意见或者投资者保护机构的意见,就忽视受损适格投资者直接参与听证的权利。毕竟处于不同地位、不同角度的机构或者代理人无法与受损适格投资者对自身实际损失的认识与理解一致。

(二)建构复审检视程序的立法完善

先行赔付主体对其自有资金依法享有绝对的使用权与处分权。当其作为以其自有资金主动地对遭受损失的适格投资者进行先行赔付的启动主体,对广泛征求相关领域专家以及受损适格投资者的意见,经过多次反复论证,才最终提出对受损适格投资者进行充分补偿的先行赔付分配方案时,遭

---

① 根据美国《联邦行政程序法》第554条(b)款的规定,当事人有权就听证的时间、地点和性质、举行听证的法律权限和管辖范围,以及所涉及的其他事实和法律问题等事项及时得到行政机关的听证通知。

受损失的投资者可以选择,也可以自愿放弃以赔付分配方案的方式获得赔偿。根据我国已发生的先行赔付案件,当遭受损失的投资者选择先行赔付模式获得赔偿时,先行赔付主体在设立的涉案"投资者专项基金"公告的内容中,基本上都告知投资者如果选择先行赔付方式,就需要放弃对其他连带责任主体的索赔。为了有利于后期先行赔付分配方案的落实,先行赔付主体在制定赔付分配方案的过程中,不能仅为了凸显先行赔付模式区别于其他证券民事赔偿纠纷解决方式的及时、有效等特征,就忽视了先行赔付最终的目的是对投资者进行保护,需要尽可能保障先行赔付分配方案程序的正当性与合理性。

通过对将证券违法行为主体的罚没款纳入资金来源时的赔付分配方案的复审检视,与将投资者保护基金纳入资金来源时的赔付分配方案的复审检视进行的分析,相关机构对其先行赔付分配方案的复审只是形式复审,不是对分配方案制作内容进行干预等实质性的复审。故而,我国先行赔付主体主动的以其自有资金纳入资金时的赔付分配方案的确定,经过特定的机构对最终达成的先行赔付分配方案进行形式上的复审,不是对分配方案制作内容进行干预等实质性的复审,更能彰显出我国证券市场先行赔付制度遵循效率性原则的重要性,以及对投资者保护的重视。如果在先行赔付分配方案中存在排除受害投资者享有的权利或者不合理、不正当的减轻或者免除先行赔付主体依法应当承担的法定义务等情形,那么应通知先行赔付主体在合理的时间内解决上述问题。如果不存在上述情况,那么应在合理的时间予以审核通过。合理时间的限制,应与证券市场先行赔付制度应当遵循的基本原则相吻合,最迟不得超过先行赔付的启动时间,并且由特定机构明确在制定先行赔付的分配方案中,受损适格投资者与先行赔付主体是否充分行使了各自权利与积极履行了各自义务等。①

此外,如果先行赔付主体没有按照特定机构复审的结果通知解决上述问题,投资者保护机构将不予接受先行赔付主体的委托与遭受损失的适格投资者就赔偿事宜进行协商。至于哪些机构才可以针对先行赔付分配方案进行复审,从程序的公正与正义角度出发,具有独立性、中立性以及专业性

① 如在积极履行各自义务时,先行赔付主体针对损失赔偿标准信息的及时公开是否适当。

质的机构是最佳的特定机构选择。结合我国已发生的先行赔付案件以及2019年《证券法》确定的证券市场先行赔付制度来看,没有可以排除投资者保护机构(如中国证券投资者保护基金有限公司)对先行赔付分配方案进行复审的理由。

(三)落实追偿权配套措施的立法完善

证券市场先行赔付制度把"先行"作为其发挥功能的核心,是以先行赔付主体可以对发行人及其他连带责任主体进行追偿为基础的,但是"享有"追偿权与"实现"追偿权是两回事。[①] 从"万福生科先行赔付案"中,先行赔付主体平安证券最后对发行人万福生科及其他证券民事赔偿连带责任主体追偿不了了之;[②]"欣泰电气先行赔付案"中,先行赔付主体兴业证券对超出自己应承担民事赔偿责任部分对发行人欣泰电气及其他证券民事赔偿连带责任主体追偿受阻的情况来看,作为"实现"先行赔付主体追偿权的关键,即最终赔偿责任的划分仍旧是当前我国学术界与实务界的难题。[③] 美国1933年《证券法》规定了连带责任主体之间追偿权的实现方式,因证券注册虚假陈述而承担民事赔偿责任的先行赔付主体可以根据该法第11节(f)款,[④]向其他连带责任主体就自己过错的程度需承担的民事赔偿责任进行追偿,这意味着减少了先行赔付主体对其他责任主体追偿时承担风险责任的可能。

不管是公平基金以"一案一设"的"专项基金"模式用于对受损适格投资者进行的先期执行与赔付,还是投资者保护基金以"资金池"的模式用于对受损适格投资者进行的先期执行与赔付,两者都是对不当获利返还原则与矫正正义原则的适用。公平基金"先罚后赔",利用证券违法行为主体的罚没款先予执行之后,享有对最终责任主体的追偿权。投资者保护基金先予执行之后,享有对作为最终承担赔偿责任主体的证券公司或者犯有违责行为的中介人的追偿权。我国证券市场先行赔付也是以"一案一设"的"专项基金"模式用于对受损适格投资者进行先予执行与赔付的。虽然从法律

① 参见郭艳芳:《证券市场先行赔付主体的法律界定》,载《法治论坛》2020年第4期。

② 参见黄帆:《先行赔付细节未定 五方协议引热议》,载《证券日报》2016年3月4日,第A11版。

③ 参见肖宇、黄辉:《证券市场先行赔付:法理辨析与制度构建》,载《法学》2019年第8期。

④ 参见美国《1933年证券法》第11条(f)款。

上使先行赔付主体“享有”追偿权，但是从实践的情况来看，追偿权的“实现”仍旧存在困难。[①] 此时，可以考虑通过以下方式对先行赔付主体追偿权的实现进行立法完善：

首先，证券市场先行赔付制度可以考虑不要求对受损适格投资者承担先行赔付的主体，必须以自有资金主要负责全额赔付。如果先行赔付主体不需要单独进行全额赔付，那么实践中就不存在因面对不特定数量的受损适格投资者所需巨额的先行赔付资金而产生的主体赔付能力的问题，势必会对先行赔付主体对受损适格投资者进行赔付需要的资金量要求降低。从我国已经发生的先行赔付案件，证券民事赔偿责任主体作为先行赔付主体独自对受损适格投资者进行全额赔付的情况看，证监会后期对其作出行政处罚时，都会将证券民事赔偿责任主体实施的先行赔付行为，作为酌情从轻处罚的情节予以考虑。资金实力相对较弱的其他主体，在尽自己最大努力承担证券民事赔偿的一部分后，证监会也会根据其实施的先行赔付行为，酌情考虑予以从轻处罚。故而，相对于有足够资金实力可以对受损适格投资者单独进行全额先行赔付的主体而言，不要求把尽最大努力对受损适格投资者进行按份先行赔付的其他主体排斥在外。此举不仅可以鼓励其他证券民事赔偿连带责任主体以按份赔付的方式积极参与到对受损适格投资者进行先行赔付的主体行列中，还可以减少先行赔付主体对其他证券民事赔偿连带责任主体进行追偿时带来的纷争。[②]

其次，先行赔付主体对受损的适格投资者进行的全额赔付，如果超出后期以司法判决确定的其他证券民事赔偿连带责任主体对受损适格投资者承担的赔付金额，那么对超出的部分，在没有非法或者不合理的理由的前提下，可以按照司法判决确定的不同证券民事赔偿连带责任主体之间的责任分配比例分担。[③] 先行赔付主体可以通过司法判决确定的不同证券民事赔

---

① 参见肖宇、黄辉：《证券市场先行赔付：法理辨析与制度构建》，载《法学》2019 年第 8 期；黄帆：《先行赔付细节未定 五方协议引热议》，载《证券日报》2016 年 3 月 4 日，第 A11 版。

② 参见郭艳芳：《探析证券市场先行赔付主体的确定——以新〈证券法〉第 93 条为切入点》，载岳彩申、盛学军主编：《经济法论坛》（第 24 卷），法律出版社 2020 年版。

③ See AdamReiser, *Compensating Defrauded Investors While Preserving the SEC's Mission of Deterrence: A Call for Congress to Counteract the Troubling Consequences of Stoneridge*, Utah Law Review, Vol. 2009:1, p. 257 - 274(2009).

偿连带责任主体之间的责任承担,实现对不超出其承担实际损害赔偿总额的追偿。而以司法判决无法保障的超出部分赔偿金额,仍旧由先行赔付主体在本来就承担风险责任的情况下,[①]再自行承担,无疑会对先行赔付主体产生一定程度的消极影响。先行赔付主体出于对投资者的弱者倾斜性保护原则,作出的未经司法判决的"先行"赔付方案已经执行完毕,对超出部分的赔付没有非法或者不合理的理由时,可借鉴美国司法实践中同样是作为证券违法行为主体的内幕交易人以"吐出利益"的方式向受损的投资者承担民事赔偿责任的思路。按照比例原则对超额赔付金额,应在以司法判决确定的不同连带责任主体承担的责任中进行比例分配,至少从鼓励先行赔付主体遵循弱者倾斜性保护原则进行的以"先行"为核心的赔付出发进行尝试。[②]

最后,完善与证券行政和解制度的有效配合。美国 SEC 的证券行政和解执法机制,不仅发挥了对证券违法行为主体的惩罚功能,还凸显了对遭受损失的投资者的救济功能,[③]一定程度上大大促进了美国证券市场的持续繁荣。[④] 2015 年 2 月 17 日,由证监会公布的《行政和解试点实施办法》(已废止),主要是在证券期货领域试点实行行政和解。证券行政和解比一般的行政和解的规定更为严格,若证监会与行政相对人达成行政和解协议,则终止调查执法,对其不作出任何相关的行政处罚。然而,这一纠纷解决方式并未在法律上正式确认,也并未达到预期的规范效果。从 2015 年 3 月 29 日至 2019 年 12 月底,我国只有 2 起关于证监会与行政和解申请人达成证

---

① 或有责任主体一旦选择作为先行赔付主体,不仅要承担因自身可能存在的过错而向受损的适格投资者进行的证券民事赔偿责任,还可能承担自身没有过错或者自身虽存在过错而超出自己应承担的证券民事赔偿责任部分,面临无法实现对其他连带责任主体进行追偿的风险责任。

② 参见郭艳芳:《探析证券市场先行赔付主体的确定——以新〈证券法〉第 93 条为切入点》,载岳彩申、盛学军主编:《经济法论坛》(第 24 卷),法律出版社 2020 年版。

③ See Yonathan A. Arbel, *Adminization: Gatekeeping Consumer Contracts*, Vanderbilt Law Review, Vol. 71:2, p. 121 – 178 (2018); Christina L. Boyd, *Litigating Toward Settlement*, Journal of Law, Economics, and Organization, Vol. 29:4, p. 898 – 929 (2013).

④ See Parella Kishanthi, *Public Relations Litigation*, Vanderbilt Law Review, Vol. 72:4, p. 1285 – 1333 (2019).

券行政和解协议的案件。① 直到2019年《证券法》颁布，其中第171条才正式确定证券行政和解制度。②

2019年《证券法》在确定证券市场先行赔付制度的同时，并未强制性规定发行人的控股股东、实际控制人、相关的证券公司必须就赔偿事宜与受损适格投资者达成先行赔付协议，并具体贯彻实施。而且，《证券法》没有具体规定先行赔付主体间的具体职责以及先行赔偿的前后顺序。这样，没有哪一方主体会主动承担起对受损适格投资者的先行赔付。③ 为了贯彻我国要把证券市场先行赔付制度作为投资者保护的未来努力方向之一的要求，④就应当对作为革新者的先行赔付主体进行恰当的激励。按照立法者对证券市场先行赔付制度的提倡，从鼓励的角度支持证券市场进行的先行赔付创新性实践思考，正好可以与证券行政和解制度一起发挥制度建设的功能。随着2019年《证券法》加大对证券违法行为主体的处罚力度，当证券市场先行赔付主体与证券民事赔偿连带责任主体发生身份的竞合时，证券民事赔偿连带责任主体可以主动赔偿受损适格投资者的损失，使证监会考虑对其终止调查，并且进一步减轻或者避免对其作出严重的行政处罚，不失为促使证券市场先行赔付主体积极采取先行赔付的一种尝试。⑤

本章小结

证券市场先行赔付作为一种投资者保护模式，其程序上的正义在一定程度上影响着投资者获得赔偿结果上的正义。哪些证券市场参与主体可以启动先行赔付模式对受损适格投资者进行赔偿，这与可以纳入先行赔付的

① 《与相关申请人达成行政和解协议》，载证监会网2019年12月23日，http://www.csrc.gov.cn/pub/newsite/zjhxwfb/xwdd/201904/t20190423_354755.html。

② 参见《证券法》(2019年修订)第171条第1款。

③ 参见郭艳芳：《证券市场先行赔付主体的法律界定》，载《法治论坛》2020年第4期。

④ 《证监会在上海召开投资者座谈会》，载证监会网2019年11月26日，http://www.csrc.gov.cn/newsite/zjhxwfb/xwdd/201806/。

⑤ 参见郭艳芳：《探析证券市场先行赔付主体的确定——以新〈证券法〉第93条为切入点》，载岳彩申、盛学军主编：《经济法论坛》(第24卷)，法律出版社2020年版。

资金有密切关系。将证券违法行为主体的罚没款作为先行赔付资金时，正是由于SEC具有强大的公共执法权力以及法院具有司法权，由此SEC或者联邦法院成为公平基金参与的先行赔付模式的启动主体。当需要启动投资者保护基金参与的先行赔付程序时，一般都离不开证券监督管理机构或者其他行政机关的介入，但是启动投资者保护基金赔偿程序不一定必须由证券监督管理机构或者其他行政机关进行。

在对证券市场先行赔付的启动主体进行探析的同时，绕不开对证券市场先行赔付启动时间的探析。结合公平基金参与的先行赔付模式，以及遵循的证券市场先行赔付制度的基本原则，将证券违法行为主体的罚没款纳入先行赔付资金的启动时间，最早也是发生在SEC或者法院批准了涉事案件设立公平基金的分配计划之后。投资者保护基金参与的先行赔偿程序的启动，看似具有便捷的程序，但是在进入"支付"程序环节，即由投资者保护基金的实施主体对符合获赔资格的投资者进行支付之前，仅第一步的"调查"事实就需要耗费涉案参与的各方主体大量的时间。只有在或有责任主体主动地以其自有资金作为先行赔付的资金，不能足以对遭受损失的适格投资者进行先行赔付时，才会综合各方主体考虑多种评估因素，作出是否启动投资者保护基金作为先行赔付资金时的证券市场先行赔付模式的决定。

证券市场上，不可避免会发生各种主体之间利益的冲突，从而导致利益分配的不均衡或者严重失调。通过对将证券违法行为的罚没款纳入资金来源与将投资者保护基金纳入资金来源时的赔付分配方案的程序进行分析，可以看出先行赔付的分配方案设计在都涉及对赔付主体、赔付对象、赔付的计算方法以及赔付的基本流程等具体事项的同时，受损投资者是否积极有效地参与到赔付分配方案的过程中，也是判断程序公正性的关键。相对来说，将证券违法行为的罚没款纳入资金来源时的赔付分配方案设计的程序，从形式上要比将投资者保护基金纳入资金来源时的赔付分配方案设计的程序更能彰显公正性与合理性。

先行赔付分配方案设计的复审需要与先行赔付分配方案设计中的程序结合在一起进行分析。不管是哪一种先行赔付资金来源的考量方式，这种复核审查只是为了避免或者减少先行赔付分配方案中存在排除受害投资者享有权利或者不合理、不正当的减轻或者免除责任主体以及先行赔付主体依法应当承担的法定义务的情况的出现，只是一种形式复审，并不是对先行赔付分配方案制作内容的干预等实质性复审。

证券市场先行赔付把“先付”作为制度发挥功能的核心，必然有“后付”与之相对应，这就绕不开对实施“先付”的主体享有的追偿权问题的研究。结合先行赔付资金来源的考量方式，在公平基金参与的先行赔付模式下，公平基金代最终的责任主体履行了对受损适格投资者的返还义务，利用对证券违法行为主体的罚没款先予执行之后，自然享有对最终责任主体的追偿权。在投资者保护基金参与的先行赔付模式下，投资者保护基金先予执行，实际上就是投资者保护基金代最终承担赔偿责任主体的证券公司或者犯有违责行为的中介人履行对受损适格投资者的返还义务，自然享有对作为最终承担赔偿责任主体的证券公司或者犯有违责行为的中介人的追偿权。

基于对证券市场先行赔付程序的考量，结合我国证券市场先行赔付程序在启动主体、启动时间、赔付分配方案设计过程中的程序、分配方案设计的复审检视以及追偿权等方面的实践分析，通过与将证券违法行为主体的罚没款纳入资金时的启动主体与将投资者保护基金纳入资金时的启动主体进行探析的对比来看，虽然我国先行赔付主体主动地以其自有资金赔付的启动主体相对比较简单，启动时间的确定也没有那么复杂，但是仍旧需要从受损适格投资者参与赔付分配方案设计程序、分配方案复审检视程序以及追偿权配套措施的落实等方面进行立法完善。

结　语

针对证券市场上发生的虚假陈述、内幕交易、操纵市场等违法行为，相对证券监督管理机关给予违法行为主体的行政处罚或者违法行为主体受到的司法裁判而言，受损投资者更加关注自身合法权益是否得到保障，立法、执法及司法机关是否对其及时、有效地发挥了救济功能。在众多的证券市场违法行为案件中，发生在我国的“万福生科”、“海联讯”及“欣泰电气”等先行赔付案例，成功开启了我国证券法语境下的先行赔付制度可以使受损适格投资者及时获得赔偿问题的有益探索。证监会也把证券市场先行赔付制度作为投资者保护的未来努力方向之一。[①] 虽然我国2019年《证券法》正式确定了证券市场先行赔付制度，但是作为我国证券市场在实践过程中的一种制度创新，该制度在法律层面的规定过于原则，仍旧需要通过设置科学合理的先行赔付具体规则或者实施方案，来凸显证券市场先行赔付制度在众多的证券民事赔偿纠纷解决方式中，以确保投资者受损权益得到充分救济的优势。在我国尚未制定与颁布

---

① 《证监会在上海召开投资者座谈会》，载证监会网2019年11月26日，http://www.csrc.gov.cn/newsite/zjhxwfb/xwdd/201806/。

证券市场先行赔付制度具体规则或者实施方案之前,为回应证券市场先行赔付制度的发展需求和投资者寻求受损利益最大化保护,开始了本书的写作。

先行赔付作为一种制度创新,一直以来承受着多方面的质疑。直至2019年《证券法》在法律层面被正式确认,才体现出立法者对该制度的肯定与鼓励。该制度与证券投资者保护基金制度以及公平基金制度,都是以先期执行与赔付投资者遭受的损害为其主要功能。美国确定的公平基金与我国在及时、有效地解决证券民事赔偿纠纷过程中确立的"投资者专项基金",都是以"一案一设"的"专项基金"模式对受损适格投资者进行先期执行与赔付,以及投资者保护基金以"资金池"的模式对受损适格投资者进行先期执行与赔付,将先行赔付模式分为公平基金参与的先行赔付模式、投资者保护基金参与的先行赔付模式、或有责任主体以其自有资金主动参与的先行赔付模式。

先行赔付分配方案得到具体的落实,需要由双方主体遵循自愿原则,按照合法、正当的程序,就赔偿事宜达成协议。本书通篇的行文逻辑便在上述考量中得以彰显,即遵循"基础性问题—先行赔付主体范围的法律界定—赔付对象范围的法律界定—资金来源的法律考量—赔付程序的法律考量"这一逻辑进路展开论述。

"冰冻三尺,非一日之寒。"虽然2019年《证券法》从法律层面正式确定了证券市场先行赔付制度,但是该制度仍旧局限于功能发挥的初级阶段。从我国2019年《证券法》直接确定的先行赔付主体范围"一波三折"的立法发展历程来看,在证券市场先行赔付制度并未受立法对其进行强制性规定的基础上,仍旧需要学术界与实务界从微观层面细化和完善证券市场先行赔付的制度设计,真正实现先行赔付快速稳定证券市场秩序与及时使受损适格投资者先行获得赔付的功能。

主要参考文献

一、著作

[1]白建军:《法律实证研究方法》,北京大学出版社2014年版。

[2]蔡奕等:《证券市场监管执法的前沿问题研究》,厦门大学出版社2015年版。

[3]陈岱松:《证券上市监管法律制度国际比较研究》,法律出版社2009年版。

[4]陈瑞华:《程序正义理论》,中国法制出版社2010年版。

[5]冯果、李安安:《收入分配改革的金融法进路:以金融资源的公平配置为中心》,法律出版社2016年版。

[6]甘培忠:《公司控制权的正当行使》,法律出版社2006年版。

[7]耿利航:《中国证券市场中介机构的作用与约束机制》,法律出版社2011年版。

[8]郭锋:《虚假陈述证券侵权赔偿》,法律出版社2003年版。

[9]汤欣主编:《公司治理与资本市场法治》,法律

出版社 2015 年版。

[10]邢会强:《走向规则的经济法原理》,法律出版社 2015 年版。

[11]黄韬:《"金融抑制"与中国金融法治的逻辑》,法律出版社 2012 年版。

[12]洪艳蓉:《金融监管治理》,北京大学出版社 2017 年版。

[13]刘海俊、宋一欣:《中国证券民事赔偿案件司法裁判文书汇编》,北京大学出版社 2013 年版。

[14]刘俊海:《股份有限公司股东权的保护》,法律出版社 2004 年版。

[15]刘燕:《会计师民事责任研究——公众利益与职业利益的平衡》,北京大学出版社 2004 年版。

[16]柳经纬主编:《债权法》,厦门大学出版社 2000 年版。

[17]龙稳全:《投资银行勤勉义务研究》,法律出版社 2019 年版。

[18]马其家:《证券民事责任法律制度比较研究》,中国法制出版社 2010 年版。

[19]施天涛、周伦军:《美国证券欺诈经典案例——内幕交易与虚假陈述》,法律出版社 2015 年版。

[20]沈朝晖:《证券法的权力分配》,北京大学出版社 2016 年版。

[21][美]本杰明·格雷厄姆、戴维·多德:《证券分析》,巴曙松、陈剑等译,中国人民大学出版社 2013 年版。

[22][美]E. 博登海默:《法理学:法律哲学与法律方法》,邓正来译,中国政法大学出版社 2004 年版。

[23][美]弗兰克·伊斯特布鲁克、丹尼尔·费希尔:《公司法的经济结构》,罗培新、张建伟译,北京大学出版社 2014 年版。

[24][美]盖依·彼得斯:《美国的公共政策——承诺与执行》(第 6 版),顾丽梅、姚建华等译,复旦大学出版社 2008 年版。

[25][美]约翰·C. 科菲:《看门人机制:市场中介与公司治理》,黄辉、王长河等译,北京大学出版社 2011 年版。

[26] John R. Allison & Robert A. Prentice, *The Legal Environment of Business*(4), Dryden Press, 1993.

[27] John C. Coffee Jr., *Gatekeepers: The Professions and Corporate*

Governance, Oxford University Press, 2006.

[28] James D. Cox & Robert W. Hillman & Donald C., *Securities Regulation: Cases and Materials*(7), Aspen Publishers, 2013.

二、论文

[1]曹中铭:《保荐机构先行赔付制度需要更多"刚性"》,载《上海证券报》2016年1月25日,第6版。

[2]陈红:《设立我国证券投资者保护基金法律制度的思考》,载《法学》2005年第7期。

[3]陈洁:《科创板注册制的实施机制与风险防范》,载《法学》2019年第1期。

[4]陈洁:《证券市场先期赔付制度的引入及适用》,载《法律适用》2015年第8期。

[5]陈明克:《我国证券纠纷调解机制研究》,载《武汉金融》2018年第4期。

[6]董登新:《证券投资者保护的突破口》,载《中国金融》2016年第16期。

[7]段丙华:《先行赔付证券投资者的法律逻辑及其制度实现》,载《证券市场导报》2017年第8期。

[8]郭雳:《证券执法中的公共补偿——美国公平基金制度的探析与借鉴》,载《清华法学》2018年第6期。

[9]郭艳芳:《新〈证券法〉视角下证券市场先行赔付主体的确定机制探讨》,载易继明主编:《私法》(第34卷),华中科技大学出版社2020年版。

[10]郭艳芳:《探析证券市场先行赔付主体的确定——以〈证券法〉第93条为切入点》,载岳彩申、盛学军主编:《经济法论坛》(第24卷),法律出版社2020年版。

[11]黄辉:《中国证券虚假陈述民事赔偿制度:实证分析与政策建议》,载黄红元、徐明主编:《证券法苑》(第9卷),法律出版社2013年版。

[12]彭冰:《建立补偿投资者的证券行政责任机制——针对内幕交易和操纵市场行为》,载《中外法学》2004年第5期。

[13]王坤、王泽森:《香港证券投资者赔偿基金制度改革评析》,载《证券市场导报》2005 年第 9 期。

[14]肖钢:《证券法的法理与逻辑》,载黄红元、徐明主编:《证券法苑》(第 10 卷),法律出版社 2014 年版。

[15]肖宇、黄辉:《证券市场先行赔付:法理辨析与制度构建》,载《法学》2019 年第 8 期。

[16]张春丽:《论我国证券欺诈赔偿责任机制的完善》,载《法律科学》2014 年第 3 期。

[17]张东昌:《证券市场没收违法所得与民事赔偿责任制度的衔接》,载桂敏杰主编:《证券法苑》(第 17 卷),法律出版社 2017 年版。

[18]John C. Coffee Jr. ,*Reforming the Securities Class Action: An Essay on Deterrence and Its Implementation*, *Columbia Law Review*, Vol. 106: 7 (2006).

[19] Daniels David, *A Two-Part Disclosure Mandate as a Compromise Solution to the Debate on Section* 13(*D*)*'s Disclosure Window*, Harvard Business Law Review, Vol. 4:1(2014).

[20] Evans Alicia Davis, *The Investor Compensation Fund*, Journal of Corporation Law, Vol. 33:1(2007).

[21]Adam S. Zimmerman, *Distributing Justice*, *New York University Law Review*, Vol. 86:2(2011).

[22] William A. Gregory, *Stoneridge Investment Partners, LLC v. Scientific-Atlanta, Inc.: The Evisceration of Investor Protection*, Southern Illinois University Law Journal, Vol. 34:2(2010).

后　记

撰写博士论文的过程相信过来人都会有各种体验，虽难，但仍有各种动力。至此时，我竟多日面对电脑、无从下笔，究其因，细思量，终归风雨体验式的学术训练中，需要感恩、感谢的人和事太多，情绪一时难以言表。

人学始知道，不学非自然。从事教师职业六年之后，2017 年 7 月，我终于盼来了，来自厦门大学法学院经济法学专业的博士研究生录取通知书，并于 2017 年 9 月，如愿以偿地以学生的身份，开启了在厦门大学的博士生涯。在博士生涯研学之旅途中，金融法研究中心开展的丰富多彩的游学活动、举办的学术大咖讲座给我学习新的知识提供了便利的条件，也为我后续撰写期刊论文以及博士论文选题提供了明确的方向。这些都归功于我最需要感谢、感激的博士生导师——刘志云教授！自认为凭我的能力绝非千里马，但是能够得到伯乐刘老师的教导，是何其幸运！何以机缘拜于刘志云老师门下？何以机缘与优秀的师门同窗共享博士生涯研学之旅？这都是我无法用言语可以表达的。若必须表达，唯独不忘老师恩，衷心祝愿老师顺！刘老师每次对我论文的指导，无论是从宏观结构的安排，还是细节上格式的调整，都让我常常有醍醐灌顶、茅塞顿开之感。从刘老师严谨的治学态度，思考问题严密的逻辑，为学生设身处地着想，都经常让我肃然起敬，心中倍感温暖与深深无言的感动！时常自我反省，刘老师已经教给学生很多很多，而这些都是我需要好好学习及吸收的宝贵财富！

此外，我还要特别感谢李老师给予我的无限帮助！感谢林秀芹老师给予我的开导，刘连泰老师给予我的鼓励，廖益新老师、朱炎生老师、肖伟老师、黄小红老师、刘巧英老师、李丽老师、彭娜老师等一直给予我的关心与论文指导。感谢同窗好友史欣媛与杨皖宁给予我学习过程中的鼓励与引导，栗胜男、查达来、陈继东、刘辉、杜志勇给予我的帮助，同事好友郭鑫、徐欣、敖玉芳、宋帮俊给予我的帮助，以及师兄师弟师妹、同事们与其他在我学习过程中给予我引导的老师与同学！

回想博士之初的求学之路并非如我设想，需要学习、适应的新事务太多，以致对自我能力的否定、失眠、饥饿之时竟难以下咽的各种负面状况接踵而至，可以说身心俱惫！特别感谢我的父亲大人、母亲大人给予我无限的开导与鼓励，我的爱人、婆婆、哥哥、妹妹对我家庭的照顾与关怀，使我走出那段非常艰苦的内心煎熬岁月，我亲爱的家人辛苦啦！在此，感谢我可爱的儿子小缘分在幼小阶段因母亲角色少有的陪伴，对我的理解！

至此，备受感悟——一切的安排皆为度劫，需要真诚地怀着感恩、感谢之心修身，不忘初心，不辱使命，脚踏实地，做好自己！